삼국지 여자들

삼국지 여자들

초판 1쇄 인쇄일 2019년 04월 05일
초판 1쇄 발행일 2019년 04월 12일

지은이 홍성남
펴낸이 양옥매
디자인 표지혜 송다희

펴낸곳 도서출판 책과나무
출판등록 제2012-000376
주소 서울특별시 마포구 방울내로 79 이노빌딩 302호
대표전화 02.372.1537 **팩스** 02.372.1538
이메일 booknamu2007@naver.com
홈페이지 www.booknamu.com
ISBN 979-11-5776-705-2 (03910)

이 도서의 국립중앙도서관 출판시도서목록(CIP)은 서지정보유통지원 시스템
홈페이지(http://seoji.nl.go.kr)와 국가자료공동목록시스템
(http://www.nl.go.kr/kolisnet)에서 이용하실 수 있습니다.
(CIP제어번호 : CIP2019011788)

삼국지
여자들

홍성남 지음

들어가는 말

삼국지에는 여러 영웅이 등장하는데 대부분 남자들이다. 그때나 지금이나 인구의 절반은 여자인데 왜 여자들 이야기는 없는가. 100여 년의 삼국시대에는 수백, 수천 또는 수십만 명이 전쟁으로 죽었다. 백성들의 피폐한 삶은 인육을 먹어야 할 정도였다. 그런 상황에서도 여자들은 아이를 낳고 길렀다. 그 아이들은 전쟁터에서 영웅이 되기 위하여 싸웠다. 여자들은 영웅을 낳고 영웅은 여자들의 손에서 길러지고 만들어졌다.

모든 여자들이 영웅을 낳을 수 있는 시대였다. 하지만 모두가 영웅을 만들지는 못했다. 조조에게 부인 변씨가, 손권에게 어머니 오부인이, 그리고 유비에게 부인 감씨가 없었다면 그들이 영웅으로 태어났어도 결코 영웅이 될 수는 없었을 것이다.

후한 말 권력을 잡은 동탁의 서량군은 많은 여자들을 납치하고 강간했다. 동탁은 반동탁연합이 결성되자, 낙양의 백성들에게 모든 것을 불태우고 장안으로 이주하라는 명령을 내렸다. 당시 백성들이 장안까지 살아서 도착하는 것은 거의 불가능한 일이었다.

또한 조조는 서주대학살에서 수십만 명을 죽였다. 후한의 이각이 관중을 침략했을 때는 무자비한 약탈로 수십만의 백성들이 굶주림을 참

삼국지 여자들

004

지 못하고 서로를 잡아먹기도 했다. 백성의 수는 급속히 감소했다.

후한 말기에서 서진의 통일까지 125년 동안 백성은 약 30% 정도밖에 남지 않았다. 후한 156년에 5천6백여 명이었던 인구가 촉한 263년 1백8만 명, 동오 238년 2백50만 명, 조위 260년 4백43만 명으로 모두 8백만 명에 불과했다. 서진이 통일한 280년에도 1천6백만 명에 지나지 않았다. 이후 수나라 때까지도 백성의 수는 회복되지 못했다.

인구 중에는 군사의 비율이 매우 높았다. 촉이 멸망할 당시 인구가 1백8만 명일 때 병사는 10만 2천 명이었고 관리들은 4만 명이었다. 오가 멸망할 당시에는 3만 2천 명의 관리와 23만 명의 병사 그리고 5천 명의 후궁이 있었다. 전 백성의 10% 이상이 전쟁을 하는 병사였다. 남자들이 아비규환阿鼻叫喚의 전쟁터에서 생사를 다투는 동안 여자들은 피폐한 삶 속에서 아이를 낳았다. 삼국지가 남자 영웅들의 기록이지만 진정한 영웅은 여자들이었다. 여자들이 아이를 낳고 전쟁에 필요한 물자를 만들어 내지 않았다면 삼국의 역사는 다르게 쓰였을 것이다.

삼국시대는 AD184년 황건적의 난을 시작으로 AD220년 조조가 병으로 쓰러지기까지 약 30여 년의 동한 말기를 거쳐 서진이 오를 멸망시키는 AD280년까지 100여 년에 걸친 혼란기의 역사이다. 삼국지에 등장하는 인물은 총 1,192명이다. 무장 437명, 문관 451명, 한나라와 위나라, 오나라, 촉나라, 진의 황제와 황족과 그 후예와 왕비 그리고 신관이 128명, 이민족이 67명, 환관 등이 109명이다. 이 중 남자는 약 1,100명이고 여자는 약 100명이다.

삼국지에서 불과 100여 명에 지나지 않는 여자들의 숫자는 『삼국지 여자들』이란 책을 쓰게 한 동기였다. 지금도 그렇지만 당시에도 세상은 남자와 여자가 함께 만들었다. 그런데 삼국지에 등장하는 인물에서 여자의 수는 불과 100여 명에 지나지 않는다. 당시는 무력이 중요한 지배 수단이었다. 하지만 드러난 무력 뒤에는 보이지 않는 힘이 있었다. 역사가와 이야기꾼들은 그 힘을 보지 못했고 기록하지도 않았다. 그 결과 삼국지에서 여자들에 대한 기록은 전무하다. 정사에서는 불과 몇 명에 지나지 않는다.

　오나라 멸망 당시 후궁만 5,000명이었다. 그러나 이들의 기록은 거의 없다. 왕조와 사대부집 여자들의 기록이 이러하니 여염집 여자들은 말할 필요도 없다. 당시 여자들의 존재와 가치는 매우 미약했다. 여자들은 일종의 전리품으로 취급받았다.

　중국사에서 여성은 뛰어난 재능이 있어도 능력을 펼칠 수 없었다. 재능보다 외모가 더 가치를 발휘하였다. 재능이 없는 것이 오히려 나은 시대였다.

　영웅의 탄생 과정에서 여자의 역할은 매우 중요했다. 여자에 대한 인식과 위상은 2135년 전 삼국시대와 현재의 상황을 비교하면 격세지감隔世之感의 단계를 넘어 경천동지驚天動地할 상황으로 변해 있다.

　삼국시대 여자에 대한 인식은 여전히 그 이전 시대와 다르지 않았다. 정복의 대상이거나 노리개에 불과했다. 그러나 여자들은 영웅들과 함께 다양한 삶을 살았다. 영웅들의 사랑을 받으며 그 사랑을 지키기 위해 또 다른 형태의 전쟁을 펼쳤고, 더러 영웅들에 못지않은 창검으로 이름을 드날리기도 했다.

　삼국지의 사료들을 보면 여자들의 흔적을 희미하게나마 찾아볼 수 있다. 정사에서는 영웅들의 그늘에 가려 보이지 않는다. 하지만 영웅들의 일대기를 훑어보면 그 주변에 많은 여자들이 있었다. 인연을 맺은 여자들이 누구인가에 따라 영웅의 길은 달라졌다.

삼국지에서 여자들의 이야기는 정사에서 드러나지 못했다. 야사에서도 모습은 감춰졌다. 대신 민간전설로 전해졌다. 그 전설은 시대를 달리하면서 후인들에 의해 많이 보태졌다. 시대의 흥미에 맞게 각색되었다. 그리고 그 이야기는 창검으로 싸운 영웅들의 이야기보다 더 흥미와 인기를 끌어냈다.

강동이교 중 한 명인 소교의 이야기는 적벽대전에서 비중 있게 등장한다. 허구적 이야기인 소교는 주유와 조조를 빛내는 인물로 등장한다.

삼국지에는 8대 미녀가 등장한다. 나관중이 삼국지연의를 지은 이후에 민간에서 8대 미녀를 만들었다. 누가 정했는지는 아직까지 정확히 알려지지 않고 있다. 첫 번째 미녀는 초선貂蟬이 꼽힌다. 초선은 서시西施, 왕소군王昭君, 양귀비楊貴妃와 함께 중국의 4대 미인 가운데 한 사람이다.

두 번째와 세 번째 미녀로는 대교大喬와 소교小喬가 꼽혔다. 언니 대교는 오나라의 손책孫策과, 동생 소교는 장수 주유周瑜와 결혼을 했다. 네 번째는 문소황후文昭皇后 견씨甄氏인데 견씨는 조조의 아들 조비曹丕의 정비로 조비가 황제에 오르자 황후가 되었다. 그녀는 원래 원소袁紹의 차남인 원희袁熙의 아내였다. 조조가 기주冀州성을 함락하자 조비가 먼저 원소의 저택을 기습해 견씨를 보고 아내로 삼았다.

다섯 번째는 손부인孫夫人이다. 손견孫堅의 딸이며 손책, 손권孫權의 여동생이자 유비劉備의 부인이다. 손상향孫尙香이라는 이름으로 널리 알려져 있다. 여섯 번째는 축융부인祝融婦人으로 나관중의 삼국지연의에 나오는 가공인물로서 맹획孟獲의 아내다. 중국의 신화에서 불의 신이자 남쪽의 신인 축융祝融의 후예다. 무예가 출중하며 단도를 잘 던지는 것

들어가는 말

으로 묘사돼 있다. 일곱 번째는 헌목황후獻穆皇后 조절曹節이다. 조조의 딸로 헌제獻帝에게 시집가 후궁이 되었고, 복황후伏皇后가 죽은 뒤 황후에 올랐다. 한나라의 마지막 황후다. 마지막 미녀는 채염蔡琰이다. 채문희文姬라는 이름으로도 유명하다. 후한의 중신 채옹蔡邕의 딸이다. 시재에 능한 것으로 알려져 있다.

이처럼 삼국지 8대 미녀는 촉나라의 오호장군 등 영웅들의 다양한 이야기보다 더 많은 관심을 받고 있다.

『삼국지 여자들』의 이야기는 문당학천文當學遷(문장은 마땅히 사마천을 배울 것)을 생각하며 가능한 한 사족을 붙이지 않았다. 필자의 생각을 버리고, 역사거울古鑑에 비추려는 취지에서다.

진수의 삼국지 정사와 나관중의 삼국지연의 그리고 후한서와 왕비열전 그리고 그 밖의 자료를 바탕으로 왕조와 시대별로 여자들의 이야기를 통해 삼국지를 알 수 있도록 했다.

삼국지는 지금까지 여러 장르별로 수많은 책들이 발간되었다. 독자들은 그 많은 책들을 모두 읽을 수 없다. 자신이 읽은 한두 권의 책을 통해 삼국지를 말하고 판단하며 활용한다. 그 혼돈의 너울에 각색을 통해 보태고 싶지 않았다. 민낯의 삼국지를 통해 어려운 시대를 살아가는 현대인들에게 도움이 되었으면 하는 바람이다.

『삼국지 여자들』, 이 책은 매우 힘든 기간에 쓰였다. 정치를 시작한 이래 몇 번의 출마와 실패 속에 아픔을 치유하고 심신을 추스르는 과정 속에서 쓰였다. 민생탐방으로 체험한 100일간의 택시운전, 120일간의 막노동, 150일간의 야간경비 그리고 봉고차와 트럭으로 한 마장동 축산시장 고기와 영등포시장의 식자재 배달 등은 내적 치유에 큰 도움이 되었다. 일하면서 손땀과 발땀보다 말땀이 넘치는 세상에서 무더위 속의 몸땀을 통해 몸땀으로 삶을 엮어가는 대다수 사람들의 입장을 이해했다. 또한 그들이 어려움을 벗을 수 있는 있는 방법이 무엇인지를 찾으려고 노력했다.

현장정치에 출마하고 여러 권의 책을 쓰고 이번 『삼국지 여자들』이란 책을 쓸 수 있었던 것은 막내아들의 건승을 위한 노모의 간절한 기도와 묵묵히 내조를 아끼지 않는 아내 현주경의 헌신적인 사랑 그리고 큰딸 소설가 홍민지와 둘째딸 회사원 홍수지의 응원과 기도 덕분이다.

또한 여러 모양으로 도움을 주신 모든 분들을 일일이 열거하여 말씀 드릴 수는 없지만 마음 깊이 감사를 드리며 장무상망長毋相忘(서로가 오랫동안 잊지 않음)한다.

2019년 4월
백서제白書齊에서
백서白書 홍성남洪性南

차례

제2장   손권의 오나라

조조의 위나라

대수	묘호	시호	성명	연호	재위기간	능호
–	–	고황제高皇帝 (위문제 추숭)	조등曹騰	–	–	–
–	–	태황제太皇帝 (위문제 추숭)	조숭曹嵩	–	–	–
–	위태조魏太祖 (위무조魏武祖)	무황제武皇帝 (위문제 추숭)	조조曹操	–	–	고릉 高陵
제 1 대	위세조魏世祖 (위고조魏高祖, 위태종魏太宗)	문황제文皇帝	조비曹丕	황초黃初 220년~226년	220년~226년	수양릉 首陽陵
제 2 대	위열조魏烈祖	명황제明皇帝	조예曹叡	태화太和 227년~233년 청룡青龍 233년~237년 경초景初 237년~239년	226년~239년	고평릉 高平陵
제 3 대	–	소황제少皇帝 (제왕齊王, 소릉여공邵陵厲公)	조방曹芳	정시正始 240년~249년 가평嘉平 249년~254년	239년~254년	–
제 4 대	–	폐황제廢皇帝 (고귀향공高貴鄉公)	조모曹髦	정원正元 254년~256년 감로甘露 256년~260년	254년~260년	–
제 5 대	–	원황제元皇帝 (진류왕陳留王)	조환曹奐	경원景元 260년~264년 함희咸熙 264년~265년	260년~265년	–

■ 조나라의 후궁 등급

위魏(220년~265년)는 후한이 멸망한 후 삼국 중 가장 강대했던 나라였다. 조조는 삼국 시대의 영웅들 중 일찍부터 두각을 드러냈다. 후한 헌제를 옹립함으로써 협천자영제후挾天子領諸侯, 즉 천자를 끼고 제후를 호령하여 천하쟁패의 시대에서 주도권을 쥐었다. 원소와 관도대전에서 승리를 거둠으로써 중원 일대를 평정하여 최강 세력으로 발돋움했다.

조조 사후 그의 아들 조비가 후한의 마지막 황제인 헌제로부터 선양을 받아 한나라를 멸하고 위나라를 세웠다. 그러나 조씨 세력은 촉한 제갈량과의 대결에서 급격히 성장한 사마의에게 정권을 내주었다. 그의 손자인 사마염에 이르러 제위마저 내주고 46년의 역사로 그 끝을 맺는다.

❘ 여자와 자식 복 많았던 조조

조위曹魏의 조조 곁에는 많은 여자들이 있었다. 두 명의 정실부인과 무려 열세명의 첩이 조조와 남녀의 운우지정雲雨之情을 나눴다. 이중 일곱 여덟명의 여자가 남의 부인 이었다. 주로 전쟁에서 이긴 적장의 부인을 자기 첩으로 삼았다. 이를 두고 제갈량은 적벽대전에서 주유에게 조조가 주유의 부인 소교를 취하려 한다는 말로 주유의 화를 돋궈 오촉동맹을 이끌어내기도 했다. 조조의 성적 취향은 처녀보다는 결혼한 유부녀를 좋아했던 것 같다.

그러나 조조의 그런 성향은 적군의 아내를 취하는 것이 죄가 되지 않았던 시대적 상황에서 정복욕을 즐기는 경향이었다. 아무튼 조조의 여성관과 성적 취향은 삼국의 다른 군주에 비해 좀 특이했다.

위나라 후궁은 13등급으로 나뉘었다. 1등급은 부인夫人, 2등급 귀빈貴嬪, 3등급 숙비淑妃, 4등급 숙원淑媛, 5등급 소의昭儀, 6등급 소화昭華, 7등급 수용修容, 8등급 수의修儀, 9등급 첩여婕妤, 10등급 용화容華, 11등급 미인美人, 12등급 양인良人이고 13등급은 차인差人이다.

조나라의 후궁 등급

위나라의 전 왕조인 한漢나라의 후궁제도는 고제 유방이 기원전 202년에 건국한 전한과 기원후 25년에 광무제 유수가 건국한 후한으로 구별된다. 전한은 서한, 후한은 동한으로 칭하기도 한다.

전한을 건국한 유방은 황후 1인을 두는 주나라의 제도를 답습하였다. 후궁의 작호와 위계는 달리 정하지 않았다. 전국시대 열국 제왕의 처첩을 상징하는 호칭인 부인夫人, 미인美人, 희姬를 썼다.

전한의 7대 황제인 한무제 때에 이르러 황후 아래 여관직(후궁+시녀)인 첩여婕妤, 형아婞娥, 용화俗華, 충의充依가 증설되었고, 한 원제 때 소의昭儀가 추가되어 황후의 아래에 놓였다. 이후 전한의 후비 제도는 황후 1인 아래 빈이 14등급으로 나뉘었다.

1등급 소의昭儀, 2등급 첩여婕妤, 3등급 형아婞娥, 4등급 소화俗華, 5등급 미인美人, 6등급 팔자八子, 7등급 충의充依, 8등급 칠자七子, 9등급 양인良人, 10등급 장사長使, 11등급 소사少使, 12등급 오관五官, 13등급 순상順常, 14등급 공화共和 · 오령娛靈 · 보림保林 · 양사良使 등이다.

황태자의 처는 비妃로 삼았으며 첩은 양제良娣와 유자孺子로 삼았다. 황손의 처는 부인으로 삼았고 첩에겐 정식 작호가 없었다.

전한의 후궁 등급

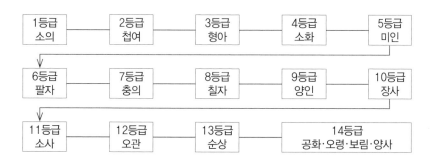

후한의 후궁 등급

| 귀인 | — | 미인 | — | 궁인 | — | 채녀 |

후한에서는 전한 때의 제도를 답습하되 14등급으로 세분했던 후궁의 작위를 대폭 축소하여 4등급으로 나누었다. 이에 귀인貴人, 미인美人, 궁인宮人, 채녀采女만 존재했다.

많은 여자를 부인과 첩으로 거느렸던 조조는 전한의 후궁제도를 본받아 여러 직급을 두어 내명부를 관리했다.

조조는 모두 서른네 명의 자식을 두었다. 이 중 딸은 여덟 명이었다. 조절曹節과 조헌曹憲, 조화曹華, 청하공주淸河公主, 안양공주安陽公主, 금향공주金鄕公主, 임분공주臨汾公主, 고성공주高城公主가 있었다. 이 중 다수는 생모가 누구인지 기록이 없어 알 수 없다. 기록에 포함되지 않는 아들, 딸 들을 포함하면 조조의 자식들은 더 많을 것으로 짐작된다.

213년 건안 7년 조조는 어린 딸 셋을 헌제에게 후궁으로 바치기도 했다. 조절曹節과 조헌曹憲, 조화曹華이다. 214년에 셋은 모두 귀인이 되었다가 조절은 헌목황후獻穆皇后가 되고 조헌은 헌효황후獻孝皇后가 되었으며 조화는 귀인으로 남았다. 당시 이들은 나이가 어려 위국에서 성장하길 기다려 궁에 입성하여 헌제의 잠자리에 들었다.

한나라의 제도에는 황제의 조모를 태황태후太皇太后라 하였고, 황제의 모친을 황태후皇太后라고 하였으며, 황제의 정비正妃를 황후皇后라고 하였고, 기타 내관의 비빈妃嬪을 14등급으로 나누었다. 위나라는 한나라의 법제를 답습하였기 때문에 황태후의 칭호는 옛날 제도와 모두 같았다.

그러나 부인 이하의 비에 관해서는 시대에 따라 더하고 덜함이 있었다. 조조가 나라를 세워 처음으로 왕후王后를 정한 경우에는 그 아래에 부인夫人, 소의昭儀, 첩여捷仔, 용화容華, 미인美人 등 5등급이 있었다.

문제인 조비는 이 5등급에 귀빈貴嬪, 숙원淑媛, 수용脩容, 순성順成, 양인良人을 더하였다. 명제 또한 여기에 숙비淑妃, 소화昭華, 수의脩儀를 더하고 순성順成이라는 관위官位를 빼버렸다. 227년 태화 연간에는 처음으로 부인의 명칭을 회복시키고 그 서열을 숙비보다 높은 위치로 올리도록 명하였다. 부인 이하의 작위를 모두 12등급으로 했다. 귀빈과 부인을 황후 다음에 두었다. 하지만 그에 상당하는 작위는 없었다. 숙비의 관위는 상국에 상당하고 작위는 제후왕에 대비되었다. 숙원의 관위는 어사대부에 상당하며 작위는 현공縣公에 대비되었다. 소희는 현후에 비견되었고, 소화는 향후에 대비되었으며, 수용은 정후에 대비되었고, 수의는 관내후에 대비되었으며, 첩여는 중이천석中二千石에 상당하였고, 용화는 진이천석眞二千石에 상당하였으며, 미인은 비이천석比二千石에 상당하고, 양인은 천석千石에 대비되었다.

제1장 조조의 위나라

조조의 여자들

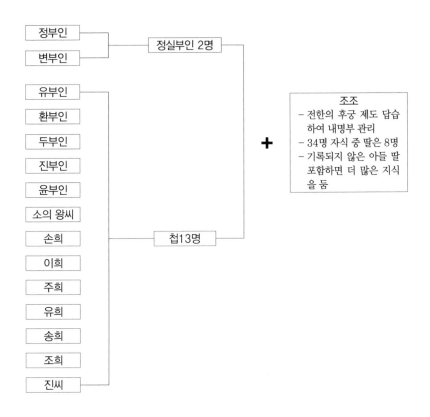

조조의 부인과 첩과 아들과 딸

직급	호칭	자녀
부인	정부인丁夫人	없음
부인	무선황후 변씨 武宣皇后 卞氏	1남: 위魏 문제文帝 조비曹丕(187년~226년) 2남: 임성왕任城王 조창曹彰(?~223년) 3남: 진왕陳王 조식曹植(192년~232년) 4남: 조웅曹熊(?~220년)−조졸 1녀: 헌목황후獻穆皇后 조절曹節−한 헌제 황후 2녀: 조화曹華−한 헌제 귀인

첩	유부인劉夫人	1남: 도왕悼王 조앙曹昂(?~197년) 2남: 상왕殤王 조삭曹鑠－조졸 1녀: 청하공주淸河公主－하가下嫁 하후무夏侯楙
첩	환부인環夫人	1남: 조충曹沖(195년~207년)－조졸 2남: 팽성왕彭城王 조거曹據 3남: 연왕燕王 조우曹宇(?~278년)
첩	두부인杜夫人	1남: 패왕沛王 조림曹林(?~256년) 2남: 중산왕中山王 조곤曹袞(?~235년) 1녀: 금향공주金鄕公主－하가下嫁 하안何晏
첩	진부인秦夫人	1남: 서향후西鄕侯 조현曹玹 2남: 진류왕陳留王 조준曹峻(?~259년)
첩	윤부인尹夫人	1남: 조구曹矩－조졸
첩	소의 왕씨昭儀 王氏	없음
첩	손희孫姬	1남: 조상曹上－조졸 2남: 초왕楚王 조표 曹彪(195년~251년) 3남: 조근曹勤－조졸
첩	이희李姬	1남: 조승曹乘－조졸 2남: 미후郿侯 조정曹整(?~218년) 3남: 조경曹京－조졸
첩	주희周姬	1남: 번후樊侯 조균曹均(?~219년)
첩	유희劉姬	1남: 조극曹棘－조졸
첩	송희宋姬	1남: 동평왕東平王 조휘曹徽(?~241년)
첩	조희趙姬	1남: 곡양왕曲陽王 조무曹茂
첩	진씨陳氏	1남: 조왕趙王 조간曹幹－생모가 죽은 후 왕부인 양육
	생모미상	딸: 헌효황후獻孝皇后 조헌曹憲－한 헌제 귀인 딸: 안양공주安陽公主－하가下嫁 순운荀惲 딸: 고성공주高城公主 딸: 임분공주臨汾公主

▌조조에게 이혼 당한 조강지처 정부인

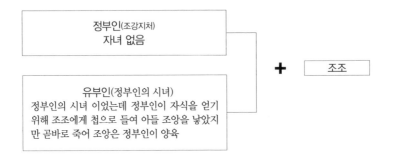

정부인T夫人은 조조의 첫 번째 부인으로 조강지처이다. 두 사람 사이에는 자녀가 없었다. 정부인은 자식을 얻기 위해 유씨를 조조의 첩으로 들였다. 유씨는 정부인의 시녀였다. 정부인의 바람대로 유씨는 아들 조앙曹昻을 낳아 주었다. 하지만 유씨는 아들을 낳은 지 얼마 지나지 않아 죽었다.

정씨는 조앙을 친자식처럼 온갖 정성을 다해 길렀다. 성장한 조앙은 장남으로서 약관의 나이에 효렴(효행이 지극하고 청렴결백한 사람을 군의 태수가 조정에 관리후보로 추천하는 제도)으로 천거되어 조조를 따라 전쟁터에 나서곤 했다. 그런데 한 전투에서 어이없게 죽었다. 정부인은 조앙이 죽은 뒤 조조와 이혼했다.

조앙의 죽음은 아버지 조조를 살린 죽음이었다. 자식이 아버지를 위해 죽은 것은 칭송받을 만한 일이었다. 그렇지만 정부인은 조앙의 죽음으로 인해 조조를 극도로 멸시했다. 그럴만한 이유가 있었다. 정부인은 조앙의 죽음이 조조의 지나친 여색에서 비롯된 것으로 봤다. 조조가 장제의 미망인을 취하자 조카인 장수가 습격했고, 이 과정에서 조앙이 죽었다는 것을 알았다. 싸움터에서 조조가 남의 여자를 취한 일로 야습을 받아 천금 같던 자식이 죽었기 때문에 정부인은 아비가 자식을 죽인 것으로 생각했다. 당시 조앙은 자신의 말을 조조에게 건네고 정작 자신은 말을 탈 수가 없어서 장수의 군사들에게 죽음을 당했기 때문이다.

196년 조조는 형주 완성宛城 전투에서 장수로부터 뜻하지 않게 항복을 받는다. 장수는 책사 가후賈詡의 의견에 따라 싸우지 않고 항복했다. 또한 조조를 위해 매일 잔치를 열어 대접했다. 그런 와중에 조조는 한 미녀를 취했다. 절세미인으로 알려진 장제의 후처였던 미망인 추씨鄒氏였다. 강제로 조조와 밤을 보내게 된 추씨는 그 이후 조조의 잠자리 시중을 들게 되었다. 이를 알아 챈 장수는 분노와 치욕을 느꼈다. 장수에게 장제의 후처 추씨는 남이 아닌 숙모 였다. 장수는 참모인 가후의 책략에 따라 완성에서 조조의 영채를 야습했다. 조조는 습격을 피해 간신히 도망쳤다. 그러나 장남 조앙曹昂과 조카 조안민曹安民, 친위대장 전위典韋 등 다수의 병사를 잃었다.

장수張繡(?~207년)는 중국 후한 말의 무장이자 군벌로서 양주涼州 무위군武威郡 조려현祖厲縣 출신이다. 말을 잘 탔으며 무예가 출중한 무인이었다. 그는 젊은 시절 현의 관리 유준劉儁에게 발탁되어 그를 섬겼다. 그런데 얼마 뒤 한수韓遂, 변장邊章에게 호응한 국승麴勝이 모반을 일으켜 유준을 살해하자 주군의 원수를 갚기 위해 국승을 공격했다. 그는 국승을 죽여 원수를 갚았고 그 일로 인하여 무명을 떨쳤다. 연이어 한수와 변장 등 양주涼州의 군대를 격퇴했다. 그로 인해 동탁董卓에게 인정을 받아 그를 섬기게 되었다. 동탁이 죽은 뒤에는 부친의 막내 동생인 숙부 장제를 따랐다.

196년 장제는 군사를 이끌고 형주의 양성穰城을 공격하던 도중 화살

제1장 조조의 위나라

에 맞아 죽었다. 장수가 그의 뒤를 이었다. 유표劉表는 장제의 뒤를 이은 조카 장수와 그 부하들을 받아들이고 장선을 죽인 보답으로 완성宛城에 주둔하게 하였다.

장선張宣(?~198년)은 중국 후한 말의 정치가이다. 198년에 반란을 일으켰다. 칭제하여 국호를 후신으로 하고 완성宛城을 수도로 정했다. 그러나 장제의 조카인 장수에게 토벌당한다. 장선은 전세가 불리해져 남문으로 도망쳤다. 하지만 장수가 쏜 화살을 머리에 맞고 낙마해 죽었다. 이후 장수는 유표와 손을 잡고 완성에서 조조에게 대항했다. 하지만 조조군의 군세에 압도당해 항복했다.

장수는 완성을 야습한 이후에도 유표와 더불어 조조와 싸웠다. 그러나 참모인 가후의 조언에 따라 조조에게 귀순했다. 원소袁紹와 조조가 관도에서 대치할 때 두 사람은 장수와 가후를 서로 자기편으로 끌어들이려고 각각 사람을 보내왔다.

이때 가후는 "원소는 형제 원술조차 신뢰하지 않고 세력도 강력해 우리를 경시하고 중용하지 않겠지만 조조는 천자天子를 받들고 세력이 열세이므로 자기편이 늘어나기를 원하므로 과거의 사사로운 원한은 문제 삼지 않고 우리를 틀림없이 중용하리라."라고 장수에게 진언했다.

귀순 후에는 조조가 원소를 치러 갈 때 종군했다. 그런데 198년 장선을 죽인 일로 그 종제인 장료한테 죽임을 당한다.

장수의 장남 장천은 후한의 장락위위長樂衛尉였다. 그러나 219년 친분이 있던 위풍魏諷과 함께 위나라 전복을 목표로 쿠데타를 모의하다 실패하고, 조비에 의해 그의 아들과 함께 처형되었다. 이로써 장수의 혈통은 끊어졌다.

조조는 시인으로서 정情이 많은 인물이었다. 그의 여성편력은 대단했다. 여러 부인과 첩을 두었다. 그 중 조강지처였던 정부인에 대한 연민은 조조의 다른 면을 보여준다.

장수의 야습에서 목숨을 건진 조조는 허도로 돌아왔다. 정신을 차려 보니 큰아들 조앙을 잃은 애통함이 순간 크게 밀려 왔다. 죽을 고비에서 살아 돌아온 조조에 대한 정부인의 반응은 싸늘했다. 조앙이 죽은 이유가 조조에게 있었기 때문이다. 부인의 따뜻한 위로를 기대한 조조는 서운했다. 하지만 자신의 잘못으로 인해 장자인 조앙이 죽었기 때문에 달리 할 말도 없었다. 정부인은 등을 돌린 채 눈길도 주지 않았다. 두 사람 사이에 무거운 침묵이 흘렀다. 자신의 잘못을 아는 조조는 말없이 정부인의 눈치만 살폈다. 어쩌다 말이라도 붙이면 그녀는 조조의 가슴을 후비는 말만 퍼부었다.

애비가 자식을 위해 죽는 것이 세상사인데, 그래 자식을 애비 대신 죽게 해야 했단 말인가라는 정부인의 말에 조조의 마음도 이루 말할 수 없이 참담했다. 정부인은 말을 마치자 통곡하기 시작했다. 슬며시 방을 나온 조조는 힘없는 발길로 집 주위를 돌았다. 조조는 정부인이 섭섭하다 못해 야속했다. 사지死地를 빠져 나왔는데 위로는 못할망정 속만 긁어댄다 싶었다.

정부인은 조조의 심정은 아랑곳하지 않고 대성통곡을 그치지 않았다. 참다못한 조조는 정부인을 친정으로 쫓아버렸다. 정부인의 분노를 꺾으려는 의도였다. 그러나 고향집으로 쫓겨가는 정부인의 가슴에는 조조에 대한 분노의 감정이 깊게 자리 잡았다. 조조는 여러 부인과 첩이 있으니 정부인이 없어도 문제 될 것이 없을 것으로 알았다.

그런데 현실은 그렇지 않았다. 조강지처 정부인의 빈자리는 매우 컸다. 큰 아들 조앙이 없는 자리까지 겹쳐 허전함은 이루 말할 수 없었다. 이때 첩인 변씨는 조조의 심사를 알아채고 조조에게 정부인을 데려 오라고 말했다. 조조도 옛정을 생각하며 처가인 정부인의 집으로 갔다.

정부인은 친정에서 베를 짜고 있었다. 실의에 빠져 핏기 없는 얼굴이었다. 조조가 오는 것을 본 처가 식구들이 정부인에게 달려갔다. 그런데 정부인은 부부의 정이 그리워 찾아온 조조를 반기지 않았다. 조조를 쳐다보지도 않고 베 짜는 일만 계속했다. 조조는 정부인이 민망하여 그런 줄 알고 베 짜는 정부인 등 뒤에서 한참을 서있다 등을 어루만지며 말했다.

"부인, 미안하오. 이제 그만 우리 같이 집으로 갑시다."

그러나 정부인은 조조의 사정에도 불구하고 쳐다보지도 않고 베만 짜고 있었다. 조조는 잠시 생각했다. 어떻게 하면 좋은가. 한참을 생각하다 무거운 발걸음을 떼었다. 그러나 발걸음이 쉽게 떨어지지 않았다. 조조는 다시 한 번 정부인을 향해 말했다.

"부인 날 용서하고 함께 집에 갑시다."

정부인의 태도는 여전했다. 고개도 돌려보지 않은 채 베만 짰다. 조조는 하는 수 없이 발길을 돌렸다. 집으로 돌아온 조조는 첩인 변卞씨를 정부인貞夫人으로 삼고 정부인 집으로는 사람을 보내 그녀를 다른 남자에게 개가改嫁시키라고 통고했다. 하지만 정부인 집에서는 감히 개가시키지 못했다.

삼국지 무선변황후전(其後丁亡기후정망, 后請太祖殯葬후청태조빈장, 許之허지, 乃葬許城南급장허성남 註: 위략)에 따르면 정씨가 죽자 변 황후는 조조에게 장사지내는 것을 허락받아 허도 남쪽에 매장했다.

또한 훗날 조조는 병이 들어 누워 있으면서 다시 일어나기 힘들 것을 알고 한탄하며 말했다. "내가 예전부터 수많은 행동을 해왔지만, 마음에 부담이 되는 것은 거의 없었다. 그런데 만약 사람이 죽어 영혼이라는 것이 있어서 내 아들 조앙이 나에게 '내 어머니는 어디에 있습니까.' 하고 묻는다면 나는 뭐라고 대답해야 할지 모르겠다."고 말했다.

(後太祖病困후태조병곤, 自慮不起자려불기, 歎曰탄왈 我前後行意아전후행의, 於心未曾有所負也여심미증유소부야. 假令死而有靈가령사이유령, 子脩若問자수약문 我母所在아모소재, 我將何辭以아장하사이.)

조조는 정부인을 친정으로 쫓아낸 지 23년이 지난 뒤 나이 예순여섯에 영웅의 운명을 맞는다.

제1장 조조의 위나라

조조를 영웅으로 만든 무선황후 변씨

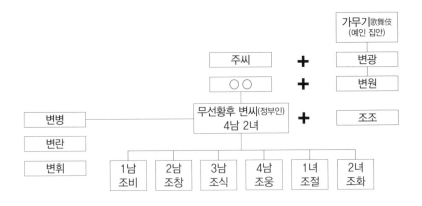

무선황후武宣皇后 변씨卞氏(160~230)는 낭야군郎耶郡 개양현開陽縣 출신이다. 조조의 두 번째 부인으로 문제 조비의 어머니이다. 그녀는 처음에는 조조의 시첩侍妾이었다. 이후 부인夫人으로 자리를 잡고 조조가 위왕이 되면서 위왕후魏王后가 되었고 아들 조비가 황제가 되면서 황태후皇太后가 되었다.

조조와의 사이에 4남2녀를 두었는데 첫째 위나라 문제文帝 조비曹丕(187~226년)와 둘째 임성왕任城王 조창曹彰(?~223년), 셋째 진사왕陳思王 조식曹植(192~232년), 넷째 조웅曹熊(?~220년, 조졸), 딸은 헌제에게 시집보낸 조절曹節과 조화曹華 등이다.

동한말기, 정국은 매우 혼란스러웠다. 백성들의 삶은 잦은 전쟁으로 인해 피폐해 살기 힘들었다. 당시 변씨는 20세 가까운 나이었다. 그녀의 집안은 예인藝人이었다. 그녀 또한 조상대대로 내려오는 직업을 물려받은 가무기歌舞伎였다. 그녀는 부모를 따라 낭야 개양(현재 산동 임기)

에서 전전하다 초현(안휘)까지 흘러 들어왔다.

조조는 돈구령을 맡고 있던 기간에 매부의 죄에 연좌되어 관직을 잃었다. 그 후 병을 칭해 고향으로 돌아온 그는 책을 읽고 사냥을 하며 숨어서 힘을 기르고 있었다. 조조는 시인답게 음률을 매우 좋아했는데 가무기인 변씨가 재색을 겸비한 것을 보고 첩으로 들였다. 그 후 조조가 낙양에서 북도위로 있는 동안 변씨는 아이를 낳기 위하여 초현으로 돌아갔다. 187년 그녀는 첫 아들 조비를 낳았다.

189년 조조는 효기교위驍騎校尉(근위 기병을 지휘하던 무관직) 벼슬을 하던 중 동탁을 살해하려다 실패한다. 그는 남루한 미복으로 도망쳤다. 이때 어떤 사람이 변씨가 있던 초현으로 와서 조조가 이미 죽었다는 흉보를 전했다.

조씨 일가는 순식간에 혼란에 빠졌다. 그도 그럴 것이 엄격한 연좌제가 있던 시절 동탁을 죽이려다 실패했으니 관군이 곧 들이닥칠 것이기 때문이었다. 대다수의 옛부하들과 식솔들이 짐을 꾸려 조씨 집안을 떠나려고 준비했다.

이때 28세의 변씨는 "내 남편 조조의 생사는 아직 알지 못한다. 오늘 흩어져서 떠났는데 내일 조조가 돌아와 있으면 무슨 면목으로 다시 서로 얼굴을 보려는가. 화가 닥치면 함께 죽으면 되지 않는가."라고 말했다. 사람들은 아무 말도 못했다.

조씨 집안의 식솔들은 그대로 남아 변씨의 지시를 따랐다. 변씨는 냉정하고 침착했다. 나름 안목도 있었다. 그녀는 남편이 죽고 집안이 풍비박산이 될 위기에도 흔들리지 않고 집안일을 잘 처리했다. 변씨는 사실을 정확히 알기 전까지는 낙담하지 않고 돌아올 남편을 위해 집안의 식솔들이 흔들리지 않도록 했다.

　　　　　　　　　　　　　　　　　　제1장 조조의 위나라

216년 조조는 한 헌제로부터 위왕魏王에 봉해진다. 219년 조조는 변부인을 왕후王后로 올린다.

왕후 제수의 사령서는 다음과 같았다. "부인 변씨는 여러 자식을 양육함에 있어서 어머니의 모범이 될 만한 덕을 갖고 있도다. 이제 그 관위가 왕후로 승진하여 그 의식을 행하니 국내에서 사형죄를 받은 사람도 그 죄를 한 등급 덜어 주겠노라."

조조의 첫 번째 부인이었다가 친정으로 쫓겨간 정부인은 고집이 세고 자부심이 강했다. 예전에 변왕후에게 욕하며 변씨와 그 아이들을 괴롭힌 적이 있었다. 그러나 변씨는 왕후가 된 후에 옛날의 원한을 잊고 정부인에게 자주 물건을 보냈다.

조조가 집에 없을 때는 정부인을 집으로 모셔 오기도 했다. 정부인을 윗자리에 앉게 하고 자신이 아랫자리에 앉아서 얘기를 나누었다. 두 여자의 정경이 예전의 모습이었다. 정부인은 변왕후에게 고마워했다. 정부인의 소행으로 봐서 원한을 살만도 한데 변왕후는 정부인을 살뜰이 챙겼다.

한번은 이런 일도 있었다. 조조가 예쁜 귀걸이를 몇 개 구해 가져왔다. 그는 변왕후에게 먼저 고르라고 했다. 그녀는 잠깐 살펴본 후 중간 등급의 귀걸이를 하나 골랐다. 조조는 의아하여 물었다. 그러자 변왕후가 대답했다. "좋은 것을 고르면 탐욕스러운 것이고, 나쁜 것을 고르면 가식입니다. 그래서 가운데 것으로 고른 것입니다."

조비와 조식이 태자의 자리를 놓고 다툴 때 변왕후는 모른 척 했다. 천명에 맡기며 결과를 지켜봤다. 마침내 태자의 자리가 조비로 결정되었다. 그러자 곧바로 몇 사람이 변왕후에게 축하 인사하러 왔다.

위서魏書에 의하면 장어長御가 변왕후에게 축하의 말을 건넸다. "장군께서(당시 조비는 오관중랑장) 태자를 제수 받은 이래 온 세상의 사람들이 기뻐하니, 왕후께서는 창고의 귀중한 보물을 그들에게 나눠 주십시오."

이때 변왕후는 아주 담담히 말했다. "왕은 조비가 나이가 많으니 그를 후계자로 삼은 것이다. 나는 제대로 가르치지 못한 허물이 없게 되었으니 그것으로 다행일 뿐이다. 그게 무슨 크게 기뻐할 일이겠는가."

장어가 돌아와서 이런 사실을 조조에게 자세히 알렸다. 조조는 변왕후의 이 같은 말을 듣고 기뻐하며 말했다. "화가 났을 때 얼굴색이 바뀌지 않고, 기쁠 때 기품을 잃지 않는 것이 가장 어려운 일이다."며 그녀답다고 말했다.

변왕후는 허창으로 간 후에 매번 봄이 되면 고향의 청매青梅를 그리워했다. 그러나 전쟁으로 어지러운 시절에 고향의 청매를 맛볼 기회가 없었다. 조조는 그런 변왕후의 모습을 보고 고향의 청매나무를 몇 그루 집 근처의 구곡하변에 옮겨 심게 했다. 이후 청매가 익는 계절이 되면 온 집안에 향기가 가득했다. 변왕후는 매우 기뻐 활짝 웃으며 그 뜰을 자주 걸었다. 조조는 청매나무 가운데 정자를 지었다. 청매정이란 정자 이름도 직접 지어줬다. 이후 청매정은 가장 격이 높은 손님을 접대하는 장소가 되었다. 변왕후와 조조는 부부의 인연을 뛰어 넘는 지기知己와 같았다.

220년 조조는 건안 25년에 병사한다. 조조가 붕어하자 조비가 즉시 왕위에 올랐다. 변왕후의 존호를 왕태후王太后라고 했다. 이어 조비가 황제의 자리에 올랐을 때는 왕후의 존호를 황태후皇太后로 올렸고, 거처하는 곳을 영수궁永壽宮이라고 일컬었다.

220년 황초(1대 조비) 연간에 조비가 변태후의 부모에게 작위를 추증하려고 했다. 상서 진군陳群이 상주를 올렸다.

"폐하께서는 성현의 덕망이 있어 천명을 받들어 제위를 올랐으며, 지금은 업을 일으키고 구제도를 혁신하는 시기로서 마땅히 후세의 영원한 법식法式이 있어야 합니다. 이제 전적에 있는 조문에 의거해 보아도 부인에게 봉토를 나누어 주고 작위를 수여한 예는 없습니다. 예전禮典에서도 부인은 남편의 작위에 따른다고 하였습니다. 진왕조는 옛날의 법도를 어겼는데도 한왕조가 그것을 그대로 이어받았으니 이것은 선왕의 훌륭한 법식이 아니었습니다."

조비가 말했다.

"이 상주문이 옳으니 이전의 명령을 시행하지 말라. 그리고 이 상주문을 책으로 만들고 조칙을 내려 그것을 대각臺閣(관행에 기록한 문서 따위를 보관하는 창고)에 깊숙이 넣어 두어 영원히 후세의 법식이 되도록 하라."

그런데 이런 조비의 명령은 조예가 즉위하자 달라졌다. 손자 조예의 황제 등극으로 자연스레 변태후는 태황태후太皇太后가 되었다.

230년 태화(2대 조예) 4년 봄, 조예는 조비의 전적을 어기면서 곧바로 태후의 조부 변광卞廣에게 개양공후開陽恭侯라는 시호를 내렸고, 태후의 부친인 변원卞遠을 경후敬侯, 조모 주씨周氏를 양도군陽都郡에 봉했으며, 경후의 부인들에게도 모두 작호爵號와 인수印綬를 수여했다.

변태후의 동생 변병卞秉은 조비 시절 공적이 있어 도향후都鄕侯에 봉해졌다. 이어 226년 황초(1대 조비) 7년에 개양후開陽侯로 승진했다. 식읍 1천2백 호를 받았으며 소열昭烈장군이 되었다.

위서에 의하면 일찍이 변황후의 동생 변병은 196년 건안(후한 14대 유협) 연간이 되어서야 별부사마가 되었는데, 변황후가 항상 조조(위 태조)에게 동생의 벼슬이 낮다고 원망하는 말을 하자 조조가 변병에게 "단지 그대가 나랑 얽혀서 위왕과 처남이 된 건데 오히려 많은 게 아니냐."고 했다.

이에 변황후는 조조가 변병에게 돈과 비단을 더 내려주길 원했다. 그러자 태조가 또 말했다. "단지 그대가 훔쳐다 주는 것일 뿐인데 그래도 모자라느냐."며 허락하지 않았다. 그리하여 조조의 치세가 끝날 때까지 변병의 관직은 변함이 없었고 재산 또한 늘지 않았다.

변병이 세상을 떠나자 그의 아들 변란卞蘭이 뒤를 이었다. 변란은 어렸을 때부터 재능과 학식이 있었다. 일찍이 봉거도위奉車都尉와 유격장군遊擊將軍이 되었으며, 아울러 산기상시散騎常侍로 봉해졌다. 변란이 세상을 떠나자, 그의 아들 변휘卞暉가 뒤를 이었다.

문황제 조비는 외가 사람들과 일정한 거리를 두었다. 위략에 의하면 태자 시절 변란이 태자太子의 미덕을 찬미한 부賦를 지어 바칠 때 다음과 같이 말했다.

"부賦란 묘사한 사물에 의탁해 일을 말하는 것이고, 송頌이란 성盛스런 덕德의 모습을 찬미하는 것이기 때문에 작자는 공허한 사구辭句를 사용하지 않으며, 찬미하는 대상이 되는 것은 반드시 그 사실에 맞아야 하는데, 변란의 부는 어찌 사실이겠는가. 옛날 오구수왕吾丘壽王은 정鼎에 대해 논술하고, 하무何武 등은 칭찬의 노래를 해 황금金과 비단帛을 하사받았다. 변란의 부의 내용은 감동시키는 바는 없어도 그 의도는 충분하므로 지금 소 한 마리를 하사하겠다." 그 결과 변란은 친애親와 경의敬를 받았다.

삼국지의 저자 진수는 조비를 비롯한 위나라 황제들의 이런 모습을 다음과 같이 평가했다. "위 왕조의 후비들은 부귀를 얻었지만 쇠망한 한가의 외척과 달리 고위관직에 있으면서 조정의 정치에는 관여하지 않았다. 위나라는 지난 일을 경계삼아 방법을 바꾼 것이다. 이 점에 있어서는 잘못을 저지르지 않았다. 진군의 주의奏議(왕에게 말한 의견서)와 잔잠棧潛의 책론策論을 회고하면 그들은 왕이 된 자의 규범을 만들어 후세까지 영원히 전하였다."

조비와 달리 조예는 진외가인 변태황후 집안에 많은 관심을 가져 주었다. 위략에 의하면 조예 때 국외에 두 난적(오와 촉)이 있었고, 조예는 궁실宮室에 남아 있었으므로 변란은 항상 가까이서 모시며 자주 엄하게 간언을 했다.

조예는 그 의견을 따를 수는 없었다. 하지만 그의 진심만은 받아들였다. 나중에 변란은 알콜중독嗜酒과 당뇨병消渴에 걸렸는데, 그 당시 조예는 무녀의 물을 이용한 치료법을 신뢰하여 사자에게 물을 가져가 변란에게 주도록 하였다.

하지만 변란은 마시지 않았다. 조서를 내려 그 이유를 묻자 "병을 치료하는 데는 마땅한 치료약이 있거늘 어찌 제가 이것을 믿겠습니까."라고 했다. 조예의 안색이 바뀌었는데도 변란은 끝까지 말을 바꾸지 않았다. 결국 변란은 당뇨병이 심해져 죽었다.

그러나 그 당시 사람들은 변란의 솔직한 발언을 좋아했다. 조예가 그를 면전에서 힐책했기 때문에 자살했다고도 하는데 사실은 그렇지 않다.

조예는 변병의 작위와 봉록을 나누어 변란의 동생 변림卞琳을 열후에 봉했다. 변림은 보병교위步兵校尉까지 이르렀다. 변란의 아들 변륭卞隆의 딸이 고귀향공(4대 황제 조모의 황제 되기 전 작위)의 황후가 되었으며, 변륭은 황후의 부친이 되었으므로 광록대부에 봉해졌고, 특진의 지위를 받아 저양향후雎陽鄕侯로 봉해졌다. 그의 처 왕씨는 현양향군顯陽鄕軍이 되었다.

이와 동시에 변릉의 전처 유씨有氏도 순양향군順陽鄉君이 되었는데, 이는 그녀가 황후의 친어머니이기 때문이다. 변림의 딸 또한 진류왕陳留王(위나라 최후 황제 5대 조환曹奐이 서진 사마염에게 선양한 뒤 강등되어 받은 작위)의 황후가 되었는데 그 당시 변림이 이미 죽은 이후이기 때문에 변림의 처 유씨에게만 광양향군廣陽鄉君의 작위를 주었다.

변왕후는 조조가 죽은 10년 뒤 230년 태화(2대 조예) 4년 5월에 병사했다. 그는 2개월 뒤 7월에 고릉高陵에 합장되었다.

▌ 씨받이에서 첩이 되었지만 단명한 유부인

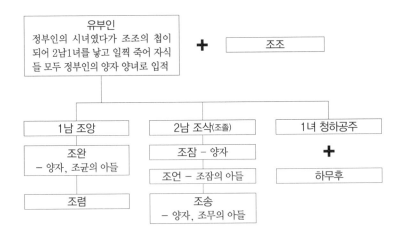

유부인劉夫人(?~?)은 조조의 수많은 첩 중의 한 명이다. 그녀는 처음에 정부인의 시녀였다. 자식이 없던 정부인은 자식을 얻기 위해 시녀인 유씨를 조조의 첩으로 들였다. 유부인은 정부인의 바람대로 2남1녀를 낳았다.

그러나 그녀는 수명이 짧아 일찍 죽었다. 유부인의 자녀들은 모두 정실부인인 정부인에게 양자로 입적되었다. 1남 풍민왕 조앙曹昂(?~197년)과 일찍 죽은 2남 상상왕相殤王 조삭曹鑠 그리고 딸 청하공주淸河公主가 그들이었다. 청하공주는 하가下嫁 하후무夏侯楙에게 시집갔다.

조앙은 조조의 장남으로 자는 자수子脩이며 시호는 풍민왕豊愍王이다. 측실인 유부인 소생으로 서장자였으나 유부인이 일찍 죽자 동복 아우 조삭과 여동생 청하공주와 함께 조조의 정부인에게 양자로 입적되어 조조의 적장자가 되었다. 그는 약관의 나이에 효렴으로 천거되었다.

197년 건안 2년 조조는 장수를 공격하여 항복을 받아냈다. 그러나 여색을 밝혔던 조조가 장제의 아내를 범하자 조카인 장수가 조조에게 원한을 품었다. 사전에 이를 감지한 조조가 장수를 죽이려 했다. 그런데 그 계획이 누설돼 장수가 먼저 조조를 공격했다. 조조가 패하여 달아날 때 조앙은 자신의 말을 조조에게 내어 주었다. 말이 없어 도망갈 수 없었던 조앙은 장수의 군사들에게 죽음을 당했다.

조앙은 아들을 남기지 못하고 죽었다. 이복동생 조비가 황제가 된 뒤 221년 황초 2년에 풍도공豊悼公으로 추존되었다. 이듬해 황초 3년에는 번안공 조균의 아들 조완으로 풍도왕의 후사를 삼아 중도공中都公에 봉했다. 224년 황초 5년에는 풍도공의 작위를 올려 풍도왕豊悼王이라 했다. 229년 태화 3년에는 시호를 민왕愍王으로 고쳤다.

가평嘉平 6년 조균이 조앙의 작위를 습작해 풍왕豊王이 됐다. 정원正元 (4대 조모), 경원景元(5대 조환) 중 여러 번 식읍을 더하여 종전 것과 합해 2700호가 됐다. 조균이 죽은 뒤는 시호를 공왕恭王이라고 했다. 자식 조렴曹廉이 대를 이었다.

조비는 즉위한 후 항상 "내 형은 효렴으로서 제 분수를 지켰다. 또 창서(조충)가 살아 있었으면 나는 천하를 얻지 못했을 것이다."고 했다 한다.

한편 정부인은 조앙이 죽은 후 "내 아들을 죽이고 다시 생각하지도 않는구나."라며 지나칠 정도로 울었고, 화가 난 조조가 정부인을 본가로 쫓아 보냈다. 이후 조조는 다시 정부인을 부르고자 했으나 정부인이 끝내 응하지 않아 둘 사이의 혼인관계는 깨졌다.

상상왕 조삭은 어려서 죽었는데 229년 태화 3년에 시호가 추증됐다. 233년 청룡(2대 조예) 원년에 아들 민왕 조잠曹潛이 왕위를 계승했는데 같은 해에 세상을 떠났다. 아들 회왕 조언曹偃이 왕위를 계승하고 식읍은 2500호였다. 조언은 236년 청룡 4년에 세상을 떠났다. 아들이 없었으므로 봉국은 취소되었다. 255년 정원(3대 조모) 2년에 악릉왕 조무의 아들인 양도향공 조송으로 조삭의 뒤를 잇게 했다.

▎ 조조가 총애한 아들 조충을 낳은 환부인

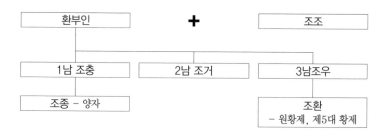

환부인環夫人(?~?)은 조조의 첩으로서 3남을 두었다. 1남 등애공鄧哀公 조충曹沖(195~207년)과 2남 팽성왕彭城王 조거曹據, 3남 연왕燕王 조우曹宇 (196?~275년?) 등이다.

조충은 조조의 여덟째 아들로 13세의 어린 나이에 독사에 물려 죽었 다. 자는 창서倉舒 시호는 등애왕鄧哀王이다. 어렸을 때 총명하고 재치 가 특출했다. 대여섯 살 때에는 지혜가 성인의 지혜와 같을 정도였다. 환부인은 조충의 때 이른 죽음을 매우 슬퍼했다. 조조가 명석한 조충을 일찍이 세자로 삼으려 했기 때문이다.

그는 명석한 두뇌로 두 가지 일을 해결하여 명성을 알렸다. 하나는 코끼리의 무게를 잰 일이고, 다른 하나는 쥐가 말안장을 갉아 먹어 혼 이 날 우려가 있는 병사의 근심을 덜어준 것이다.

그 당시 오나라 손권이 커다란 코끼리를 보내왔다. 조조는 무게가 알 고 싶어 신하들에게 물었다. 모두들 그 방법을 생각해 낼 수 없었는데 조충이 말했다.

"코끼리를 큰 배에 올려놓고, 물이 올라온 흔적을 칼로 그어 둔 뒤

같은 양의 물체를 배에 올려놓아 재어 보면 무게를 알 수 있을 것입니다."조조는 매우 기뻐하며 즉시 시험 삼아 해보라고 했다.

삼국시대는 군사와 정치적인 측면에서 혼란스럽고 일이 많은 때였다. 형벌 적용에서도 매우 엄하고 가혹했다. 조조의 말안장이 창고에 있었는데, 쥐가 이를 갉아먹었다. 창고 관리자는 반드시 죽게 될 것이라고 두려워했다. 자진하여 손을 뒤로 묶어 자수하려고 했다. 하지만 사면되지 못할까 봐 두려워했다. 조충이 그에게 말했다.

"3일만 기다렸다가 정오에 자수하라."

조충은 칼로 자신의 겉옷을 찢어 쥐가 물어뜯은 것처럼 만들었다. 거짓으로 실의에 빠진 것처럼 얼굴에 수심이 가득 차게 했다. 조충의 얼굴을 본 조조가 그 원인을 물었다. 조충이 대답했다.

"세속에서는 쥐가 옷을 물어뜯으면 옷 주인이 불길하다고 합니다. 지금 저의 겉옷이 쥐에게 물어 뜯겼기 때문에 걱정하는 것입니다."

조조가 말했다.

"그것은 허튼 소리니 괴로워하지 말거라."

잠시 후 창고를 담당하는 병사가 말안장을 쥐가 갉아먹었다고 하자. 조조는 크게 웃으며 말했다.

"내 아이의 옷이 제 곁에 있었는데도 쥐가 물어뜯었는데, 하물며 기둥에 걸려 있는 말안장임에야 말해 무엇 하겠느냐."며 죄를 묻지 않았다.

조충은 이처럼 어질고 정이 많았으며 식견이 넓었다. 형벌을 받는 이들 중 억울한 사람들의 사정을 헤아렸고, 평소 충실한 관리의 실수로 인한 처벌을 관대하게 해 줄 것을 요청했으므로 조조는 그의 총명함과 인자함을 칭찬했다.

208년 건안 12년, 13살인 조충이 독사에게 물려 병에 걸렸을 때 조조는 친히 아들의 완쾌를 기원했다. 결국 조충이 죽게 되자 조조는 조충을 살릴 수 없음을 매우 안타깝게 생각했다.

조충이 죽자 조조의 슬픔은 매우 컸다. 조비가 조조를 위문할 때 조조가 말했다. 조비와 조창, 조식 등 다른 아들들에게 "조충의 죽음은 나에게는 불행이나 너희들에게는 행운이다."라며 내심 후계자로 생각하고 있었다는 속뜻을 내비쳤다.

조조는 이렇게 말하면서 얼굴 가득 눈물을 흘렸다. 또한 조충을 위해 견씨의 죽은 딸을 모셔오게 하여 합장했다. 또 조충에게 기도위의 인수를 주고 완후거의 아들 조종에게 그의 뒤를 잇도록 명령했다. 217년 건안 22년에는 조종을 등후로 삼았다.

조비도 황제가 된 후에 "형인 효렴 조앙이 일찍 죽은 것은 다 자기의 운수이며 복이었다. 만약 조충이 살아 있었더라면 나 또한 천하를 얻지 못했을 것이다."고 말했다.

조조의 이 같은 말을 손성孫盛(중국 위진남북조 시대의 역사가, 무장, 정치가)은 춘추春秋의 뜻에 의하면 적자를 세울 경우에는 나이의 많음을 고려하지 현명함을 고려하지 않는다. 조충이 비록 살았더라도 적자로 세워질 수는 없는 노릇에 하물며 죽었으니 왕권 다툼이 일어날 수 없었을 것인데 그런 말을 하다니. 시경에 역무유언易無由言(말을 함부로 하지 마라. 생각 없이 말하지 마라)이라고 했다. 위 무제는 말을 너무 쉽게 한 것이다."

조비는 221년 황초 2년 조충에게 등애후鄧哀侯라는 시호를 주고 또 작위를 올려 시호를 공으로 추증했다. 222년 황초 3년에는 조종의 작위를 올리고 관군공으로 했다가 이듬해에는 을씨공으로 바꾸어 봉했다. 문제에 이어 명제도 231년 태화 5년 작위를 올려 등애왕이라 칭했다.

237년 경초 원년에 조종은 중상방(궁중의 칼이나 기물을 만드는 관청)에서

법으로 금하는 물품을 만들어 식읍이 300호 깎이고 작위도 도향후로 내려갔다. 그러나 229년 경초 3년에 다시 기씨공으로 임명되었다. 246년 정시(3대 조방) 7년 평양공에 봉해졌다. 경초, 정원, 경원 연간에 부단히 식읍을 증가시켜 이전 것과 합쳐 모두 1900호가 되었다.

팽성왕 조거는 211년 건안 16년 범양후范陽侯에 봉해졌다. 217년 건안 22년에는 봉지를 옮겨 완후宛侯에 봉해졌고, 221년 황초黃初 2년에는 작위가 공公으로 승격되었다. 이듬해는 장릉왕章陵王에 봉해졌고 같은 해에 봉지를 의양義陽으로 옮겼다.

문제文帝는 남쪽 땅은 지대가 낮고 습하며, 또 환태비環太妃가 팽성 사람인 것을 감안하여 다시 조거를 팽성彭城에 봉하였다. 이후 제음濟陰으로 봉지를 옮겼고, 224년 황초 5년에 조서를 내려 조거의 봉지를 정도현定陶縣으로 옮겼다.

"선대 제왕은 나라를 세우고 시대에 따라 제도를 만들었다. 한고조는 진대에 설치한 군을 증가시키고, 후한 광무제 때에 이르러 천하가 닳아 없어지려 하였으므로 군과 현을 합병하여 줄였다. 지금의 상황은 그 당시와 같지 않으므로 여러 왕을 현왕으로 바꾸어 봉한다."

232년 태화太和 6년 왕들을 다시 봉하면서 모든 군郡을 국國으로 격상시켰고, 조거는 다시 팽성에 봉해졌다. 237년 경초景初 원년 사사로이 사람을 중상방中尙方으로 보내 나라에서 금지하는 물품을 만든 죄로 봉읍 2000호를 깎았다.

그러나 239년 경초 3년에 봉읍을 다시 되돌려 주었다. 이어 정원正元(4대 조모)과 경원景元(5대 조환) 연간에 봉지가 더해져 모두 4600호를 받았다.

조우曹宇의 자는 팽조彭祖이다. 211년 도향후都鄕侯에 봉작됐고, 218

년 노양후魯陽侯로 작위가 변경되었다. 221년 둘째 형 조비가 황제가 되면서 공작으로 승진하여 도향공이 되었다. 이듬해에는 조비에 의해 왕으로 봉해져 하비왕이 됐다. 224년에는 단보현單父縣에 봉해졌고, 225년 태화 6년에는 연왕으로 바뀌어 봉해졌다.

명제는 어린 시절 조우와 함께 성장하여 그를 매우 아꼈다. 명제가 즉위한 후 그를 총애하고 상을 주는 것이 다른 여러 왕에 비해 각별했다. 특별한 총애를 받아 항상 가까이 하였다. 다른 제후왕들이 살해당하거나 탄압받을 때도 위기를 넘겼다.

235년 청룡 3년 명제가 그를 조정으로 불러들였다. 조우는 237년 12월 업성으로 돌아왔다. 이듬해 경초 2년 명제가 병중에 있을 때 낙양으로 돌아와 입조하였고, 대장군에 임명되어 후사를 부탁받았다. 그러나 그는 임명을 받고 나흘간 마음속으로부터 굳게 사양하였다. 유방과 손자가 강력히 반대하자 명제도 뜻을 바꿔 대장군직에서 면직시켰다. 그후 명제明帝의 고명대신으로 지목되었지만 물러났다.

조예의 혈통이 끊어지면서 아들 조황曹璜이 조카뻘 되는 고귀향공高貴鄉公(조모)의 뒤를 이어 위나라 황제를 승계했다.

조위曹魏 원황제元皇帝 조환曹奐(246년~303년)은 위의 최후이자 제5대 황제이다. 자는 경명景明이다. 본래 휘는 황璜이었으나 많이 쓰이는 자였으므로 피휘의 번거로움을 덜기 위해 환奐으로 바꾸었다. 아버지는 조조의 아홉째 아들 연왕燕王 조우曹宇이다.

원황제는 258년 감로(4대 조모) 3년 안차현安次縣의 상도향공常道鄉公에 봉해졌고 260년에 조모가 살해되자 사마소에 의해 제위에 오르고 조환으로 개명했다.

그 후 6월 2일 낙양으로 들어가 황태후를 뵙고, 이날 태극전전太極前殿

에서 황제의 자리에 올랐다. 대사면을 행하고 연호를 바꾸었으며 각각 차등을 두어 백성들에게 작호와 곡물과 비단을 하사했다.

서진 치하에서 사마염은 조환에게 황족의 품위를 유지할 수 있게 했다. 조환에게 위 황실 제사를 허가하여 조환이 스스로 진 황제의 신하로 생각하지 않게끔 했다. 조환은 서진 혜제 때인 303년에 죽고 황제의 시호를 받았다.

▌ 진의록의 부인에서 조조의 첩이 된 두부인

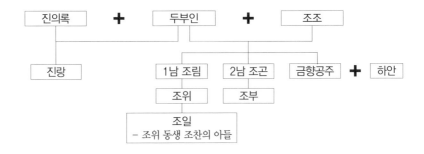

두부인杜夫人(?~?)은 조조의 첩이었다. 두부인은 조조의 첩이 되기 전 여포呂布 휘하의 장수 진의록秦宜祿의 부인이었다. 진의록과의 사이에서는 아들 진랑秦朗을 두었다.

진의록은 후한 말의 정치가로 병주幷州 운중군雲中郡 사람이다. 진의록은 여포의 사자로 원술袁術에게 외교관 자격으로 갔을 때 원술에게서 한漢왕실의 여자를 배필로 얻었다. 여포가 조조의 공세에 밀려 하비에서 농성할 때 진의록의 전처 두씨杜氏는 하비에 남아 있었다.

이때 조조군의 진영에 있던 관우關羽는 두씨를 아내로 삼고 싶다고 조조에게 청했다. 조조도 흔쾌히 수락했다. 그런데 여포 토벌 후 두씨가 미인임을 알게 된 조조는 마음이 바뀌어 약속을 어겼다. 그리고 두씨를 자신의 첩으로 삼았다. 관우는 이를 불쾌하게 여겼고 두 사람의 사이는 두씨 문제로 서먹하게 되었다.

진의록은 토벌 후 항복하고 조조의 막료가 된다. 조조는 진의록을 패국 질현장에 임명하였다.

제1장 조조의 위나라

199년 건안 4년 유비가 소패小沛에서 조조에게 반기를 들었다. 장비張
飛는 진의록에게 "아내를 빼앗은 자를 섬기는 것은 수치스러운 일이니
나를 따라오라."면서 유비를 섬기자고 말했다. 진의록은 "아내를 빼앗
은 사람과는 함께할 수 없다."며 유비와 손 잡았다. 그러나 곧 후회하
고 조조에게 귀순하려다 발각되어 장비에게 살해되었다. 진의록의 아
들 진랑秦朗은 어머니 두씨杜氏가 조조曹操의 측실이 되었기 때문에 조조
가 길렀다.

진랑(199년 이전~?)은 위의 정치가로 자는 원명元明이며 병주幷州 신흥
군新興郡 운중현雲中縣 출신이다. 아명은 아소阿蘇이다. 진랑은 성장하면
서 제후들의 틈에서 놀았다. 그럼에도 조조와 조비 대에도 처벌받는 일
은 없었다. 조예(명제)가 즉위한 후 진랑은 표기장군驃騎將軍 겸 급사중給
事中이 되었다. 조예가 외출할 때마다 가까이서 수행하였다. 진랑은 조
예가 남의 허물을 들춰 죄를 주는 것도 말리지 않았을 뿐만 아니라 유
능한 인재를 천거하지도 않았다. 그럼에도 조예는 진랑을 신뢰하였다.
조예는 진랑을 위해 대저택을 지어주기까지 하였다. 진랑은 무능했지
만 황제와 가까운 사이였기 때문에 뇌물을 바치는 사람이 많아 재산은
공公과 후侯에 버금갈 정도로 늘었다.

조예 대에 진랑은 대장군인 연왕燕王 조우曹宇, 영군장군領軍將軍 하후
헌夏侯獻, 무위장군武衛將軍 조상曹爽, 둔기교위屯騎校尉 조조曹肇와 함께
정치를 주도하였다.

그러나 237년 경초景初 2년 12월 중서감中書監 유방劉放과 중서령中書令
손자孫資가 진랑의 태도에 대해 조예에게 참언讒言하였다. 그 결과 진랑
은 조우 등과 함께 파면되었다.

두부인은 조조와의 사이에서 2남1녀를 낳았다. 1남 패목왕沛穆王 조

림曹林과 2남 중산왕中山王 조곤曹袞(?~235년) 그리고 딸 금향공주金鄕公主 등이다. 금향공주는 하가下嫁 하안何晏에게 시집보냈다.

조림曹林(?~?)은 211년 건안 16년 효양후에 봉해졌고, 217년에는 봉국이 초로 옮겨졌다.

이복형 조비는 그를 221년 황초 2년에 공으로, 이듬해에는 왕으로 승진시켰다. 이후 견성과 패로로 봉읍이 옮겨져 패왕沛王이 되었다. 경초(2대 조예), 정원(4대 조모), 경원(5대 조환) 중에 계속 봉읍이 늘어나 4700호에 달했다.

조림이 죽은 후에는 아들 위緯가 뒤를 이었다. 다른 아들 찬贊은 일찍 죽은 아저씨 조현曹玹(진부인의 아들)의 뒤를 이었으나 그 역시 아들 없이 요절하였다. 찬의 아우 일壹이 현의 뒤를 이었다. 혜씨보에 따르면 혜강의 아내가 패목왕의 손녀이다.

중산공왕中山恭王 조곤曹袞(?~235년)은 조조의 11남이며, 동복형제로는 형 조림曹林과 누이동생 금향공주金鄕公主가 있다. 그는 평향후平鄕侯에 봉해졌고, 이후 동향후東鄕侯, 찬후贊侯 등에 봉해졌다. 이복형인 조비에 의하여 황초 2년 221년에 공으로 봉해졌으며, 이듬해 북해왕北海王에 봉해졌다. 그 후로도 찬왕贊王, 중산왕中山王 등 봉지를 전전하였다.

조곤은 어릴 때부터 학문을 즐겼으며, 10대 때부터 뛰어난 문장력을 피력하였다. 일생 동안 2만여 개의 문장을 지었다고 한다. 또한 성품이 온화하고 소박하였으며, 자신의 처첩들에게도 베를 짜게 하는 등 근검 절약하는 모습을 보였다. 조카인 조예曹叡가 이러한 그를 흠모하였다. 한번은 입조하였을 때 금령을 범하여 233년 청룡靑龍 원년에 고소되었다. 담당관리가 완고하여 조곤의 식읍 두 현 및 750호가 깎였다. 그러나 조예는 조곤의 처벌을 원치 않았고 조곤 또한 근신하였으므로 이듬해에 복권되었다.

　조곤이 235년 청룡 3년 가을에 병들자 태의의 진료를 받았다. 태비와 형 패왕 조림의 문병을 받았다. 그러나 그의 병은 더욱 심해졌다. 속관들에게 명령을 내려 죽을 준비를 해 동당을 짓게 했다. 동당이 완성되자 수지지당遂志之堂이라 이름 짓고, 그곳으로 옮겨 세자에게 마지막 가르침을 남겼다. 그리고 그해에 죽었다. 시호로 공왕恭王이 내려졌다. 마지막 봉국이 중산이므로 중산공왕中山恭王이라 했고, 그의 뒤는 적자 조부曹孚가 이었다.

조조의 첩으로 아들 둘 낳은 진부인

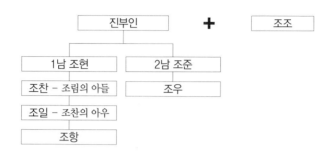

진부인秦夫人(?~?)은 조조의 첩이다. 2남을 낳았다. 1남 서향회후西鄉懷侯 조현曹玹(?~?)과 2남 진류왕陳留王 조준曹峻(?~259년)이다.

진수의 삼국지 위서 무문세왕공전武文世王公傳에 의하면 조현은 211년 건안 16년 서향후西鄉侯에 봉해졌다. 그러나 그는 자식을 남기지 못하고 일찍 죽었다. 후사가 없자 패왕沛王 조림曹林의 아들 조찬曹贊으로 하여금 작위를 잇게 하였다.

그런데 조찬 또한 자식 없이 일찍 죽었다. 조비는 조찬의 아우 조일曹壹로 하여금 조현의 후사를 잇게 하였고, 221년 황초 2년 제양후濟陽侯에 봉하였다.

황초 4년에는 작위를 공公으로 올렸다. 230년 태화太和 4년에는 조현의 작위를 회공懷公으로 추증하였다. 이어 2년 뒤에는 다시 회왕懷王에 추증되어 제양회왕濟陽懷王이 되었다. 조찬은 서향애후西鄉哀侯에 봉하였다. 조일이 죽으니 시호를 도공悼公이라 하였다. 조현의 작위는 우여곡절 끝에 조항曹恆이 뒤를 이으면서 경초景初, 정원正元, 경원景元 연간에

제1장 조조의 위나라

봉지가 더해져 1900호를 다스렸다.

진부인의 2남 조준의 자는 자안子安이다. 216년 건안 21년 미후郿侯에 봉해졌지만 이듬해 봉지를 양읍襄邑으로 옮겼다. 221년 황초 2년에 작위가 공公으로 승격되었고, 이듬해 진류왕陳留王이 되었다. 224년 황초 5년에는 양읍현으로 봉지를 옮겼고, 232년 태화 6년에 다시 진류에 봉해졌다.

조준은 259년 감로甘露(4대 조모) 4년에 숨을 거두었다. 아들 조오曹澳가 작위를 이어 경초, 정원, 경원 연간에 봉지를 더하여 모두 4700호를 받았다.

▌ 친조카딸을 며느리 삼은 윤부인

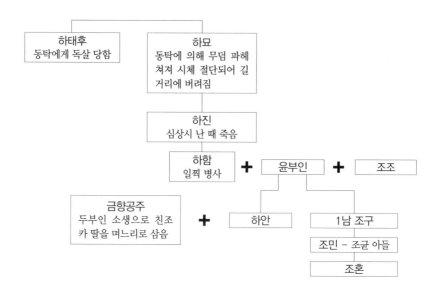

윤부인은 두부인의 입장과 심정을 잘 이해할 수 있는 첩이었다. 그녀는 원래 대장군 하진何進의 아들 하함何咸의 부인이었다. 그녀는 하함과의 사이에 아들 하안何晏(?~249년)도 두었다. 윤부인은 남편이 죽은 후 아들 하안을 데리고 혼자 살았는데 조조가 사공으로 있을 때 윤부인의 미모에 빠져 하안과 함께 데려왔다.

조조의 양자가 된 하안은 두부인과 조조 사이에서 낳은 딸 금향공주를 아내로 맞아 부마가 되었다. 조조는 '비수불류외인肥水不流外人 즉 기름 진 물은 다른 사람에게 흘려보내지 않는다' 하여 친딸인 금향공주를 양자인 하안에게 시집보냈다. 윤부인의 입장에서는 친조카딸을 친아들과 혼인시켜 며느리를 삼게 되었다.

비수불류외인은 남 좋은 일은 못 시킨다는 의미인데 조조의 생각은 매우 귀한 딸인 금향공주를 남의 집 며느리로 주기 아까우니 양자인 하안에게 시집보내 영원히 함께 데리고 살겠다는 것이었다.

하안何晏(193년?~249년)은 위나라의 정치가이자 사상가였다. 자는 평숙平叔으로 후한後漢 말기의 외척으로 대장군까지 지낸 하진何進의 손자이다.

조부 하진은 십상시의 난 때 죽음을 당했다. 종조부 하묘何苗도 조부의 암살에 가담했다는 혐의를 받아 죽었다. 이후 정권을 잡은 동탁에 의해 고모할머니 하태후何太后와 그 아들 소제가 폐위당한 뒤 독살당했다. 이어 종조부 하묘도 조부를 죽게 했다는 이유로 동탁에 의해 무덤이 파헤쳐지고 시체가 절단되어 길에 버려졌다.

증조할머니 무양군舞陽君을 비롯한 하씨 일족들이 동탁에 의해 몰살당했다. 그런 가운데 아버지 하암은 목숨을 보존했다가 일찍 병사했다.

하안은 어릴 때부터 영특하여 이름이 널리 알려졌다. 그는 일찍이 노장老莊에 심취하였다. 그러나 하안의 거리낌 없는 기질과 시류를 좇아 권세에 기대는 추시부세적趨時附勢的 성정 때문에 문제文帝 조비와 명제明帝 조예는 그를 중용 하지 않았다. 조비는 하안이 조조의 양자라는 지위로 허세를 부리는 것이 못마땅해 관직에 임명하지도 않았다.

조예가 죽자 그의 양자인 조방曹芳이 8살의 나이로 제위를 계승하였다. 이때 황족인 조상曹爽이 권력을 잡았다. 하안은 이때 발 빠르게 그의 수하로 들어가 이부상서吏部尙書로 임명되면서 정치 무대에 본격적으로 등장했다.

하안은 조상을 필두로 하는 붕당을 조직하였다. 중요한 국사는 조상이 쥐고 모든 결재를 조상이 먼저 하도록 했다. 조상의 붕당에는 하안을 비롯하여 재주는 있지만 경박한 사람들인 경박재자輕薄才子들이 대부분이었다.

하안은 자신들의 세력에 영합하는 사람은 승진시키고, 거스르는 사람은 파면시켰다. 또한 당시 권력을 쥐고 있던 사마의司馬懿를 정계에서 물러나도록 만들었다. 그러면서 조상의 권력은 더욱 확실히 다져졌다. 태후의 궁도 자신들의 뜻대로 옮기고, 황제인 조방이 명령한 일에는 사사건건 간섭하였다.

조상에 대한 관료들의 불만은 커져갔다. 249년 조방과 조상 일파가 조예의 능인 고평릉高平陵에 제사를 드리러 간 사이 사마의가 군사를 일으켜 하안을 비롯한 조상의 일파를 죽이는 고평릉의 변을 일으켰다.

하안은 삶의 근본을 정치가 아닌 학문에 두었다. 현학과 유학, 도가 학문에 두루 깊은 연구를 했다. 당시의 지재이던 왕필王弼을 발탁하는가 하면 논어집해論語集解, 주역강소周易講疏, 도덕론道德論 등 여러 저서를 남기기도 했다.

한편 하안은 자신의 외모를 많이 가꿔 이름을 날렸다. 얼굴에 분을 바르고 다니며 자신의 그림자가 으쓱대는 것을 즐겼다. 하안의 이런 행동에 당시 유명한 점술가였던 관로管輅는 "얼굴이 하얗고 걷는 게 나무와 같은 하안은 귀鬼의 상으로 오래 장수할 상이 아니다"라고 평하였다. 그는 56세로 죽었는데 고평릉의 변을 통해 적중하였다.

하안은 조상 세력의 일원이 되어 권세를 떨치다가 고평릉의 변에서 사마의에 의하여 삼족이 멸했다. 그러나 금향공주는 살아남았다.

윤부인은 조조와의 사이에서 일찍 죽은 아들 조구曹矩를 두었다. 범양민왕范陽閔王 조구曹矩(?~?)는 어려서 자식 없이 요절하여 봉호도 없었다. 217년 건안 22년 번안공樊安公 조균曹均의 아들 조민曹敏이 조구의 뒤를 이어 임진후臨晉侯에 봉해졌다. 222년 황초 3년에 다시 추증하여 범양민공范陽閔公에 봉해졌고, 2년 후 조구는 범양왕范陽王에 봉해졌다.

226년 조민은 황초 7년 봉지를 구양句陽으로 옮겼다. 230년 태화 4년 조구의 시호를 범양민왕范陽閔王이라 하였고, 조민을 다시 낭야왕琅邪王에 봉하였다.

경초, 정원, 경원, 연간에 봉지를 더하여 모두 3400호를 받았다. 조민이 죽은 뒤 시호를 원왕原王이라고 했고 아들 조혼曹焜이 왕위를 계승하였다.

▌후계 싸움에서 조비를 도운 소의 왕씨

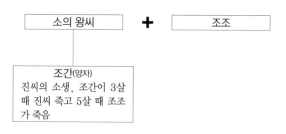

조조의 첩인 소의昭儀 왕씨王氏(?~?)는 자녀를 낳지 못했다. 대신 양자로 조왕趙王 조간曹幹(?~?)을 들였다. 조간은 삼국지에는 왕소의의 소생이라고 되어 있다. 하지만 위략에서는 진씨陳氏의 소생으로 되어 있다. 진씨는 조간을 낳은 지 얼마 되지 않아 죽었다. 조조는 어미 없는 조간을 왕소의가 기르도록 했다. 그는 원래 조간이 아니라 조량曹良으로 불렸다.

조간은 215년 건안 20년 출생하자마자 고평정후高平亭侯에 봉해졌다. 217년 건안 22년에 뇌정후로 바뀌어 봉해졌다가 같은 해 홍농후로 바뀌어 봉해졌다.

221년 황초 2년에는 승진해 연공으로 봉해졌다. 이듬해는 하간왕으로, 224년 황초 5년에는 악서현으로 봉해졌다. 226년 황초 7년에는 거록으로 올랐고 232년 태화 6년에는 조왕에 봉해졌다.

그는 3살 때 모친이 죽고 5살 때 부친인 조조가 죽었으므로 조비가 매우 아끼고 사랑했다. 조비는 조간보다 28살이 많은 형이었다. 조간은 조비를 아버지로 알고 조비를 아옹阿翁이라고 불렀다. 조비는 유쾌하지는 않았지만 조간이 나이가 어리고 가련하다고 생각하여 단호히 제지하지 못했다.

제1장 조조의 위나라

왕소의는 조조의 총애를 받았다. 조비가 조식과 후계자 싸움을 벌일 때 왕소의는 조비에게 적지 않은 도움을 주었다. 조비는 그 고마움을 늘 잊지 않았다. 조비가 보위를 잇게 되자 조간의 모친인 왕소의에게는 큰 힘이 되었다.

조비는 죽을 때 후계자에게 왕소의와 조간을 특별히 잘 돌봐 주라는 유조를 남겼다. 그로 인해 명제는 항상 조간을 총애했다.

234년 청룡 2년 조간은 빈객과 사사로이 교제하였다. 이를 담당관리가 상주하였고, 조예는 조간에게 옥새를 찍은 조서를 내렸다. 훗날 조간은 사통빈객私通賓客(손님과 내통하다)의 금지 규정을 어긴 일이 있었다. 조예는 선황의 유조가 있고 황숙이므로 말로만 혼을 내는 구두징계로 그쳤다.

명제 조예의 조서는 다음과 같다. "역경에 이르기를 '나라를 세우고 가업을 잇는 사람은 소인을 임용하지 않는다.'고 했고 시경에는 '대부의 수레는 먼지를 일으켜 자기를 오염시킬 뿐이다.'라며 계도하고 있다. 태조가 천명을 받아 대업을 연 이래로 다스려지고 혼란스러운 근원을 깊이 고찰하였고 존망의 관건을 밝혔다. 처음에 제후들을 나누어 봉할 때도 공순하고 진실하고 지극한 말로써 경계하였고, 천하의 단아한 선비들도 그들을 보좌하게 하였으며, 항상 후한의 마원이 남긴 교훈을 칭찬하고 제후들이 빈객과 사귀는 것을 금하는 것을 무거운 법령으로 다스렸으니 빈객과 사귀는 것은 요사스럽고 사악한 죄행과 같은 것이다. 어찌 이런 법률로서 골육지정을 엷게 하겠는가. 이것은 단지 자제들로 하여금 과실로 인해 죄를 저지르지 않게 하고 관민들로 하여금 상해의 한이 없도록 하려고 한 것에 불과하다. 고조가 제위에 오른 후 천하의 정치에 삼가고 깊이 고찰하여 제후가 입조하는 것을 금하는 법령을 밝혔다. 나는 시경의 '당체'라는 작품에 마음이 감동하게 되었고, 채숙의 도의를 칭찬하였으며 또 조서에서 '만일 조서가 있으면 수도로 들어갈 수 있다.'라고 하였기 때문에 제왕들에게 조정에 가서 예를 행할 수 있도록 명령했다. 그러나 초와 중산은 모든 빈객과 사귀어 법령을 범하였고, 조종과 대첩은 모두 법령에 복종했다. 최근 동평왕은 또 속관에게 수장현의 관리를 구타하도록 하였는데 담당관리가 그의 죄상을 상주하였기에 나는 그의 현읍을 삭감하였다. 지금 담당관리들은 조찬, 왕교 등이 구족이 모이는 시절이라는 것으로써 왕가에 모였는데, 시기에 부합되지 않은 경우에는 모두 금령을 위반한다고 상주했다. 나는 왕이 나이가 어리고 적으며 공손하고 진실 된 마음이 있고 선제의 유명을 받았으므로, 은총과 예우를 더 높여 후대에까지 이어지기를 원하는데 하물며 왕 자신은 어떠하겠는가. 또 사람으로서 어찌 허물이 없겠는가. 이 조서를 내려 담당관리에게 왕의 과실을 용서하도록 하겠다. 고인의 말에 '네가 보지 못하는 것을 경계하고, 네가 듣지 못하는 일을 두려워하라. 이러한 일은 숨겨진 행위 속에서는 나타나지 않고 세세한 것 속에서 드러나지 않는다. 때문에 군자는 혼자 있을 때의 행동을 준수하고, 선제의 유명을 존중하며 지키도록 노력하고, 조심하고 공경스럽게 왕위를 지켜 나의 마음을 밝혀 주기 바란다."

조간의 식읍은 경초, 정원, 원년 연간에 증가되어 이전 것과 더해 총 5000호가 되었다.

모반으로 죽은 조표의 어머니, 첩 손희

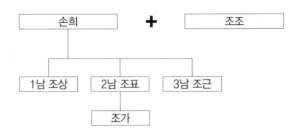

손희孫姬(?~?)는 조조와의 사이에서 3남을 두었다. 1남 임읍상공자臨邑殤公子 조상曹上(?~?)과 2남 초왕楚王 조표曹彪(195~251년) 그리고 3남 강상공자剛殤公子 조근曹勤(?~?)이다.

1남 임읍상공자 조상은 요절했다. 231년 태화 5년에 봉국과 시호를 추증했지만 후사가 없었다.

2남 초왕 조표(195~251년)의 자는 주호朱虎이다. 216년 건안 21년 수춘후壽春侯에 봉해졌다. 이어 221년 황초 2년에는 작위가 올라 여양공汝陽公으로 옮겼고 이듬해 익양왕弋陽王에 봉해졌다. 이해 오왕吳王으로 옮겼다. 231년 태화 5년 겨울에는 낙양에 입조했다. 이듬해 초왕楚王에 봉해졌다. 당초 입조했을 때 금령을 어겼다. 그로 인해 233년 청룡 원년 담당관리가 상주上奏하여 3개 현 모두 1500호를 깎였다. 그러다 이듬해 대사면 때 회복되었다. 두부인의 아들 조곤도 금령을 어긴 것으로 인해 조표와 같은 해에 삭봉을 당했고, 또 같은 해에 회복되었다. 239년 경초 3년에 5백 호가 늘어 3천 호가 되었다.

249년 가평 원년에 태위 왕릉과 연주자사 영호우가 동군 지방에 돌고 있던 요상한 말과 조표의 자인 주호를 연관시켜 조표를 황제로 맞아들이고, 수도를 허창으로 옮기려는 모의를 했다. 영호우는 휘하 장군 장식張式을 파견하여 조표와 왕래했다.

그런데 사전에 모의가 발각되었다. 사마의는 왕릉을 토벌하러 수춘으로 향했다. 왕릉은 사마의에 의해 연행되어 가던 도중 항 땅에서 약을 먹고 자결했다. 그의 시체는 이미 죽은 영호우와 함께 전시되었다.

사마의는 수춘으로 들어온 후 일을 철저하게 규명하여 조표에게 죽음을 내렸다. 조표는 자결로써 생을 마감했다. 조표의 비와 아들들은 서인으로 면직되어 평원으로 유배되었다. 조표의 관속 이하 감국알자(조정에서 파견한 감시자)는 조표의 모반 의사를 알고서도 저지하지 않았다는 이유로 모두 주살되었다. 봉국을 몰수하여 회남군으로 했다.

조표의 수명에 얽힌 일화가 있었다. 주건평朱建平(진晉나라 상술가相術家)은 문제 조비가 오관중랑장이 되었을 때 초청을 받아 여러 사람의 수명을 예언 했다. 조표에 대해서는 "번국에 웅거하다 57세에 이르면 병란의 재앙을 당할 것이니 마땅히 이를 막아야 한다."라고 예언했다. 조표가 왕릉의 일에 엮이어 죽음을 받았을 때의 나이는 57세였다.

조표의 후사는 폐황제 조모가 254년 정원 원년에 조서를 내려 조표의 세자 조가曹嘉를 상산진정왕常山眞定王에 봉해 잇도록 했다.

"고인이 된 초왕 조표는 국가를 배반하고 사악함에 의지하였기 때문에 몸은 죽고 봉국은 몰수되었다. 비록 스스로 멸망을 자초했지만 불쌍하게 여기고 있다. 오점을 포용하고 결점을 가리는 것은 친족에게 친하는 방법이다. 조표의 세자 조가를 상산진정왕으로 봉하거라."

260년 경원 원년 식읍이 증가되어 이전 것과 합쳐 모두 2500호가 되었다. 3남 강상공자 조근은 231년 태화 5년에 요절했다. 봉국과 시호를 추증했는데 후사가 없었다.

┃ 오만하고 포악한 조무의 어머니, 첩 조희

첩 조희趙姬(?~?)는 조조와의 사이에서 곡양왕曲陽王 조무曹茂(?~?)를 낳았다. 217년 건안 22년 악릉왕 조무는 만세정후에 봉해졌다. 이듬해 건안 23년에는 평여후에 봉해졌고, 222년 황초 3년에는 작위가 승진되어 승씨공으로 봉해졌다. 또 226년 황초 7년에는 중구공으로 고쳐 봉해졌다.

조무는 타고난 성품이 오만하고 포악해 어렸을 때도 조조의 총애를 받지 못했다. 조비 때에 이르러서도 유독 혼자만 왕으로 봉해지지 않았다. 그러다 명제 조예가 등극하던 227년 태화 원년에 요성공으로 봉해지고, 같은 해 왕으로 봉해졌는데 조서가 이러했다.

"옛날에 상의 잔혹함은 극도에 이르렀지만, 위대한 순임금은 그를 유비에서 후로 봉하였고 가까이 한 왕조의 화남왕, 부릉왕은 모두 난신역자였지만, 어떤 때는 그 본인에게 봉국을 회복시켜 주고, 어떤 때는 아들에게 봉토를 하사했다. 우임금과 순임금은 상고시대에 건립했고, 한문제, 한명제, 한장제는 이전 시대에 이미 실행하였는데, 이것은 모두 친척을 가까이 하는 깊은 정이다. 요성공 조무는 어렸을 때 예교를 배우지 않았고, 성장해서는 착한 도를 추구하지 않았다. 선제는 고대에 제후를 봉할 경우에는 모두 현인을 임명하려고 했기 때문에 주 왕조 희성 중에도 후로 봉하지 못한 자가 있다고 생각했다. 이 때문에 조무 혼자만 왕으로 봉하지 않은 것이다. 태황태후는 여러 차례 이것을 말하려고 했었다. 조무가 최근에 자신의 잘못을 깨닫고 뉘우치며 뜻을 세워 착한 일을 하기 시작했다는 것을 들었다. 군자는 다른 사람의 전진을 칭찬하고 지난날의 허물은 헐뜯지 않는다. 지금 조무를 요성왕으로 봉하여 태황태후의 자손에 관한 걱정을 위로하리라."

232년 태화 6년에 조예는 조무의 요성공을 곡양왕으로 고쳐서 봉했다. 242년 정시 3년에 동평영왕이 세상을 떠났다. 조무는 애통해 했다. 하지만 소리 내어 울면서 애도의식을 거행하지 않고 거처의 출입을 지난날과 마찬가지로 했다. 담당관리가 그의 봉지를 몰수하도록 상주했다. 소제 조방은 조서를 내려 한 현 500호를 몰수하기로 했다.

244년 정시 5년 악릉공에 봉하였다. 조무가 거두어들인 조세는 적었다. 그런데 자식들의 수가 많아 조서를 내려 몰수당했던 식읍을 회복시켜 주었다. 그와 동시에 식읍 700호를 더 주었다. 가평, 정원, 경원 연간 계속 식읍이 증가되어 이전 것과 합쳐 총 5000호가 되었다.

제1장 조조의 위나라

▌혼인동맹 희생자 조정의 어머니, 첩 이희

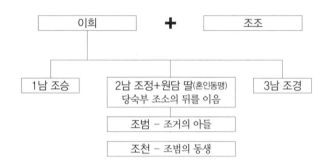

첩 이희李姬(?~?)도 3남을 두었다. 1남 조승曹乘(?~?)과 2남 미후郿侯 조정曹整(?~218년) 3남 조경曹京(?~?)이다. 이 중 1남과 3남은 일찍 죽었다.

1남 곡성상공자 조승은 231년 태화 5년에 요절했다. 봉국과 시호를 추증했지만 후사가 없었다.

2남 미대공자 조정은 당숙부 낭중 조소의 뒤를 이었다. 217년 건안 22년 미후로 봉해졌다. 이듬해 세상을 떠났는데 아들이 없었다. 221년 황초 2년에 작위를 추증하고 시호를 대공이라고 했다. 팽성왕 조거의 아들 조범을 조정의 후사로 받아들였다. 222년 황초 3년 평씨후로 봉해졌다. 이듬해는 성무로 바뀌어 봉해졌다. 229년 태화 3년에 작위를 공으로 승진시켰다. 235년 청룡 3년에 세상을 떠났고 시호를 도공이라고 했다.

236년 청룡 4년 명제 조예가 조서를 내려 조범의 동생 동안향공 조천을 미공으로 삼아 조정의 뒤를 잇도록 했다. 정원, 경원 연간에 계속 그의 식읍이 증가하여 이전 것과 합쳐 총 1800호가 되었다.

조정은 203년 10월 원담의 딸을 부인으로 맞기도 했다. 혼인동맹이었다. 업전투鄴戰鬪는 조조가 원상의 근거지인 업을 공격해 함락시킨 전투다. 원담의 항복을 받은 조조는 원담을 구원하기 위해 재차 기주로 진군하였다. 조조의 출병 소식을 접한 원상은 급히 평원의 포위를 풀고 업으로 귀환해 조조와 대치하였다. 이때 원담의 딸이 조조의 스무 번째 아들인 조정과 결혼하였다.

3남 영상공자 조경은 요절했다. 231년 태화 5년 봉국과 시호를 추증했는데 후사가 없었다.

┃ 번안후 조균의 어머니, 첩 주희

첩 주희周姬(?~?)는 아들 한 명을 낳았다. 번안후樊安侯 조균曹均(?~?)이
다. 번안공 조균은 숙부 조빈의 뒤를 이었다. 217년 건안 222년 번안
후로 봉해졌다. 219년 건안 24년에 세상을 떠났고, 아들 조범이 작위
를 계승했다.

221년 황초 2년 조균의 작위를 공으로 추증했으며 시호를 안공이라
고 했다. 이듬해에는 조균의 아들 조범을 공으로 봉했다. 황초 4년에는
둔류공으로 고쳐 봉했다.

237년 경초 원년에 세상을 떠났고 시호를 정공이라고 했다. 아들 조
심이 뒤를 이었다. 경초, 정원 연간에 계속 식읍을 증가시켜서 이전 것
과 더해 총 1900호가 되었다.

▎조졸한 광종상공자 조극의 어머니, 첩 유희

첩 유희劉姬(?~?)는 아들 조극曹棘(?~?)를 두었다. 광종상공자 조극은 요절했다. 131년 태화 5년 봉국과 시호를 추증했는데 후사가 없었다.

❙ 동평왕 조휘의 어머니, 첩 송희

| 송희 | ➕ | 조조 |

| 조휘 – 숙부 조옥 뒤를 이음 |

| 조흡 |

첩 송희宋姬(?~?)는 동평왕東平王 조휘曹徽(?~241년)를 낳았다. 동평영왕 조휘는 숙부 낭릉애후 조옥曹玉의 뒤를 이었다. 217년 건안 22년 역성 후에 봉해졌다. 221년 황초 2년에는 작위를 공으로 승진시켰다. 이듬 해에는 황초 3년 노강왕에 봉해졌다. 다음해 황초 4년에는 수장왕으로 바뀌어 봉해졌다. 황초 5년에는 수장현에 봉해졌고, 황초 6년에는 동 평에 봉해졌다.

234년 청룡 2년에 조휘는 관속으로 하여금 수장현의 관리를 때리게 하였다가 담당관리에 의해 상주되었다. 식읍 한 현 500호를 몰수한다 는 조서를 받았고, 같은해 몰수당했던 현읍이 회복되었다.

242년 정시 3년에 세상을 떠난 뒤 아들 조흡이 왕위를 계승했다. 경 초, 정원, 경원 연간에 계속 식읍을 증가시켜 이전 것과 더해 모두 3400호가 되었다.

▌순욱의 며느리가 된 조조의 딸 안양공주

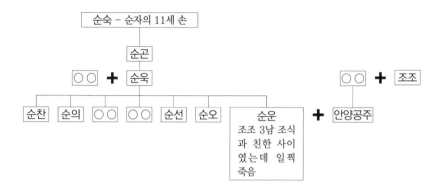

안양공주는 위나라 문신 순운荀惲(?~?)의 부인이 되었다. 순운은 영천穎川 영음穎陰(현재 하남성 허창) 출신으로 자는 장천長倩이고, 순욱의 장남이며 위와 서진에서 사공과 사도 등 고위 관직을 역임한 순의의 형이다.

순운은 212년 순욱이 죽자 그의 죽음을 조조에게 알렸다. 순욱이 죽은 뒤 후작侯爵의 자리를 물려받았다.

삼국지 위서 순욱전荀彧傳에 의하면, 조조는 딸을 순운에게 시집보냈다. 순운은 조조의 3남 조식曹植과 친한 사이였는데 일찍 죽었다. 조비가 태자가 된 뒤에도 조식과의 친교를 끊지 않고 지냈다. 조비는 그런 순운의 행동을 불쾌하게 여겼다. 뿐만 아니라 순운은 조비가 좋아하는 하후상과도 갈등했다. 그런데도 조비는 누이 안양공주가 순운의 부인이기 때문에 순운을 특별히 총애했다.

조비는 후계자 선정에서 가장 큰 경쟁자였던 조식을 몹시 미워했다. 조식과 친했던 사람들과는 우호적이지 않았다. 조식과 가까웠던 신하

제1장 조조의 위나라

중에 문재文才로 이름을 알렸던 정의丁儀가 있었다. 정의는 건안칠자에 미치지는 못했지만 문장이 뛰어났다. 아버지 정충丁沖과 조조는 매우 친했다. 정의의 재주를 높이 산 조조가 장녀인 청하공주淸河公主를 정의에게 시집보내려 했다.

그런데 조비가 정의의 눈이 짝짝이라고 간언하여 혼사를 중지하게 만들었다. 조비는 "여자는 얼굴을 보는데 정의는 애꾸눈이니 청하공주가 상심하지 않을까 걱정됩니다. 하후돈의 아들 하후무가 더 낫습니다."라는 말로 혼사를 중지시키고 대신 자신과 친한 하무후를 추천했다.

정의는 건안칠자에 미치지는 못했지만 문장이 뛰어났다. 아버지 정충丁沖이 조조와 매우 친했다. 그런 연유로 조조는 청하공주의 배필로 정의를 생각했다.

청하공주가 하무후에게 시집간 뒤 조조는 정의를 서조연西曹掾으로 삼아 많은 대화를 나눠 본 뒤 "정의는 훌륭한 선비이니 장님이었다 해도 내 사위가 되었어야 했다. 내 아들이 그르쳤구나."라며 정의의 재주와 활달한 기상을 칭찬하면서 후회했었다.

정의는 이 일로 말미암아 조비를 원망했다. 임치후 조식과 가까이 지내며 그를 조비 대신 태자로 밀었다. 동생인 황문시랑 정이, 승상부의 주부 양수와 함께 자주 조식이 재능이 있다고 칭찬하면서 조조에게 후계자로 세울 것을 권했다.

조비가 황제가 된 후 정의는 동생 정이와 함께 죽음을 당했다. 조식은 평생 외지에서 떠돌며 조정에서 재주를 펼쳐보지 못했다.

▌ 헌재의 후궁이 된 헌목황후 조절

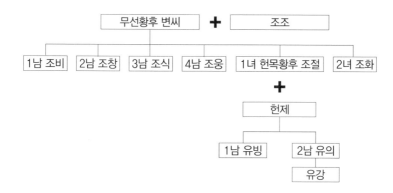

헌목황후獻穆皇后 조절曹節(186년~260년)은 조조의 딸로 헌제獻帝에게 시집을 가서 후궁이 되었다. 후한의 마지막 황후이며 청하공주의 자매이다.

213년 건안 18년 7월 조조는 자신의 딸 중 조헌曹憲, 조절曹節, 조화曹華 세명을 헌제에게 시집보냈다. 이들은 모두 귀인貴人이 되었다. 조절은 214년 11월 복황후와 그녀의 아버지 복완伏完이 조조를 제거하려다 발각되어 죽임을 당한 뒤 215년 1월에 귀인 첩지를 받은 지 2년 만에 황후로 책봉되었다.

조조는 딸 셋을 헌제에게 시집보내 황제의 장인으로서 권력을 굳혀 갔다. 하지만 황후가 된 조절은 친정아버지 조조의 편에만 설 수 없었다.

조헌과 조절이 헌제의 귀비로 시집을 가게 되었을 때 변씨가 두 딸을 걱정하는 것을 보고 조식은 동생들을 위해 글을 지었다.

敘愁賦^{서수부}

時家二女弟^{시가이녀제}, 故漢皇帝聘以為貴人^{고한황제빙이위귀인}.

家母見二弟^{가모견이제수사}愁思, 故令予作賦^{고령서작부}. 曰왈:

嗟妾身之微薄^{차첩신지미박}, 信未達乎義方^{신미달호의방}.

遭母氏之聖善^{조모씨지성선}, 奉恩化之彌長^{봉은화치미장}.

迄盛年而始立^{흘성년이시립}, 修女職於衣裳^{수녀직어의상}.

承師保之明訓^{승사보치명훈}, 誦六列之篇章^{통육례지편장}.

觀圖像之遺形^{관도상지귀형}, 竊庶幾乎英皇^{절서기호영황}.

委微軀於帝室^{위미구어제실}, 充末列於椒房^{충말열어초방}.

荷印紱之令服^{하인불치영복}, 非陋才之所望^{비루재지소망}.

對牀帳而太息^{대상장이태식}, 慕二親以增傷^{막이친이증상}.

揚羅袖而掩涕^{양라수이엄체}, 起出戶而彷徨^{기출호이방황}.

顧堂宇之舊處^{고당우지구처}, 悲一別之異鄉^{비일별지이향}.

영황英皇은 요임금의 딸로 순임금의 두 부인인 아황娥皇과 여영女英을 말한다. 두 사람은 열녀의 대명사이다. 위 글에서 조식은 영황의 이름을 언급하면서 동생들에게 아버지의 지위를 믿고 함부로 행동해서는 안 되며, 헌제를 성심성의껏 모셔야 한다는 것을 간접적으로 당부하고 있다.

조조가 두 딸을 헌제에게 보낸 목적은 정치적인 의도가 강했다. 따라서 출가를 앞둔 조헌과 조절의 정신적 부담감은 상당했다. 조식은 그런 동생들에게 아황과 여영이라는 이상적인 모델을 제시하며 격려했다.

조조나 조비에게서 보기 힘든 모습이었다.

헌목황후는 헌제와의 사이에서 두 아들을 두었다. 장남 남양왕南陽王 유빙劉馮은 요절하고, 3남 산양왕山陽王 유의劉懿는 헌제의 산양공의 직위를 이어 받았다. 이후 유의의 아들 유강劉康이 산양공山陽公으로 51년 재위하다 285년 태강太康(서진西晉 무제武帝) 6년에 사망했다.

220년 조비曹丕가 선양을 받아 후한이 망하고 위나라가 세워졌다. 헌목황후는 헌제의 편에서 선양을 반대했다. 후한서 헌목황후전獻穆皇后傳에서 "위魏가 황제의 자리를 선양받고자 사자를 보내어 옥새를 가져오라고 하였지만 화가 난 황후가 주지 않았다. 그러나 계속 찾아오자 황후는 사자를 불러들이더니 꾸짖으며 건네주는데 옥새를 난간 아래로 집어던졌다. 그런 뒤 흐느껴 울며 이르기를 '하늘이 너희들을 돕지 않을 것이다.'라고 하였다. 측근들은 아무도 쳐다볼 수가 없었다."고 하였다.

황후에 오른 지 일곱 해 만이었다. 옥새를 가져간 조비는 헌제를 산양공山陽公으로 조절을 산양공 부인으로 책봉하였다. 그로부터 41년이 지난 뒤 260년 6월 세상을 떠났다.

당시 황제였던 조환曹奐은 한나라의 예법에 따라 조절을 장사 지내고 헌목황후獻穆皇后라 했다. 그녀는 죽은 뒤 산양공山陽公으로 강등된 헌제와 합장되었는데 수레와 예복과 의식 등을 모두 한나라의 제도에 따랐다. 헌제의 무덤인 선릉禪陵에 합장된 헌목황후는 헌제에게 깊은 애정을 가지고 있었다.

나관중은 삼국지연의의 '헌제를 폐하고 한나라를 찬탈한 조비'라는 구절에서 헌목황후를 다르게 묘사했다. 이는 역사적 사실과 큰 차이가 난다. 여러 관리들이 헌제를 핍박하며 황제의 자리를 양보하라고 하니 놀란 헌제는 내실에서 감히 바깥출입도 하지 못한 채 숨어 지낸다. 그것을 이상히 여긴 조황후가 그 이유를 묻자, 헌제는 흐느껴 울면서 모든 사실을 황후에게 말한다. 그러자 헌목황후가 대노하여 말하기를 "너는 내 오라비가 나라를 찬탈하는 도적이 되었다고 하는데, 너희 고조高祖는 거저 술만 마셔대던 패현沛縣의 필부에다 근본도 없는 건달로서 진왕조秦王朝를 겁탈하지 않았는가. 그러나 내 아버님은 천하를 깨끗이 소탕하고 나의 오라버니는 수많은 공을 쌓아왔는데, 어째서 황제가 될 수 없다는 말인가. 네가 황제 자리에 있었던 30여 년 동안 만약 나의 아비와 오라비가 없었더라면 너는 가루가 되고 말았을 것이야."라고 한다.

헌목황후는 황실을 핍박하는 편에 서서 조비의 한실 찬탈을 돕는 가담자로 묘사되었다.

반면 청나라의 모종강이 쓴 본의 삼국지연의는 이 단락을 다음과 같이 고쳤다. 헌목황후가 이르기를 "백관들이 폐하를 청해서 조회를 열려고 하는데, 폐하께서는 무슨 이유로 물리치십니까." 헌제는 울면서 대답하기를 "황후의 오라비가 황위를 빼앗고자 하여 백관들로 하여금 핍박하게 하니, 짐이 그 때문에 나가지 않는 것이오."

헌목황후가 대노하며 말하기를 "나의 오라비가 무엇 때문에 이런 반역을 저지른단 말입니까." 말이 채 끝나기도 전에 조홍과 조휴가 칼을 들고 들이닥치더니 황제를 대전으로 나오라고 한다. 조 황후가 크게 나무란다. "너희 난적의 무리들이 부귀영화를 도모하여 함께 역모를 꾀했구나. 지금 내 오라비가 위왕의 자리를 물려받은 지도 얼마 되지 않은 처지에 함부로 황위까지 찬탈하려는 욕심을 부린다면 하늘은 반드시 너희에게 벌을 내릴 것이다." 이 말을 마치고는 통곡하며 궁으로 들어가

버린다. 좌우에서 모시던 시자侍者들도 모두 눈물을 흘리며 흐느낀다.

모종강의 묘사는 헌목황후의 태도가 사서에 기재된 내용과 기본적으로 일치한다. 또한 조비가 한나라를 찬탈한 일이 민심을 얻지 못했을 뿐만 아니라 그의 여동생조차도 극구 반대했다는 사실을 더욱 확실하게 드러내고 있다. 조조를 폄하하려는 삼국지연의의 주제에 부응하는 묘사이다.

정사 삼국지의 내용은 위에서 보듯이 나관중과 모종강의 묘사에서도 큰 차이가 난다. 이후 여러 삼국지 책에서도 각기 다르게 묘사되고 있다. 작가의 관점과 문장력에 따라 다르게 묘사되더라도 가장 중요한 것은 역사적 사실과의 부합성이다. 따라서 삼국지에 등장하는 여성들을 볼 때도 정사에 얼마만큼 충실했느냐가 중요하다.

후한의 마지막 비운의 황제 헌제는 헌목황후獻穆皇后 조절曹節과 헌효황후獻孝皇后 조헌曹憲 그리고 복황후伏皇后 등 3명의 황후와 후궁 귀인貴人 조씨曹氏와 후궁 귀인 동씨董氏, 후궁 귀인 송씨宋氏 등을 두었다. 후궁 귀인 조화曹華는 헌목황후 조절과 헌효황후 조헌의 여동생이다.

후궁 귀인 동씨는 동승의 딸로 조조를 암살하려 한 동승의 음모가 발각되어 동승과 함께 조조에 의해 살해되었다.

복황후는 195년 5월 20일 헌제가 장안에서 낙양으로 옮겨오기 직전이던 시절에 황후가 되었다. 그 당시 헌제의 나이는 14살이었다. 그 후 20년이 지난 214년에 조조를 암살하려 한 것이 들통 나 조조에게 살해되었다. 복황후의 두 아들도 조조에게 독살되었다.

헌제의 차남 제음왕濟陰王 유희劉熙와 4남 제북왕濟北王 유막劉邈, 5남 동해왕東海王 유돈劉敦과 위나라 문제 조비의 귀인이 된 장녀와 차녀 그리고 3녀 장락공주長樂公主 유만劉曼은 생모가 누구인지 모른다.

▎두 언니와 함께 헌재의 부인이 된 조화

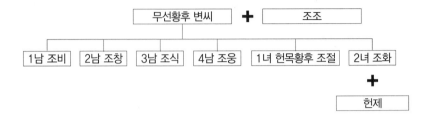

조화는 후한의 마지막 황제 헌제의 귀인이었다. 조조의 셋째 딸로 조절, 조헌, 청하공주, 안양공주, 금향공주, 임분공주 등과 자매이다.

213년에 조조가 세 딸인 조절, 조헌, 조화를 모두 헌제에게 시집을 보내 부인이 되게 하였다. 조화는 나이가 너무 어려 위국에서 나이가 차기를 기다렸다가 성장 후에 입궁했다.

214년 조조의 세 딸은 모두 귀인의 첩지를 받았다.

▎하후무와 불행한 결혼생활 했던 청하공주

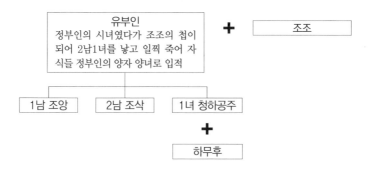

청하공주淸河公主는 조조의 장녀로 유부인劉夫人 소생이다. 유부인이 일찍 죽어 정부인의 양녀로 갔다.

  당초 청하공주는 정의에게 시집을 가기로 했다. 하지만 정의의 외모가 사팔뜨기 눈으로 얼굴이 못생겨 내키지 않았다. 또한 정의가 조식과 친분이 깊은 관계로 조비가 나서서 정의는 못생겨서 안 된다고 반대했다. 그 대신 자신과 친한 하후무夏侯務(?~?)를 추천하여 청하공주는 하후무와 결혼했다.

  하지만 하후무의 됨됨이는 좋지 않았다. 무능한 위인으로서 돈과 여자를 밝혔다. 청하공주는 결혼생활이 편안치 못했다. 하후무는 제갈량에게 포로로 잡히기도 했다. 귀환한 이후에는 서량으로 도망쳤다. 이후 하후무가 나타나지 않아 청하공주와는 사실상 이혼한 상태가 되었다.

  하후무의 자는 자림子林이며 예주 패국沛國 초현譙縣 출신이다. 대장군 하후돈의 일곱 아들 중 차남이다. 작위는 열후列侯이고 관직은 시중侍中이었다. 젊었을 적부터 조비와 친했다. 청하공주와의 결혼도 조비가 조조에게 강력히 권하여 이루어졌다. 220년 조비가 황제에 즉위하자 지절持節 혹은 가절假節 안서장군安西將軍에 임명되어 하후연의 뒤를 이어 관중을 지켰다.

하후무는 기첩伎妾을 여럿 두어 청하공주와 사이가 좋지 않았다. 228년 태화 2년 조예가 제갈량의 북벌에 대응하여 원정군을 편성할 무렵 하후무에 대한 탄핵이 들어왔다. 이에 보직이 상서尙書로 변경되면서 수도 낙양으로 소환되었다.

조예는 하후무를 죽이려 했는데 장수교위長水校尉 단묵段默이 이는 청하공주와의 불화를 이용한 모함일 것이라고 진언하였다. 조사 결과 이전에 하후무가 그 동생들이 예법을 어겨 수차례 크게 꾸짖었는데 질책이 두려웠던 하후자장夏侯子臧과 하후자강夏侯子江이 형인 하무후를 모함한 것이었다. 하후무는 훗날 진동장군鎭東將軍(동부방면군의 부사령관으로 정동장군을 보좌)까지 올랐다.

소설 삼국지연의에서 하후무는 하후연의 아들이었다가 하후돈의 양자로 입적하며 자도 자휴子休로 고쳤다. 제갈량이 제1차 북벌을 개시하자 아버지 하후연의 복수를 다짐하며 자원해서 군대를 통솔하지만 대패했다. 제갈량의 책략에 빠져 강유만 촉나라로 투항하게 만들었다. 옹주 서부 대부분을 제갈량에게 뺏긴 후 강족 땅으로 달아난 후 다시는 돌아오지 않았다.

▎ 조조 못지않게 여자 복 많은 조비

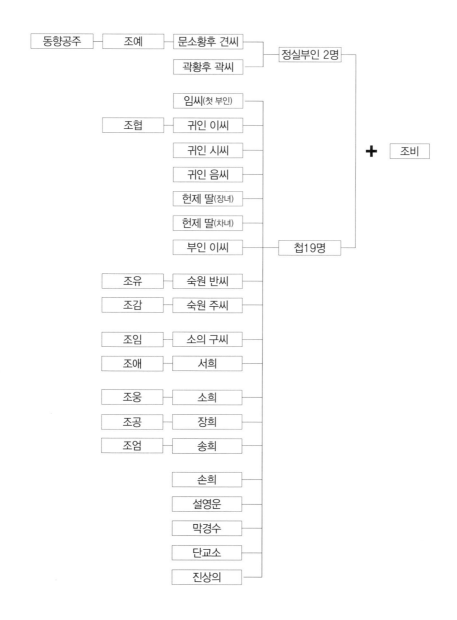

조조의 아들 세조世祖 문황제文皇帝 조비曹丕는 2명의 황후와 19명의 후궁을 두었다. 첫 번째 부인은 후궁 임씨任氏였다. 조비에게 임씨는 첫 여자였다. 조강지처인 셈이다. 그녀는 조비와 성격 차이로 불화가 잦았다. 그러다 결국 문소황후文昭皇后 견씨甄氏가 시집온 뒤 출궁되었다.

첫 번째 황후 문소황후 견씨는 장남 조예曹叡와 장녀 동향공주東鄉公主를 낳았다. 조예는 평원왕平原王에서 태자로 책봉되었고, 조비 사후 열조烈祖 명황제明皇帝가 되었다.

두 번째 황후 문덕황후文德皇后 곽씨郭氏는 아이를 낳지 못했다. 문덕황후는 조예가 황위에 오른 뒤 사사되었다.

후궁 귀인貴人 이씨李氏와의 사이에서는 차남 찬애왕贊哀王 조협曹協을 두었지만 그는 요절했다. 곽황후와 함께 입궁한 후궁 귀인貴人 시씨柴氏도 후사를 두지 못했다. 귀인貴人 음씨陰氏도 아이를 낳지 못했다.

조비는 자신의 손으로 폐위시킨 헌제와 딸을 부인으로 맞아 사위와 장인의 관계를 맺었다. 헌제의 두 딸이 조비의 후궁이 되었다. 장녀와 차녀를 각각 귀인으로 맞아 들였지만 이들과의 사이에서는 자녀가 없었다. 후궁 부인夫人 이씨李氏와의 사이에서도 아이가 없었다.

후궁 숙원淑媛 반씨潘氏와는 3남 북해도왕北海悼王 조유(曹?)―(유자가 모르는 것으로 기록 됨) 를 두었고 후궁 숙원淑媛 주씨朱氏와도 4남 동무양회왕東武陽懷王 조감曹鑒을 낳았다.

후궁 소의昭儀 구씨仇氏와의 사이에서는 5남 동해정왕東海定王 조임曹霖을, 후궁 서희徐姬와는 6남 양애왕梁哀王 조애曹哀를 후궁 소희蘇姬와는 7남 한단회왕邯鄲懷王 조옹曹邕, 후궁 장희張姬와는 8남 청하도왕淸河悼王 조공曹貢, 후궁 송희宋姬와는 9남 광평애왕廣平哀王 조엄曹儼을 두었다.

후궁 손희孫姬, 후궁 설영운薛靈芸, 후궁 막경수莫瓊樹, 후궁 단교소段巧

笑, 후궁 진상의陳尙衣와의 사이에서는 자녀가 없었다.

┃ 폐월수화 명모호치 문소황후 견씨

문소황후文昭皇后 견씨甄氏(182년~221년)는 위의 초대 세조世祖 문황제文皇帝 조비曹丕의 정비로 조비가 황제에 오르자 황후가 되었다. 중산군中山郡 무극현無極縣(하북성 장가구 부근)의 태생이다. 견후 또는 견씨라고도 부른다.

한나라 태보太保 견감甄邯의 후예이며 집안 대대로 2천 석을 받는 관직을 역임하였다. 견후는 상채현 현령 견일甄逸의 딸로 세 살 때 아버지를 여의었다.

견일은 상산常山의 장씨張氏에게 장가들었다. 3남4녀를 얻었는데 장남 견예甄豫는 일찍 죽었고, 그 다음은 견엄甄儼인데 효렴에 천거되었으며 대중군연大將軍掾, 곡양曲梁의 장長이 되었다. 그 다음 아들 견요甄堯도 효렴에 천거되었다. 장녀는 견강甄姜, 차녀는 견예甄脫, 그 다음은 견도

甄道, 견영甄榮이며 견후甄后는 막내딸이다.

견후의 이름은 복宓이고 다른 설에는 낙洛이라는 말도 있지만 확실하지는 않다. 어릴 적부터 총명하고 근엄한 성격의 소유자였다.

견후는 한나라 광화光和(178~184년) 5년 182년 12월 15일생이다. 견씨 어머니는 항상 잠이 들 때마다 어떤 사람이 옥의持玉를 들고 있다가 자신을 덮어주는 것을 보고 모두들 괴이하게 여겼다. 부군 견일의 장례식에 사람들이 찾아 왔는데 이들도 그 꿈을 기이하게 여겼다. 나중에 관상가 유량劉良이 찾아와 견후와 그 자매들의 관상을 봤다. 그때 견후를 보고 "이 아이는 말도 못할 만큼 귀한 인물이 될 것이다."라고 했다.

견후는 어려서부터 성장할 때까지 노는 것을 좋아하지 않았다. 8세가 되었을 때 말 타는 기술을 뽐내는 사람이 문밖에 있었다. 가족들 모두 옥상에 올라가 구경했지만 견후만은 그러지 않았다. 모두들 이상하게 여기며 물었다. 견후는 "그것은 여인들이 볼만한 것이 아니오."라고 말했다.

9살 때는 글 읽기를 매우 좋아했다. 보는 글자마다 뜻을 알았다. 여러 차례 오빠들의 붓을 빌리자 오빠들이 "너는 여자들이 하는 놀이를 해야 하는데 왜 책을 읽느냐. 여박사라도 되려느냐."고 물었다.

견후는 "옛날부터 현명한 여자들은 과거의 일을 배워 자신의 훈계로 삼지 않는 것이 없었다고 합니다. 문자를 모르면 어떻게 옛 일을 알 수 있겠습니까."라고 대답했다.

이후 천하에 전란이 일어났다. 게다가 기근까지 겹쳤다. 백성들은 모두 금, 은, 구슬, 옥 등의 보물을 팔았다. 그 당시 견후의 집에는 저장된 곡식이 많으므로 보물을 많이 사들였다. 견후가 열 살 남짓 되었을 때인데 어머니에게 말했다.

"지금 세상이 혼란스러워 많은 사람들이 보물을 사들이니 죄가 없는 보통 남자라도 보물을 감춘다면 죄를 짓는 것입니다. 하물며 주위에 있는 백성들이 모두 굶주리고 식량도 다 떨어져 가니 어머니께서는 친지들과 이웃 사람들에게 곡물을 나눠 줘 널리 은혜를 베푸십시오."

집안의 모든 사람들은 옳은 말이라면서 보물 사들이는 일을 그만두고 견후의 건의에 따랐다.

건안 중에 원소는 둘째 아들 원희를 견후와 결혼시켰다. 원희가 유주 자사로 나가게 되자, 견후는 남아서 시어머니를 봉양했다.

조조가 기주를 공격했을 때(하북 쟁탈전) 조비는 먼저 원소의 저택을 기습했다. 그때 원희의 아내 견후를 본 뒤 아내로 삼았다. 조비에게 총애를 받아 아들 조예와 딸 동향공주를 낳았다.

위서에 의하면 조비의 깊은 총애를 받게 된 견후는 더욱 더 겸손한 태도를 취했다. 조비에게 총애를 받고 있던 후궁들에게는 조비의 마음에 더 들도록 노력시켰다. 또한 총애를 받지 못한 후궁들에게도 격려와 충고를 아끼지 않았다.

조비에게도 "옛날 황제의 자손이 번창한 것은 많은 측실을 두었기 때문입니다. 넓고 재덕이 훌륭한 후궁을 들여 왕자를 많이 낳으세요."라고 했다.

훗날 조비는 첫 여자로서 후궁이었던 임씨任氏를 쫓아내려고 했다. 견후가 조비에게 청했다. "임씨 집안의 세력은 매우 크고 덕과 색色에서 저희들이 따라갈 수 없는데 왜 쫓아내려고 하십니까."

조비가 말했다. "임씨는 성질이 포악하고 급하며 순하지 않다. 지금까지 내 마음을 불편하게 한 것이 한두 번이 아니라서 떠나보내려 한다."

견후가 울면서 "모든 사람들은 제가 경우지은敬遇之恩을 받고 있다는 것을 알고 있습니다. 만약에 임씨가 쫓겨 난다면 사람들은 저 때문이라 할 것입니다." 간곡히 청했다.

하지만 문제는 견후의 간청에도 불구하고 끝내 임씨를 쫓아냈다. 남녀의 운우지정은 신분과 지위를 막론하고 한번 틀어지기 시작하면 결말이 좋지 않다.

211년 건안 16년 10월 조조가 마초와 싸우기 위해 관중關中으로 갔다. 무선황후 변황후卞皇后도 따라 갔는데 맹진孟津에 머물렀다. 조비는 이때 업성에 있었다. 변황후가 몸이 쇠약해져 병이 들었을 때, 견씨는 걱정한 나머지 하루 종일 울고 있었다. 이에 좌우 신하들이 변황후의 병환에 차도가 있다면서 견후를 달랬다. 하지만 견후는 믿지 않고 "변황후께서 집에 있을 때도 항상 아팠는데, 밖에 나와 있는 지금 차도가 있다니 그게 말이 됩니까. 날 달래려고 하는 이야기지요." 하고 말했다.

변황후를 걱정하는 견후의 마음은 더욱 더 깊어 갔다. 나중에 변황후로부터 "몸이 조금 나아져 평상시처럼 되었다."는 편지를 받은 후에 견후는 마음을 놓았다.

212년 건안 17년 5월 대군이 업성으로 되돌아왔다. 견후는 변황후를 알현하러 갔다. 변황후의 장막을 보는 순간 견후는 기쁨에 젖어 울었고, 좌우의 신하들은 감동했다. 변황후는 이런 견후를 보자 같이 울었다.

변황후는 "신부위오전병여석시곤아新婦謂吾前病如昔時困邪 오시소소이吾時小小耳, 십여일즉차十餘日卽差 부당시아언색호不當視我顏色乎."라며 "견후는 진짜 효행이 깊은 며느리이겠지."라고 감탄했다.

216년 건안 21년 조조가 동방 토벌에 출병했을 때 무선황후, 조비, 조예(견후 아들), 동향공주(견후 딸) 등이 모두 따라갔다. 하지만 견후만은

병 치료를 위해 업성에 머물렀다.

다음해 건안 22년 9월 귀환했을 때 변황후를 모시는 신하들은 견후의 안색이 생각 이상으로 좋은 것을 보고 "두 명의 아이들과 떨어져 있었는데 전보다 더 안색이 좋은 것은 왜 그렇습니까."라고 물었다. 이에 견후는 "제 아이들이 어머님과 함께 가 있는데, 나에게 무슨 걱정이 있겠습니까."라고 대답했다. 견후의 총명함은 이처럼 대단했다.

그러나 조비의 총애도 영원하지 않았다. 220년 연강延康 원년 정월에 조비가 왕위에 올랐다. 6월에는 남쪽 정벌에 나섰고 견후는 업성에 남았다.

황초 원년 10월에 조비는 황제의 자리에 올랐다. 산양공山陽公(후한의 헌제)은 두 딸을 조비에게 후궁으로 보냈다. 이즈음 곽후郭后, 이귀인李貴人, 음귀인陰貴人 등도 모두 조비의 총애를 받았다. 반면 견후에 대한 조비의 총애는 식어 갔다.

견후는 소외감으로 가슴앓이가 날로 깊어졌다. 실의와 비탄에 빠진 견후는 조비를 원망하는 말을 하였다. 견후는 조비가 병이 들었을 때 곽귀비의 충신 장도로부터 조비를 저주했다는 고발을 당했다. 조비는 대노했다. 황초黃初 2년 6월 견후에게 자결을 명령했다.

위지魏志 문제기의 기록에 따르면 견황후가 자살 명령을 받은 다음날 일식이 일어났다. 제관은 태위太尉를 파면하듯이 상주했다. 하지만 조비는 "천변지이는 나라를 치료하는 사람의 견책이다. 어째서 자기보다 하위의 사람에게 책임을 물리는가"라며 탄핵을 그만두게 했다.

견황후의 아들 조예曹叡가 황제에 즉위하자 담당관리가 상주하여 견후에게 시호를 추증하자고 요청했다. 조예는 사공 왕랑에게 모절旄節을 갖고 옥책玉策을 받들어, 태뢰의 희생으로 견후의 능에 제사 지내게 했다. 또한 별도로 참묘寢廟(능묘 옆에 설치하여 제전祭典을 행하는 곳)를 업성에 세웠다.

조예는 이처럼 견후의 명예를 회복하고 황후로 임명하였다. "그 영지에 의해서 세상을 계몽했다"는 의미를 담아 소昭라는 시호를 주고, 아버지의 시호인 문文자를 붙여 문소황후文昭皇后로 정하였다.

조예는 어머니 견후에 대한 그리움을 외가外家에 대한 보답으로 나타냈다. 227년 태화 원년 3월 조예는 견일을 추증하여 봉하면서 중산군 위창현魏昌縣의 안성향安城鄉에 있는 식읍 1천호를 주었고, 시호를 경후敬侯라고 했으며 견일의 맏손자 견상甄像에게 조부의 봉작을 잇게 했다.

4월에는 처음으로 선조의 영묘를 세우려고 땅을 파다가 옥새를 얻었는데, 사방이 1촌9분이었고, 그 위 인문印文에 다음과 같이 새겨져 있었다.

'천자는 자애로운 모친을 숭앙하고 그리워한다.' 조예는 이 글씨 때문에 얼굴을 고치고 태뢰의 제의로써 종묘에 제사 지냈다. 또 꿈속에서 견후를 본 후에 외가들의 친하고 소원하고 높고 낮음에 따라 차이와 등급을 두었으며, 각기 차별을 두어 임용했고, 막대한 하사품을 주었으며, 견상을 호분중랑장에 임명했다.

또한 같은 달에 견후의 모친 즉 외조모가 세상을 떠나자 조예는 시복緦服을 만들어 상례喪禮에 직접 참여했다. 모든 관료들도 배석했다.

상복제도는 무거운 것으로부터 가벼운 것까지 다섯 단계가 있었다. 견후의 모친상을 당했을 때 조예가 입은 시복緦服은 그 중 하나로 가장 가벼운 것이다. 의례儀禮 상복喪服편을 보면 외친外親의 상복은 모두 시복을 입는다.

230년 태화 4년 11월 조예는 견후의 옛날 능이 낮은 곳에 위치하고 작게 만들어졌으므로 견상을 보내 태위를 겸임하여 부절을 갖고 업성에 가서 토지신에게 보고하도록 했다.

12월에는 견후를 조양릉朝陽陵에 다시 안장했다. 견상은 귀환하여 산기상시로 승진하였다. 또한 외가의 일족에게 후대를 주어 견가의 남자들을 제후로 내세웠다. 그들의 가계는 대대로 이어져서 훗날 팔왕의 난 때에도 난을 피해 혈맥을 유지했다.

234년 청룡 2년 봄에 견후의 오라버니 견엄甄儼에게 안성향목후安城鄕穆侯의 시호를 추증했다. 여름에 오나라 군대가 양주에 침입해 오자, 견상을 복파장군伏波將軍에 임명하고 절을 주어서 여러 장수를 감독하고 동방 정벌에 나서게 하였으며, 돌아온 이후에 견상을 다시 사성교위射聲校尉로 삼았다.

235년 청룡 3년에 견상이 세상을 떠나자, 위 장군의 직위를 추증하고 봉지를 위창현魏昌縣으로 바꾸었다. 시호는 정후貞侯라고 하였고, 그의 아들 견창甄暢으로 후사를 잇게 했다. 아울러 견창의 동생인 온溫, 위韡, 염豔을 모두 열후로 삼았다.

236년 청룡 4년 견일과 견엄의 봉작을 바꾸어 위창후魏昌侯라고 하고, 시호는 옛날의 명칭을 답습했다. 견엄의 부인 유씨에게 동향군의 직위를 주었고, 또 다시 견일의 부인 장씨에게도 안희군安喜君의 작위를 추증했다.

237년 경초 원년 여름에 담당관리가 칠묘七廟의 제도를 의논하여 정했다. 겨울에 또 상주를 올렸다. 천자에게는 일곱 개의 영묘가 있는데 시조의 묘와 아버지로부터 거슬러 올라가 6대까지의 묘를 말한다.

"대체로 제왕이 흥기하게 되는 것은 하늘의 명을 받은 군주가 있어야 하고, 신령의 도움을 받는 성비聖妃가 있어야 하며, 그런 연후에 그의 세상을 흥성하게 이끌어 왕업을 이룩하는 것입니다. 옛날 고신씨高辛氏

(제고)는 4명의 비가 낳은 아들의 운세를 점쳐 보니 모두 천하를 지배할 수 있었습니다. 그래서 자손 제지帝摯, 도당陶唐, 상계商契, 주기周棄가 대대로 흥성했습니다. 주나라 사람들은 위로는 시조 후직后稷을 공손히 받들어 하늘에 제사 지냈는데, 왕의 탄생 초기까지 거슬러 올라가 보면, 강원姜嫄에 근본을 두고 있습니다. 때문에 특별히 그녀를 위해 영묘를 세우고, 대대로 공물을 바쳤던 것입니다. 이것은 주례周禮 대사락大司樂에서 '이칙夷則을 연주하고, 중려中呂를 노래하며, 대호大濩를 춤추어 죽은 어머니에게 공물을 바친다'는 말입니다.

시경 대아大雅, 생민生民의 시인들은 그녀를 '주의 시조를 낳은 것은 오직 강원이구나'라고 하여 왕노릇 하는 자에 대해 교화의 근본과 주왕조 시조가 이 여자로부터 태어났음을 설명했습니다. 시경 노송魯頌 민궁에서 또 '닫혀 있는 강원의 영묘靈廟는 청정하고, 한 알 또 한 알, 한 가지 또 한 가지, 빛나는 강원이여, 그 덕은 바르다'고 했습니다. 시경이나 주례에서 찬미하는 희씨 선조의 성덕은 이처럼 아름답고 고상합니다. 위대한 위나라의 길운은 유우有虞(舜)를 계승한 것입니다. 그러나 한편으로 제왕의 도를 존중하고 넓혀 하, 상, 주 3대에는 더욱 융성했습니다. 그 선조의 영묘는 사실 주왕조와 똑같습니다. 오늘 무선황후武宣皇后와 문덕황후文德皇后는 각자 무제와 문제를 제사 지내며 영원한 지위를 얻었습니다. 문소황후에 이르러서는 하늘이 내려준 상서로움을 누리며, 영명한 폐하를 낳아 기르고, 백성들을 구하는 공업을 세웠으며, 덕은 세상에 가득하여 이 자손들이 왕실을 이을 수 있는 기초를 열어 주었습니다. 그 결과 우리 왕조의 교화가 일어나게 되었습니다. 영묘를 세워 특별히 제사를 지내는 것도 강원姜嫄의 영묘와 똑같은 취지입니다.

영묘는 시대가 변하고 관계가 멀어지면 헐리는 것이 상례입니다. 단지 특별한 인물은 왕조의 지속적인 보존이 됩니다. 예를 들면 주나라의 칠묘七廟에는 후직后稷, 문왕文王, 무왕武王의 묘가 헐리지 않았고, 현존하는 왕의 아버지로부터 4대 묘를 세우고, 왕이 바뀌면 먼 선조의 묘를 헐고, 전왕前王의 묘를 세운다. 주나라에서는 이 칠묘 이외에 특별히 강원姜嫄의 묘가 세워졌습니다.

그러나 가원의 경우와는 달리 묘를 훼손시키지 못하게 하는 제도가 없어 빛나게 하지 못하고 있습니다. 제가 이처럼 두려워하는 것은 공적을 평하고 덕을 보고하는 옛날의 가르침이 후세에 잊혀질 수 있다는 것입니다. 이것은 효심을 분명히 하여 후세에 나타낼 수 있습니다. 문소황후의 영묘는 대대로 공물을 바쳐 제사지내고, 음악을 연주하고 시조의 묘와 똑같이 예우하여 훼손되지 않는 법전으로 영원히 빛나게 해야 합니다."

조예는 칠묘 건립에 관한 상주문을 모두 금책金策에 새겨 금속 상자에 보관하도록 했다.

중국 음율은 12개로 구분되고, 또 양율陽律 6개와 음율陰律 6개로 구분된다. 이칙夷則은 양율에 속하고, 중려中呂는 음율에 속하는데, 이 두 음은 조화를 잘 이룬다. 대호大濩는 은나라 초대 천자인 탕왕시대에 만들어진 무악舞樂이다.

조예는 또 233년 청룡 연간에 견후의 사촌오빠 아들인 견의甄毅와 견상의 동생 3명을 모두 열후로 삼았다. 견안은 자주 상소하여 그 시대의 정치에 대한 의견을 진술하였고, 관직은 월기교위까지 올랐다.

239년 경초 말년에 견창은 아직 어렸다. 하지만 사성교위로 삼고 산기상시의 자리를 주었다. 또한 대저택을 특별히 지어주고, 제왕이 수레를 타고 직접 찾았다. 또 그 집의 뒤뜰에 견상의 어머니를 위해서 묘를 지었다. 그 지역을 위양리渭陽里라고 칭하여 외가를 추모했다.

한편 조예는 232년 태화 6년 딸 조숙曹淑이 요절하자 그의 시호를 평원의공주平原懿公主라고 하며 그녀를 위해 묘를 세웠다. 이미 죽은 종손從孫 견황甄黃의 관을 꺼내 공주와 합장시키고, 견황을 열후로 추증하여 봉했다. 부인 곽씨郭氏의 사촌동생 곽덕郭悳을 그 후계자로 하여 견씨의 성을 잇도록 했으며, 평원후平原侯로 책봉해 평원의공주의 작위를 계승하도록 했다.

후대의 사서에서 견황후의 죽음은 곽황후의 음모라고 주장하기도 한다. 패사의 종류에서는 "조비가 기운이 없으면 곽황후는 '기운이 나지 않는 것은 견황후가 저주를 하고 있기 때문이다.'라고 중상모략했다. 조비는 격해서 관심이 희미해진 견황후에게 자살을 명했다."라고 전하는 것도 있다.

한진춘추漢晉春秋에 따르면 자살 명령을 받아 죽은 견황후의 시체를 곽황후는 머리카락을 긁어 어지럽히고 그녀의 입에는 쌀겨를 담아서 관에도 넣지 못하고 매장하였다고 전한다.

그러나 조비가 자주 간언이나 의견의 불일치에 화내고 처벌을 명했던 것이 위지 제전에 나오므로 "그가 불화를 일으키는 견황후와 말다툼을 하다가 자살을 명했다."라고 하는 위지의 기록은 신빙성이 있다. 다른 설로는 조비가 다른 여인을 취하자 원망하는 말을 한 것이 조비의 분노를 샀다고도 한다.

조예는 견씨를 황후로 추서하면서 그 일족을 후대하였다. 어머니를 투기하여 죽게 한 곽황후에 대해서는 처음엔 극진히 대접했다. 그러다 235년에 견황후의 죽음에 대한 재수사를 명령하여 당시 태후인 곽황후를 사사하고 곽황후의 목을 벤 다음 궁궐에 효수하였다. 그 후 잘린 곽

　　　　　　　　　　　　　　제1장 조조의 위나라

황후의 목을 들고 조롱하여 머리카락을 긁어 어지럽히고, 그 입에 쌀겨를 담아 어머니 견씨가 죽을 때와 똑같이 매장하였다.

견후의 친정에 대한 배려는 조예 시대에 그치지 않았다. 제3대 조방曹芳의 시대에 까지 이어졌다. 251년 가평 3년에 조방은 세상을 떠난 견창에게 거기장군의 작위를 추증하고, 시호를 공후恭侯라고 했다. 작위는 아들 견소甄紹가 이었다.

가평 연간에는 또 견창의 아들 두 명을 열후로 삼았다. 견후의 오빠 견엄의 손녀를 제왕 조방의 황후로 삼았는데, 그녀의 부친은 이미 죽었으므로, 모친에게 광락향군廣樂鄉君이라는 자리를 주었다.

견황후에 관한 유명한 전설은 조비의 남동생인 조식과의 연애담이다. 조비의 동생인 조식은 견씨를 흠모하였으나 이루어질 수 없었다는 것이다.

조식의 대표작 낙신부洛神賦의 모델이 견황후라는 설은 진나라와 육조 시대부터 이미 원형을 볼 수 있다. 남조에서는 궁체시로 불리는 감미로운 연애시가 유행했기 때문에 이러한 비련의 전설이 나타나기 쉬웠다고 추정된다.

조비는 견황후를 모함한 후궁 곽씨의 말을 믿고 죽였다. 그런 후 잔인하게도 동생인 조식을 장안으로 불렀다. 견희의 죽음을 알림과 동시에 그녀가 사용하던 베개枕를 던져주었다.

조조의 3남 조식은 견씨를 매우 좋아했다. 그런데 그녀는 형인 조비에게 시집을 가서 견황후가 되었다. 견황후는 훗날 조비로부터 버림을 받는다. 그 후 후궁 곽씨에게 황후의 자리까지 빼앗기고 죽음을 당한다. 조식은 견황후의 유품인 베개를 형인 조비로부터 받아 임지로 돌아오는 길에 낙수가에 이르렀다.

조식은 낙수洛水를 건널 때, 사랑하던 견후의 모습을 떠올리며, 견후와 이름이 같은 신화神話 상의 복비宓妃에 빗대 그녀 생전의 아름다움과 이루지 못한 애틋한 사랑의 감정을 노래했다. 조식은 비감한 심정으로 견후의 모습을 회상하며 낙신부洛神賦를 지었다.

洛神賦낙신부

黃初三年황초삼년 余朝京師 還濟洛川여조경사 환제낙천
황초 삼년(222년)에 경사京師(낙양)에 입조하였다 돌아가는 길에 낙천을 지나게 되었다.

古人有言고인유언 斯水之神사수지신 名曰宓妃명왈복비
옛 사람이 이르기를 이 물에 선녀가 있으니 그 이름이 복비라 하였다.

感宋玉對楚王說神女之事감송옥대초왕설신여지사 遂作斯賦 其詞曰수작사부 기사왈
송옥과 초왕과 무산신녀의 일에 느끼는 바 있어 이 부를 지으니 그 노래는

余從京師여종경사 言婦東藩언부동번
경사를 떠나 동녘으로 돌아가네.

背伊闕배이궐 越轘轅월환원 經通谷경통곡 陵景山능경산 日旣西傾일개서경
이궐산 등지고 환원산 넘고 통곡을 지나 경산에 이르니 이미 해가

저물고

車殆馬煩거태마번 爾迺稅駕乎蘅皐이내세가호거고

수레는 망가지고 말도 지쳐 물가 풀밭에서 수레를 쉬고

秣駟乎芝田말사호지전 容與乎楊林용여호양림 流眄乎洛川於是精移神駭유면
호낙천어시정이신해

지초 무성한 밭에서 여물을 먹이며 버들 숲에 앉아 흘러가는 낙천을
바라보매 문득 정신이 산란하였네.

忽焉思散홀언사산 俯則未察부측미찰 仰以殊觀앙이수관 覩一麗人于巖之畔도일
려인우암지반

홀연히 생각이 흩어져 굽어보아도 보이지 않고 우러러 보아도 달리
보이더니 보이느니 바윗가에 서 있는 한 미인을 보았네.

爾迺援御者而告之曰이내원어자이고지왈 爾有覿於彼者乎 彼何人斯 若此之
豔也이유적어피자호 피하인사 약차지염야

호종하는 이를 불러 묻기를, 자네도 저 이가 보이는가, 저 이는 누구
이기에 저토록 고운가.

御者對曰어자대왈 臣聞河洛之神신문하락지신 名曰宓妃명왈복비 則君王之所見
也측군옥지소견야 無迺是乎무내시호

호종하는 이가 답하길 제가 듣기로 낙수의 신을 복비라 이르는데 군
왕께서 보신 이가 그 이가 아닐까 하나이다.

其狀若何_{기장약하} 臣願聞之_{신원문지} 余告之曰_{여고지왈}

그 모습이 어떠한지 소인도 궁금하다기에 내가 답하기를

其形也_{기형야} 翩若驚鴻_{편약경홍} 婉若游龍_{완약유룡}

그 자태는 놀란 기러기처럼 날렵하고 노니는 용과도 같아

榮曜秋菊_{영요추국} 華茂春松_{화무춘송}

가을의 국화처럼 빛나고 봄날의 소나무처럼 무성하구나.

髣髴兮若輕雲之蔽月_{방불혜약경운지폐월} 飄飄兮若流風之廻雪_{표표혜약유풍지회설}

엷은 구름에 싸인 달처럼 아련하고 흐르는 바람에 눈이 날리듯 가벼
우니

遠而望之_{원이망지} 皎若太陽升朝霞_{교약태양승조하}

멀리서 바라보니 아침노을 위로 떠오르는 태양과 같고,

迫而察之_{박이찰지} 灼若芙蕖出淥波_{작약부거출록파}

가까이서 바라보니 녹빛 물결 위로 피어난 연꽃과 같네.

穠纖得中_{농섬득중} 脩短合度_{수단합도}

섬려한 모습과 아담한 키마저 모두가 알맞고 적합하니

肩若削成_{견약삭성} 腰如約素_{요여약소}

어깨는 조각한 듯 하고 허리에는 흰 비단을 두른 듯

延頸秀項연경수항 皓質呈露호질정로 芳澤無加방택무가 鉛華不御연화불어

길고 가녀린 목덜미에 절로 드러난 흰 살결은 향기로운 연지도 호사
한 분도 바르지 아니하였구나.

雲髻峩峩운계아아 脩眉聯娟수미련연 丹脣外朗단순외랑 皓齒內鮮호치내선

구름 같은 머리를 높이 틀어 올리고 눈썹은 가늘고 길게 흐르며 붉은
입술은 밖으로 빛나고 백옥 같은 이는 입술 안에서 곱구나.

明眸善睞명모선래 靨輔承權엽보승권 瓌姿艶逸괴자염일 儀靜澤閑의정택한

눈웃음 치는 눈동자는 아름답고 그 보조개가 능히 마음을 끄나니 그
맵시가 고와 이를 데 없고 거동이 고요하여 윤기가 흐르니

柔情綽態유정작태 媚於語言미어어언

그 부드러운 마음에 가냘픈 자태에 말투 또한 더욱 아름답구나.

奇服曠世기복광세 骨像應圖골상응도

기이한 옷차림은 세상에 없으니 그 자태 그림 같다.

披羅衣之璀粲兮피라의지최찬혜 珥瑤碧之華琚이요벽지화미

입은 비단옷은 찬란하고 귀에는 아름다운 귀걸이 빛난다.

戴金翠之首飾대금취지수식 綴明珠以耀軀철명주이요구

금비취 머리장식에 밝은 구슬을 꿰어 몸치장하고

踐遠游之文履^{천원유지문리} 曳霧綃之輕裾^{예무초지경거}

꽃신 신고 얇은 명주치마를 끌며

微幽蘭之芳藹兮^{미유란지방애혜} 步踟躕於山隅^{보지주어산우}

그윽한 난초 향기에 묻혀 산모퉁이를 거니네.

於是忽焉縱體^{어시홀언종체} 以遨以嬉^{이오이희} 左倚采旄^{좌의채모} 右蔭桂旗^{우음계기}

이에 몸을 놓아 즐겁게 노니니, 왼쪽은 채색 깃발에 기대었고 오른편
은 계수 깃발에 가렸네.

攘皓腕於神滸兮^{양호완어신호혜} 采湍瀨之玄芝^{채단뢰지현지}

물가에서 흰 팔 걷고 여울가에서 현초를 캐는데.

余情悅其淑美兮^{여정열기숙미혜} 心振蕩而不怡^{심진탕이부이}

내 뜻이 그 맑은 아름다움에 취했으나 마음이 흔들려 편안치 않네.

無良媒以接歡兮^{무량모이접환혜} 託微波而通辭^{탁미파이송사}

좋은 매파가 없어 말 전하지 못하여 잔물결에 부쳐 전하노니

願誠素之先達^{원성소지선달} 解玉佩以要之^{해옥패이요지}

사모하는 내 마음을 알리고자 구슬 패옥을 풀어 주었네.

嗟佳人之信脩^{차가인지신수} 羌習禮而明詩^{강습예이명시}

아~ 가인은 믿음 있게 행하고 예를 익혔으며 시에도 밝아

抗瓊琕以和予兮황경제이화여혜 指潛淵而爲期지잠연이위기
옥구슬을 집어 답하기에 깊은 연못을 가리켜 기약하네.

執眷眷之款實兮집권권지관실혜 懼斯靈之我欺구사령지아기
간절한 정을 지녔으나 속을까 두려워하고

感交甫之棄言兮감교보지엽언혜 悵猶豫而狐疑창유예이호의
정교보의 버림받은 말 생각하고 슬퍼 머뭇거리며 의심하네.

收和顔而靜志兮수화안이정지혜 申禮防以自持신예방이자지
온화한 얼굴로 뜻을 고요히 해 예의를 차려 스스로 갖추니

於是洛靈感焉어시낙령감언 徙倚彷徨사의방황
이에 낙신도 느낀 바 있어 이리 저리 헤매는데

神光離合신광이합 乍陰乍陽사음사향
광채가 흩어졌다 모이며 그늘이 되었다 밝아졌다 하더라.

竦輕軀以鶴立송경구지확립 若將飛而未翔약장비이미상
다소곳하고 날렵한 자태 학처럼 서서 나는 듯 날지 않고

踐椒塗之郁烈천초도지욱렬 步蘅薄而流芳보거박이유방
산초 우거진 향기로운 길을 밟고 풀꽃향기 날리는 데를 걸으며

超長吟以永慕兮초장음이영모혜 聲哀厲而彌長성애려이미장

길게 읊어 영원히 사모하니 그 소리 서러워 더욱 길어지네.

迺衆靈雜遝내중영잡답 命儔嘯侶명주소려

이에 갖은 신령들이 모여들어 서로 짝들을 부르게 하니

或戲清流혹희청류 或翔神渚혹상신저 或采明珠혹채명주 或拾翠羽혹습취우

혹자는 맑은 물속에 노닐고 혹자는 신령스런 물가를 날며, 혹자는 밝은 구슬을 찾고 혹자는 비취빛 깃털을 줍네.

從南湘之二妃종남상지이비 攜漢濱之游女휴한빈지유녀

남쪽으로 소상강의 두 비를 따르게 하고 한수가의 여신을 부르니

歎匏瓜之無匹 詠牽牛之獨處탄포과지무필 영견우지독처

포과성이 짝없음을 탄식하고 견우성이 홀로 삶을 슬퍼하네.

揚輕袿之綺靡 翳脩袖以延佇 體迅飛鳧 飄忽若神
양경규지기미 예수수이연저 체신비조 표홀약신

아름다운 옷자락을 나부끼며 긴 소매 가려 우두커니 바라보니 날렵하기가 나는 새 같고 표연하기가 신령과 같네.

陵波微步능파미보 羅襪生塵나말생진 動無常則동무상측 若危若安약위약안

물결을 밟아 사뿐히 걸으니 버선 끝에 먼지가 이는 듯 그 몸짓 알 수 없으니 위태한 듯 평안한 듯

進止難期진지난기 若往若還약왕약환

나아가는지 멈춰 서는지 짐작하기 어려우니 가는 듯 돌아서는 듯

轉眄流精전면유정 光潤玉顔광윤옥안 含辭未吐함사미토 氣若幽蘭기약유란 華容
婀娜화용아나 令我忘餐영아망찬

돌아서 바라보니 흰 얼굴 눈이 부시고 말을 머금어 내지 않으니 그윽
한 난초와 같아 얼굴이 눈부셔 식음을 잊게 하네.

於是屛翳收風어시병예수풍 川后靜波천후정파 馮夷鳴鼓풍이명고 女媧淸歌여와청가

이에 병예(바람의 신)가 바람을 거두고 천후(바다의 여신)가 물결을 재우
며, 풍이(물의 신)가 북을 울리고 여와(중매쟁이들의 수호 여신)가 고운 노
래를 부르니

騰文魚以警乘등문어이경승 鳴玉鸞以偕逝명옥란이해서

문어를 띄워 수레를 지키고 옥방울을 울리며 더불어 가는구나.

六龍儼其齊首육룡엄기제수 載雲車之容裔재운거지용예 鯨鯢踊而夾轂경예용이협곡

육룡이 머리를 맞대 공손히 수레를 끌고 고래가 뛰어올라 바퀴를 돌보며

水禽翔而爲衛수금상이위위 於是越北沚어시월북지 過南岡과남강

물새가 날아올라 호위하며 북쪽 물가를 넘어 남쪽 산을 지나네.

紆素領우소령 廻淸陽회청양 動朱脣以徐言동주순이서언 陳交接之大綱진교접지대강

흰 고개를 돌려 맑은 눈동자로 바라보며 붉은 입술을 떼어 천천히 만

남의 일을 말하니

恨人神之道殊^{한인신지도수} 怨盛年之莫當^{원성년지막당}
사람과 신의 길이 달라 아름다운 나날에 함께하지 못함을 원망하네.

抗羅袂以掩涕兮^{항라매이엄체혜} 淚流襟之浪浪^{누루금지랑랑}
비단 소매를 들어 눈물을 가리나 눈물이 떨어져 옷깃을 적시누나.

悼良會之永絶兮^{도량회지영절혜} 哀一逝而異鄕^{애일서이이향}
좋은 만남이 영원히 끊어질 것을 슬퍼하며 한번 가니 다른 곳에 있음
을 서글퍼 하네.

無微情以效愛兮^{무미정이효애혜} 獻江南之明璫^{헌강남지명당}
아름다운 정은 다하지 못했어도 강남의 빛나는 구슬을 바치고

雖潛處於太陰^{수잠처어태음} 長寄心於君王^{장기심어군왕}
비록 깊은 곳에 있을지라도 마음은 영원히 군왕께 드린다네.

忽不悟其所舍^{홀불오기소사} 悵神宵而蔽光^{창신소이폐광}
문득 그 있는 곳 뵈지 않더니 섭섭히 사라져 빛을 가리네.

於是背下陵高^{어시배하릉고} 足往神留^{족왕신류}
이제 돌아서 언덕을 오르려고 하니 발걸음은 가고자 하나 마음이 머
물러서

遺情想象유정상상 顧望懷愁고망회수

남은 정을 되새기고 돌아보며 탄식하네.

冀靈體之復形기령체지부형 御輕舟而上泝어경주이상소

그 모습 다시 볼까 작은 배를 저어 강으로 나아가니

浮長川而忘反부장천이망반 思綿綿而增慕사면면이증모

아득한 강물에 배 띄우고 돌아갈 길 잊은 듯 마음은 연이어 그리움만
더하고

夜耿耿而不寐야경경이불매 霑繁霜而至曙점번상이지서

밤이 깊어도 잠들지 못하고 무서리에 젖어 새벽에 이르렀네.

命僕夫而就駕명복부이취가 吾將歸乎東路오장귀호동로

호종하는 이에게 명하여 수레를 내게 하고 이제 나는 동로로 돌아가
려니

攬騑轡以抗策람비비이항책 悵盤桓而不能去창반환이불능거

말고삐 잡고 채찍은 들었어도 그 마음 서운하여 돌아서지 못하네.

　조식은 낙신부에서 견황후를 '엷은 구름에 싸인 달처럼 아련하고 흐
르는 바람에 눈이 날리듯 가벼우니'라고 표현했다.
　폐월閉月은 여기에서 비롯되었다. 낙신부에서 폐월의 명구를 낳은 부

분에 이어 그는 다음과 같이 노래하고 있다.

'어깨는 조각한 듯 하고 허리에는 흰 비단을 두른 듯, 길고 가녀린 목덜미에 절로 드러난 흰 살결은 향기로운 연지도 호사한 분도 바르지 아니하였구나.

구름 같은 머리를 높이 틀어 올리고 눈썹은 가늘고 길게 흐르며 붉은 입술은 밖으로 빛나고 백옥 같은 이는 입술 안에서 곱구나.

눈웃음치는 눈동자는 아름답고 그 보조개가 능히 마음을 끄나니 그 맵시가 고와 이를 데 없고 거동이 고요하여 윤기가 흐르니 그 부드러운 마음에 가냘픈 자태에 말투 또한 더욱 아름답구나.

명모明眸란 시원스럽고 맑은 것이며, 호치皓齒는 하얗고 아름다운 이를 말한다. '명모호치明眸皓齒'는 미인의 조건이 되었다.

조식 이후의 시인들은 이 말을 빌어 미인을 뜻할 때 명모호치 또는 폐월수화라고 노래했다.

❙ 여자 중의 왕 문덕황후 곽여왕

문덕황후 곽여왕郭女王(184년~235년)은 위魏의 세조世祖 문황제文皇帝 조비曹丕의 황후이다. 후한 말의 남군태수南郡太守 곽영郭永의 딸로서 안평군安平郡 광종현廣宗縣 태생이다. 조상 대대로 장리長吏였다. 장리는 보통 현의 고관·승丞·위尉 등 4백 석으로부터 2백 석까지의 관리를 지휘한다.

그의 아버지 남군태수 곽영의 시호는 경후敬侯이다. 어머니의 성은 동씨董氏로서 당양군堂陽君이며 아들 셋과 딸 둘을 낳았다. 장남 곽부郭浮는 고당高唐의 령이 되었고, 차녀는 곽욱郭昱이며 둘째 딸이 곽후郭后이고 곽후의 동생은 곽도郭都이며 막내동생은 곽성郭成이다.

곽후는 184년 중평 원년 3월 10일에 태어났다. 태어날 때 상서로운 기운이 있었다. 곽후는 어려서부터 남달리 똑똑하였다. 곽영이 "내 딸은 여자 중의 왕이다"라면서 '여왕'이라고 말했다. 자도 여왕女王이라는 글자로 삼았다.

곽후는 아주 어린 시절 부모를 잃은 이후 가난한 유랑의 생활을 하였다. 동제후銅鞮侯의 집안에 몸을 의탁하기도 했다. 조조가 위공魏公으로 책봉될 당시 눈에 띄어 동궁東宮의 궁녀가 되었다. 아름다운 미모로 조비에게 총애를 받았다.

조조가 위나라 왕이 된 후 후계자 문제가 대두되었다. 조조는 장자인 조비와 똑똑하고 문장이 뛰어난 조식曹植을 놓고 고민했다.

곽후는 지모와 술수가 있어 때때로 조비에게 의견을 제시하여 받아들이게 했다. 조비가 후계자로 정해졌을 때도 곽후는 계획을 세웠다. 결국 장자인 조비는 황태자가 되었다. 그녀는 조비가 즉위하자 귀비貴妃가 되었다. 조예를 낳은 문소황후 견씨를 참소讒訴하여 죽였는데, 머리카락으로 얼굴을 덮고 겨로 입을 틀어막은 채로 매장하였다고 한다.

222년 황초 3년 황후 옹립이 거론되었다. 견후甄后가 죽은 뒤 조비는 곽귀인을 황후로 세우려 하였다. 하지만 문무백관들의 반대가 뜻하지 않게 거셌다. 궁중 숙위宿衛의 감독관인 중랑中郎 잔잠棧潛이 상소를 올려 말했다.

"옛날의 제왕은 천하를 다스림에 있어서 밖(조정의 신하)의 도움뿐만 아니라 안(궁정)의 도움이 있었습니다. 내조의 문제는 천하가 다스려지고 혼란스러워지는 원인이 되며, 국가의 흥성과 쇠약함도 이로부터 비롯됩니다. 따라서 서릉씨西陵氏의 딸(이름이 루조嫘祖이며 황제의 정비正妃가 되었음)은 황제에게 시집갔으며, 영아英娥(요의 두 딸인 아황娥皇과 여영女英) 등은 순임금에게 시집가서 모두 현명함으로써 상고시대에 향기로운 명성을 떨쳤습니다. 하나라 걸 임금이 남소南巢 땅으로 도망친 것도 말희末喜가 화를 야기한 것이며, 은나라의 주가 포락炮烙의 구리 기둥에 기름을 바르고 그 아래에는 숯불을 지피고 그 위에 죄인을 놓고 태워서 죽게 하는 형벌을 세운 것도 달기妲己를 기쁘게 하기 위함이었습니다.

제1장 조조의 위나라

이런 까닭에 선왕과 성철을 그들의 정비를 책립함에 있어서 매우 신중히 하여 반드시 이전부터 계속 내려온 귀족의 가문에서 취했고, 그 중에서도 아주 정숙한 여자를 선택해 후궁 즉 육궁을 통솔하게 하고 경건하게 종묘에 제사를 올리게 하였으며, 그 결과 부인의 덕교가 계승되고 바르게 되었습니다. 역경에서 '가정의 도가 바르게 되면 천하가 안정된다'라고 했으니, 안으로부터 밖으로 미치는 것은 선왕의 법령이고 제도였습니다. 춘추에서 예를 관장하는 종인宗人 흔하의 말에 '첩을 정부인으로 삼은 예제는 없다'고 하였습니다. 제나라 환공이 규구葵丘에서 제후들과 맹약을 결심하면서 또한 말하기를, '첩을 아내로 삼는 경우는 없다'고 했습니다. 지금 후궁의 대열에 들어선 첩들은 항상 수레를 타는 제왕의 지위에 근접해 있습니다. 만일 총애 때문에 이런 사람 중에서 황후를 얻는다면, 비천한 사람이 갑자기 고귀한 지위에 오르게 되는 것이니, 신은 후세에 아랫사람이 제왕을 능멸하여 제왕의 권위가 떨어지고 전제典制가 느슨해지고 법도가 없어져서 화란이 위로부터 일어날까 두렵습니다."

조비는

'在昔帝王之治天下 재석제왕지치천하

옛날 제왕은 천하를 다스림에 있어

不惟外輔불유외보 亦有内助역유내조

밖에서 돕지 않으면 안에서 돕는 것이 있었다.

治亂所由치란소유 盛衰終之 성쇠종지

다스려지고 어지러움이 이로 말미암고 성하고 쇠함은 이로 쫓아 된다.'로 요약되는 상주문을 듣지 않고, 결국 곽씨를 황후로 삼았다.

이어 그는 경계해야 할 전례典例로 주역周易이나 춘추좌씨전春秋左氏傳

에 기록된 내용을 인용하면서 문소황후 살해의 경위 등으로 보아 곽씨를 내조의 공을 세울 수 없는 위인爲人으로 보고 신분이 천한 사람을 귀한 자리에 앉히는 위험이 무엇인지를 말했다.

곽귀인이 황후가 되자, 그녀의 일가가 관직에 출사하게 되었다. 곽귀인은 그들이 하는 일이 잘못될 때마다 그것에 대해 깊은 주의를 주었다.

조예曹叡가 황제에 즉위하자, 문덕황후는 황태후皇太后에 책봉되었다. 영안궁永安宮에서 거처하게 되었고, 235년 청룡靑龍 3년 허창許昌에서 세상을 떠났다. 유언에 따라 수양릉首陽陵의 서쪽에 배장陪葬되었다.

당대 사서인 위략魏略이나 후대 사서인 한진춘추漢晋春秋 등은 견후의 죽음이 곽귀인의 음모였다고 주장한다. 곽귀인은 조비에게 견후를 중상모략하여 조비가 견후에게 자살을 명하게 유도한 뒤 황후가 되었다.

그러나 후사를 이을 아들을 낳지 못해 견후의 아들 조예가 황제에 즉위하였다. 조예는 처음에는 문덕황후를 후대하여 황태후皇太后로 책봉하였다. 하지만 견후의 죽음에 대한 재수사를 진행한 뒤 문덕황후를 사사하였다.

3대 걸쳐 형식적인 수렴청정 곽황후

곽황후郭皇后(?~263년)는 위魏의 제2대 황제 조예曹叡의 두 번째 황후이며, 명원황후明元皇后라고도 한다. 서평군西平郡 출신으로 조상은 대대로 하우河右의 호족이었다. 호적의 딸이었던 그는 현지에서 일어난 반란에 연좌되어 신분을 박탈당한 뒤 관노가 되어 후궁에 편입되었다.

조예가 황제에 즉위한 뒤 곽씨는 총애를 받아 곧 부인夫人이 되었다. 그녀의 숙부 곽립郭立은 기도위로, 사촌 당숙 곽지郭芝는 호분중랑장에 임명되었다. 조예의 병세가 위독해지자 황후로 옹립되었다.

곽황후는 작고한 부친 곽만郭滿에게 서도정후石定侯를 추증하고, 곽맹의 아들 곽건郭建에게 그 작위를 잇게 하며, 황태후의 어머니 두씨에게 영지를 주어 합양군이라고 했다. 곽건은 기량이 있고 박학하였다. 하지만 태시泰始 연간에 질병으로 죽었으며 아들 곽호가 계승했다.

용감하고 솔직한 곽지는 산기상시와 장수교위長水校尉로 승진했고, 곽립은 선덕장군宣德將軍이 되었으며 모두 열후로 봉해졌다. 곽건의 형 곽덕은 집을 나와 견후의 양자가 되었다. 견덕과 곽건은 모두 전호장군이 되고, 열후로 봉해졌으며, 함께 황궁을 관장하는 숙위宿衛에 임명

되었다.

조방曹芳이 황제에 즉위하자 곽황후는 황태후皇太后에 책봉되었으며 영녕궁永寧宮으로 불리게 되었다.

조예 이후 세 명의 황제(조방, 조모, 조환)가 어려 문무백관들이 먼저 곽태후의 뜻을 물은 뒤 정책을 시행하는 수렴청정을 했다. 하지만 실질적인 권한은 정권을 잡고 있던 사마씨司馬氏 일족에게 있었다. 또한 외형상 '곽태후가 자신에게 밀명을 내렸다고 주장하는 경우'가 있었는데 관구검이나 종회鍾會가 봉기를 일으켰을 때와 사마사司馬師가 조방을 폐위할 때 사용되었다.

조방이 폐위된 이후 사마사는 팽성왕彭城王 조거曹據를 천거했다. 그러나 곽태후는 태묘太廟의 소목昭穆을 이유로 고귀향후高貴鄉侯 조모를 추천했다. 총명하고 재능이 빼어남으로 인해 조모가 황제에 오르는 것을 꺼렸던 사마사는 곽태후와 불목하였다.

하지만 결국 곽태후의 의견대로 조모가 황제에 즉위하게 되었다. 조모는 이후 사마사에 이어 정권을 잡은 사마소司馬昭를 죽이려다가 발각되어 심복 가충賈充에게 살해당했다. 이 당시에도 사마소는 '곽태후가 자신에게 밀명을 내렸다고 주장'하였다.

263년 경원景元 4년 12월 62세의 나이로 세상을 떠났으며, 다음 해 2월 고평릉高平陵의 서쪽에 배장陪葬되었다.

제1장 조조의 위나라

▎소박 당한 조예의 조강지처 명도황후 모씨

명도황후明悼皇后 모씨毛氏(?~237년)는 조위 제2대 황제 명황제 조예의 황후다. 하내 태생으로 모가毛嘉의 딸이다.

220년부터 226년 황초(조비) 연간에 선발되어 동궁으로 들어갔다. 당시 평원왕이던 조예의 특별한 사랑을 받았다. 출입할 때 수레에 함께 탈 정도였다. 226년 황초 6년에 문제 조비가 죽고 조예가 황제로 즉위하면서 귀빈이 되었다.

227년 태화 원년 정비 우씨가 있음에도 황후가 되었다. 모황후의 부친 모가는 기도위에 임명하고, 동생 모증毛曾은 낭중에 임명했다. 하사품도 듬뿍 내렸다. 이후 모가를 박평향후博平鄕侯로 봉하고 광록대부로 승진시켰으며, 모증은 부마도위가 되었다. 조예는 나중에 모가를 특진特進하는 기회를 주었고, 모증은 산기시랑으로 승진시켰다.

235년 청룡 3년에 모가가 세상을 떠나자 광록대부로 추증하고 안국후安國侯로 바꾸어 봉했다. 식읍 5백 호를 더하여 이전에 갖고 있던 것과 합하여 1천 호가 되게 했으며 시호를 절후節侯라고 했다.

236년 4년 모후의 죽은 어머니 하씨에게 야왕군野王郡을 추증했다. 그러나 이와 같던 조예의 총애도 나중에는 곽원후에게 옮겨갔다.

모가는 원래 수레를 만드는 장인이었다. 그런데 신분이 갑자기 높아지고 부자가 되었다. 한번은 조예가 조정의 신하들을 집으로 모이게 하여 연회를 베풀었다. 그런데 모가의 행동거지와 용모가 매우 바보스러웠다. 예를 들면 입만 벌리면 자신을 후신侯身이라고 하였으므로 당시 사람들은 웃었다.

이전에 조예가 번왕藩王으로 있을 때, 하내 우씨虞氏를 왕비로 맞이했다. 하지만 즉위하자 우씨는 황후로 세워질 수 없었다. 태황변태후가 그녀를 위로하자, 우씨가 말했다.

"조씨는 미천한 출신의 여자를 황후로 삼기를 좋아하여 도리에 따른 적이 한 번도 없었습니다. 그러나 황후는 궁전 안의 모든 일을 관장하고, 황제는 밖의 정치를 담당하여, 이 양자의 행위가 서로 도움으로써 왕업이 이루어지는 것입니다. 처음을 잘할 수 없다면 끝도 잘될 수 없습니다. 국가를 멸망시켜 제사를 끊는 것은 아마도 여기서 시작될 것입니다."

우씨는 결국 쫓겨나 업성의 궁전으로 돌아갔다. 변치 않을 것 같던 명도황후에 대한 조예의 총애도 세월이 흐르면서 곽부인(명원황후)에게 옮겨 갔다.

232년 조예는 끔찍이 사랑하던 아들 은殷과 딸 숙淑(평원의공주)이 열 살도 못 되어 요절하는 참극을 맞는다. 그때부터 조예는 명도황후 모씨와도 사이가 멀어지게 되었다. 명도황후는 조예가 어머니 문소황후를 닮아 평생 사랑했던 첫사랑이었다.

234년 제갈량이 죽고 위나라에 대적할 세력은 주변에 없었다. 조예는 이때부터 자식들을 잃은 슬픔을 달래기 위해 궁전을 쌓고 사치와 향락에 젖었다.

237년 경초 원년에 조예는 후원으로 놀러 나가 연회를 벌였다. 재인(후궁의 계급) 이상의 후궁들을 불러 모았다. 조예는 매우 즐거워했다.

이때 곽부인이 명도황후도 참석하면 좋지 않겠느냐고 말했다. 하지만 조예는 허락하지 않았다. 나아가 연회를 연 것 자체도 비밀로 했다.

그러나 명도황후는 연회에 대해 알고 있었다. 다음 날 명제가 명도황후를 만나자 "어제 북쪽 정원에서 연회를 열어 노셔서 즐거웠습니까?"라며 비꼬는 투로 말했다.

조예의 심기는 불편했다. 분노한 조예는 비밀이 샜다는 이유로 측근 10여 명을 죽였다. 뿐만 아니라 명도황후에게는 자진할 것을 명했다. 죽은 후에는 그에게 시호를 주고 민릉愍陵에 매장했다. 산시시랑으로 있던 모증은 우림호분중랑장羽林虎賁中郞將과 원무전농原武典農으로 좌천시켰다.

조예의 명도황후 자진 명령은 그에게 결정적인 실수였다. 자신이 평생에 걸쳐 제일 증오했던 부친 조비의 전철을 밟았기 때문이다.

첩이었던 곽부인의 모함에 넘어가 명도황후에게 사약을 내리고 곽씨를 황후로 세웠다. 조예는 아버지 조비가 문소황후를 내쳤던 것처럼 명도황후를 내쳤다. 그러나 조비는 얼마 못 가 자신의 행동이 잘못되었다는 것을 알고 후회했다.

그 후 조예는 점점 폭군의 길을 걷다 병석에 드러누웠다. 그리고 요동정벌을 마치고 돌아오는 사마의에게 조카이자 양아들인 조방을 부탁하고 35세의 젊은 나이로 세상을 등진다.

중국 위진남북조 시대의 역사가이고 무장이며 정치가 이었던 손성孫盛은 조와 조예가 황후를 선택하고 버리는 일을 다음과 같이 평했다.

"고대의 제왕은 반드시 정숙한 여성을 살펴 구해서 천자의 지고한 덕에 대응하고 앙양시켜야만 했다. 관저關雎편에서 노래한 것처럼 왕도王道의 교화를 크게 확대하고, 인지지麟之趾에서 노래한 것처럼 순박한 기풍을 가져야만 했다. 하, 은, 주 말기에는 한결 같이 질서가 혼란스러웠으며, 원칙은 감정에 빠져들었고, 위계는 혼돈상태였으며, 귀천이 분명하지 않고 아랫사람이 활개를 쳤다. 나라의 흥망은 전적으로 후비의 문제에 달려 있었다. 위왕조에는 무제로부터 명제에 이르기까지 3명의 황후는 모두 비천한 신분의 출신이었다. 출신이 비천했으므로 이 세상에 어떠한 이익도 줄 수 없다고 보는 것이 지배적이었는데, 시경詩經 패풍, 녹의綠衣에서 "갈포로 만든 여름옷에 쌀쌀한 바람이 분다"고 한 것은 바로 이런 맥락에서 이해된다.

손성은 자는 안국安國이고 태원군太原郡 중도中都 출신이다. 위나라의 중신인 손자孫資의 현손玄孫이다. 증조부는 손굉孫宏, 조부는 서진의 신하인 손초孫楚, 아버지는 손순孫恂, 아들은 손잠孫潛과 손방孫放이며, 손자는 손강孫康이 있다.

그는 동진東晉의 신하가 되어서 유량庾亮, 환온 등의 부하로 활약하였다. 또 역사가로서 삼국지三國志 주석에 인용된 위씨춘추魏氏春秋와 진양추晉陽秋 등 많은 저작을 남겼다.

문소황후의 조카손녀 회황후

○ ○	+	견창
회황후 견씨 견엄의 손녀이며 문소황 후 견씨의 조카손녀	+	조방

회황후懷皇后 견씨甄氏(?~251년)는 위魏의 황제 조방曹芳의 첫 번째 황후이다. 견엄甄嚴의 손녀이며 문소황후文昭皇后의 조카손녀이다.

243년 정시正始 4년에 황후가 되었다. 251년 가평嘉平 3년에 세상을 떠나 태청릉太淸陵에 배장陪葬되었고, 회황후로 추증되었다.

회황후 견씨의 남편 조방曹芳(231년~274년)은 위의 제3대 황제이다. 소황제少皇帝라고도 불렸다. 자는 난경蘭卿이다. 폐위된 뒤에 제왕齊王으로 강등 당했다. 서진이 세워지자 소릉공邵陵公으로 더욱 낮춰졌다. 사망한 뒤에 소릉여공邵陵厲公이란 시호를 받았다. 부친이 불분명하다.

조방은 형제 조순曹詢과 함께 남몰래 조예曹叡가 궁에 들여온 아들로 어릴 때 황태자에 책봉되었다. 양부인 조예가 죽자 9세에 황위에 올랐다. 어린 나이에 황위에 올랐기 때문에 곽태후郭太后가 수렴청정을 하고, 고명대신인 조상曹爽과 사마의司馬懿가 정치를 위임받았다.

이후 고평릉의 변高平陵之變에서 조상이 사마의에게 패하자 권력은 사마의에게 옮겨졌다. 사마의가 죽자 정권은 사마사司馬師가 이어받았다. 외척인 장집張緝과 중서령 이풍, 황문감 소삭, 영녕서령 악돈, 중황문 항종복야 유현, 태상 하후현夏侯玄 등과 함께 사마씨를 토벌하고 황실의 위엄을 높이려 하였으나 사마사에게 발각되어 쫓겨난다.

조방의 출신에 대한 의혹은 아직도 풀리지 않고 있다. 알려지지 않은 조씨 일족 중 한 사람일 것으로 추정되고 있다. 위씨춘추에 따르면 조창曹彰의 아들 임성왕 조해가 조방의 아버지라고도 한다.

조예가 조비曹丕의 친자가 아닌 조창(혹은 조식)의 친자라는 설이 있는데 그럴 경우 조예는 자신의 친동생인 조해의 아들 조방을 후사로 삼은 것이 된다. 조방의 형제 조순曹詢(231년~244년)은 일반적으로 진왕秦王으로 불렸으며 부친이 불분명하다. 제2대 황제 조예의 아들이 요절하자 형제 조방과 함께 남몰래 입양되었다. 235년 청룡靑龍 3년 8월 조방은 황태자에 옹립되었고, 조순은 진왕秦王에 책봉되었다. 조순은 244년 정시正始 5년 8월 사망하였으며, 그 해 11월 경조군京兆郡으로 옮겨졌다.

손권의 오나라

■ 오吳

오吳나라(229년~280년) 또는 동오東吳, 손오孫吳는 후한이 멸망한 후 개국된 삼국 중의 한 국가이다. 위·촉·오 삼국 가운데 가장 늦게 건국되었다. 그러나 가장 오랫동안 존속하였고 맨 나중에 멸망하였다. 손견과 손책孫策의 맹활약으로 강동에 기반을 잡았다. 수성의 달인인 손권을 통해 제국으로 발돋움했다.

오나라는 비옥한 땅과 풍부한 인재를 갖추었다. 위와 촉과의 전쟁에서는 성과가 미흡했다. 그러나 외부의 침공에 대해서는 장강 등 천혜의 지형을 이용한 성공적인 방어전을 펼쳤다. 또한 상황에 따라 촉과 위와 화평을 맺는 유연한 외교술을 펼쳤다.

그런데 손권 사후 계속되는 권력 다툼과 내분으로 힘이 약화되었고, 결국 마지막 황제인 손호가 서진西晉의 사마염에게 항복함으로써 멸망한다. 이로써 삼국 시대는 끝을 맺는다.

대수	묘호	시호	성명	연호	재위기간	능호
–	오 시조 吳 始祖 (오 대제 추숭)	무열황제 武烈皇帝	손견 孫堅	–	–	고릉高陵
–	–	장사환왕 長沙桓王 (오 대제 추숭)	손책 孫策	–	–	–
–	–	오왕吳王	손권 孫權	황무黃武 222년~229년	220년~229년	–

제 1 대	오 태조 吳 太祖	대황제大皇帝	손권 孫權	황룡黃龍 229년~231년 가화嘉禾 232년~238년 적오赤烏 238년~251년 태원太元 251년~252년 신봉神鳳 252년	229년~252년	장릉蔣陵
제 2 대	-	폐황제廢皇帝 회계왕會稽王	손량 孫亮	건흥建興 252년~253년 오봉五鳳 254년~256년 태평太平 256년~258년	252년~258년	관후묘官侯墓
제 3 대	-	경황제景皇帝	손휴 孫休	영안永安 258년~264년	258년~264년	정릉定陵
-	-	문황제文皇帝 (오 말제 추숭)	손화 孫和	-	-	명릉明陵
제 4 대	-	말황제末皇帝 귀명후歸命侯	손호 孫皓	원흥元興 264년~265년 감로甘露 265년~266년 보정寶鼎 266년~269년 건형建衡 269년~271년	264년~280년	
제 4 대	-	말황제末皇帝 귀명후歸命侯	손호 孫皓	봉황鳳凰 272년~274년 천책天冊 275년~276년 천새天璽 276년 천기天紀 277년~280년	264년~280년	

19명의 여자와 손권

지략과 권세로 두 아들 현군 만든 무열황후 오씨

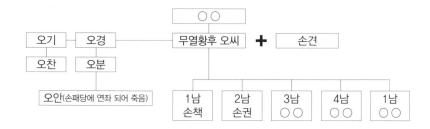

무열황후武烈皇后 오씨吳氏(?~202년)는 손견의 부인이다. 손견이 오나라에서 황제로 추존되면서 황후로 추존됐다. 오군 오현 출신으로 손책과 손권의 어머니이다.

무열황후는 본래 오군吳郡 출신이었지만 어려서 전당현錢唐縣으로 옮겼다. 부모를 일찍 잃어 아우 오경吳景과 함께 살았다. 뛰어난 재주를 갖췄고 아름답다는 소문이 자자했다. 손견은 젊은 시절 고향인 오군에서 무열황후를 부인으로 맞아들였다. 혼담은 손견 자신이 직접 넣었다. 무열황후의 친척들은 손견이 경박하고 사납다는 이유로 반대했다. 손견은 부끄럽고 안타까우면서도 불쾌한 마음이 들었다. 오씨 가문에 대해 좋지 않은 마음이 들었다.

이에 무열황후는 자신으로 인해 집안에 화를 불러들일 수 없다고 생각했다. 친척들에게 스스로 손견에게 시집가겠다고 말했다. "어찌 한 여자를 사랑하는 연정으로 인해 집안에 화를 초래하겠습니까. 만약 불우함이 있다면 그것은 제 운명입니다." 이후 오씨는 집안의 허락을 받아 손견과 결혼했다. 오부인은 손견과의 사이에서 네 아들과 딸 하나를 낳았다.

수신기搜神記에 의하면 본래 부인은 잉태했을 때 달이 들어와 달을 품는 꿈을 꾸고 손책孫策을 낳았다. 손권을 잉태하고 다시 해가 들어와 해를 품는 꿈을 꾸자 오부인은 손견에게 말했다.

"전에 책策을 배었을 때는 꿈에 달이 들어와 제가 그것을 품었습니다. 지금은 또 해가 들어와 제가 그것을 품는 꿈을 꾸었는데 이는 무슨 까닭이겠습니까."

손견은 말했다. "해와 달은 음양陰陽의 정精으로 극히 귀한 상이니 우리의 자손은 그로써 일어날 것이오."

손견이 죽고 장남 손책이 그 자리를 이었다. 그런데 손책도 얼마 가지 못해 죽었다. 나이 어린 차남 손권이 그 지위와 세력을 이어 받았다. 이때 오부인은 군정과 민정 양면에서 아들을 잘 보좌했다.

회계전록會稽典錄에 의하면 손책이 공조功曹 위등魏騰을 꾸짖고 죽이려 했다. 신하들은 두려워 아무도 진언하지 못했다. 이에 오부인은 큰 우물로 손책을 불렀다. 그는 우물가에 기대서서 손책에게 말했다.

"너는 새로 강남江南을 이룩하려 하지만 그 일을 아직 이루지 못했다. 바야흐로 어질고 예의 있는 선비의 도움을 받으려면 과오는 버리고 공만 기록해야 할 것이다. 위 공조는 공정히 법을 집행하는데, 네가 오늘 그를 죽인다면 곧 다음 날에는 모두가 너를 떠날 것이다. 나는 너에게 화가 미치는 것을 참고 볼 수 없으니 먼저 이 우물에 몸을 던질 뿐이다."

손책은 크게 놀라 급히 위등을 석방했다. 오부인은 이 같은 지략과 권세로 아들들을 현군이 되도록 잘 이끌었다.

그는 건안建安 7년 죽음에 임하여 장소張昭 등을 불러 뒷일을 부탁했다. 그가 죽자 고릉高陵에 합장했다.

지림志林에 의하면 회계군會稽郡의 공거貢擧함이 적어 건안 12년~13년 조정에 천거되는 자가 없었다. 이르기를 부군府君이 근심을 만났다 하니 이는 곧 오후吳后가 12년에 죽은 것이다. 건안 8년과 9년에는 모두 공거함이 있어 그 기한이 분명했다.

건안 8년 오경이 관직에서 죽었다. 아들 오분吳奮은 병사를 받고 장수가 되어 신정후新亭侯에 봉해졌다가 죽었다.

오서吳書에 의하면 손권이 형주荊州를 정벌할 때 오분은 오군도독吳郡都督을 받고 동방을 진수했다. 아들 오안吳安이 후사를 이었다. 오안은 후계싸움에서 노왕魯王 손패孫霸 당에 연좌되어 죽었다. 오분의 아우 오기吳祺는 도정후都亭侯에 봉해졌다가 죽었다.

오기는 장온張溫, 고담顧譚 등과 우애가 좋았으므로 손권이 명을 내려 송사를 관리하게 했다. 아들 오찬吳纂이 후사를 이었다. 오찬의 아내는 등윤滕胤의 딸이다. 등윤이 주살되자 어려움을 겪었다.

202년 건안 8년에 사망한 오부인은 남편 손견과 함께 고릉高陵에 합장됐다. 229년 황룡 원년 손권이 황제가 되면서 남편과 함께 무열황후를 추증받았다.

오부인의 남편 손견孫堅(155년?~191년?)은 후한 말의 무장이다. 자는 문대文臺이며 양주揚州 오군吳郡 부춘현富春縣 사람이다.

젊어서부터 무공을 세웠으며 반동탁 연합군 중에서도 가장 선전하였다. 각 군벌이 할거한 후에는 원술 밑에서 유표를 공격하다 전사하였다. 후일 차남 손권에 의해 동오의 황제로 추존되었다. 묘호는 시조始祖, 시호는 무열황제武烈皇帝이다.

제2장 손권의 오나라

▌포악한 행실로 궁녀들에게 목 졸려 죽은 반황후

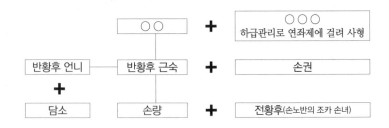

반황후潘皇后(?~252년)는 오나라 황제 손권의 황후로, 휘는 근숙謹淑이며 양주揚州 회계군會稽郡 구장현句章縣 출신이다.

아버지는 하급 관리였다. 연좌죄에 걸려 사형을 당했다. 그 후 반씨는 언니와 함께 궁의 직조실에서 일하게 되었다.

반씨는 강동의 절색으로 미모가 아름다웠다. 함께 구금된 수백 명의 여자들이 모두 반씨를 선녀라고 할 정도였다. 범인이라면 이렇게 아름다울 수가 없다고 생각했기 때문에 모두 그녀를 존중해 주었다. 반씨의 명성은 손권의 귀에도 들어왔다. 그는 호기심에 사람을 보내어 반씨의 용모를 그려오게 했다.

반씨는 당시 우울함에 식사도 제대로 하지 못해 무척 말라 있었다. 화가는 반씨의 아름다운 모습을 있는 그대로 그려 손권에게 올렸다. 손권은 그림에 그려진 반씨의 아름다운 용모에 감탄했다. 호박여의로 그림을 들어 올리자 호박이 부러져 버렸다. 손권은 "정말 신녀로다. 우울해하는 모습도 이렇게 아름다운데, 기쁠 때의 모습은 어떠하겠는가." 손권은 명을 내려 반씨를 직조실에서 후궁으로 데려와 첩으로 삼았다.

반씨는 후궁에 들어온 후 아름다운 용모로 총애를 얻어 궁중에서는 그녀를 반부인이라 불렀다.

반씨는 언니를 궁에서 내보내 혼인하여 가정을 이루도록 손권에게 청했다. 언니는 담소譚紹라는 사람과 혼인했다.

손권의 사랑을 받아 아이를 밴 그녀는 꿈에서 용머리와 유사한 것을 받았다. 반부인은 그것을 자신의 앞치마로 거두고 마침내 손권의 막내아들 손량孫亮을 낳았다.

이 무렵 태자 손화와 노왕 손패가 태자 자리를 두고 다투었다. 왕부인은 전공주의 모함으로 죽었다. 그녀의 아들인 손화도 손권의 총애를 잃었다. 태자 손화와 노왕 손패孫霸는 손권이 모두 아낀 아들이었다. 손패에게는 태자인 손화와 같은 대우를 해주었다.

그 결과 두 아들은 서로를 의심했다. 손패는 암중으로 태자위를 빼앗을 궁리를 했다. 신하들과 결탁하여 손화를 몰아내려 했다. 손권은 점차 그에게 미혹되어 태자 손화를 더욱 미워하게 되었다.

태자태부 오찬은 상소를 올려 노왕 손패를 변방으로 보내라고 하였다. 그러나 손권은 그의 상소에 진노했다. 손패와 가까운 대신인 패축은 이 틈을 타서 오찬을 모함했다. 오찬은 화가 났지만 어디 호소할 데가 없었다. 참다 못한 그는 대장군 육손에게 마음의 분노를 털어놓았다. 그러자 패축은 이번에는 오찬이 외신과 불충한 일을 도모했다고 모함했다. 오찬은 결국 감옥에 갇혀 죽었다.

손권은 환관을 보내어 육손을 책망했다. 육손은 나이가 들었으므로 마음의 우울함과 분노를 참지 못하고 하구에서 병으로 죽고 만다. 그의 아들인 육항은 손권에게 부친의 고충을 대신 말했다. 그때야 손권은 패축이 얘기한 것이 사실이 아닐 수 있다고 생각하게 되었고, 이로써 손패도 부친 손권의 눈에서 벗어나게 된다.

이때 반부인은 후궁 중에서 가장 많은 총애를 받고 있었다. 손화와 손패가 손권의 눈에 벗어나는 것을 보고, 기회를 틈타 자기의 아들 손량이 태자의 지위를 잇도록 계획을 세운다.

먼저 손권이 총애하는 전공주 손노반과 왕래를 빈번하게 하면서 손량에게 전공주의 조카손녀를 처로 삼게 한다. 전공주는 매일 손권의 앞에서 손화와 손패에 대하여 나쁜 말을 하고, 손권에게 막내아들 손량으로 하여금 태자를 삼도록 권한다.

250년 적오 12년 대사마 전종이 병으로 사망한다. 40세의 전공주는 다시 과부가 되었다. 전공주는 한창 때로 건장한 손준과 사통한다. 두 사람은 잠자리에서 비밀리에 손화를 폐위시키고 손량을 태자로 세우는 일을 논의한다.

손권은 안으로는 반부인에 미혹되고, 밖으로는 사랑하는 딸 전공주를 믿어 손화를 폐하고 손량을 태자로 세운다. 그는 그 전에 시중 손준에게 "자식들간에 화목하지 못하면 혹시 원소의 전철을 밟을지 걱정된다. 지금 태자를 바꾸지 않으면 후환이 무궁할 것 같다"라고 말한다. 손준의 외조카딸이 손량에게 시집 갔으므로 그는 당연히 손량 모자를 도왔고, 손권의 계획에 찬성한다.

손준은 태자를 모함하기 시작했다. 결국 손권으로 하여금 태자 손화를 작고 누추한 방에 유폐시키는 데 성공한다. 그 뒤 손화는 서인이 되고 건업성 바깥으로 내보내진다. 노왕 손패도 동시에 사사된다.

250년 손권은 양쪽을 모두 처벌하고 손량을 태자로 삼았다. 반부인은 다음해에 황후에 책봉된다. 이로써 반부인은 오랫동안의 숙원을 성취하게 된다.

반황후는 점점 총애를 믿고 교만해진다. 이전의 부드러움은 찾아볼 수 없었다. 손권은 점차 폐태자 손화의 무죄를 깨닫게 된다.

반환후의 성품은 음험하고 투기가 있어 여러 사람을 참언했다. 손권의 후궁 중 원부인袁夫人 등이 해를 입었다.

오록吳錄에 의하면 원부인은 원술의 딸이다. 행실에 절개가 있었지만 아들이 없었다. 손권은 수차례 여러 후궁들의 아들을 원부인에게 주어 양육하게 했다. 원부인이 번번히 아이를 끝까지 잉태할 수 없었기 때문이다. 보부인이 죽자 손권은 원부인을 황후로 세우려 했다. 그러나 원부인은 아들이 없다면서 사양하고 끝내 받지 않았다.

8월의 어느 날, 큰 바람이 불었다. 강물이 불어 수천 리의 토지가 물에 잠겼다. 평지에도 물이 8척 깊이로 잠겼다. 손권의 선조 능묘에 심은 송백도 대풍에 뽑혀 건업성 남문 바깥까지 날아와 떨어졌다. 손권은 놀란 나머지 풍질에 들고, 병상에 누워 1개월을 조정 일을 보지 못했다. 손권의 병세는 겨울이 되자 점점 더 나빠졌다.

반황후는 손권이 병상에 눕자 하인으로 하여금 중서령 손홍에게 전한의 황태후 고황후가 황제 고조 사후 정권을 잡고 전횡한 일을 알아보게 했다.

반황후는 손권의 병을 시중들다 수척해져 파리한 병에 걸리게 되었다. 여러 궁인宮人들은 그녀가 자리에 눕는 것을 엿본 후 반황후의 목을 졸라 살해했다. 그런 후 악한 병에 걸려 죽었다고 거짓 핑계를 댔다.

손권은 반황후의 죽음을 살폈다. 목에 밧줄 흔적과 혓바닥이 바깥으로 나와 있는 것을 보고 피살되었다고 생각했다. 비밀에 부치고 좌우에 조사시켰다.

얼마 후 손권은 그녀가 죽음을 스스로 자초했다는 것을 알았다. 그러나 그녀가 비참하게 죽은 것을 본 후 마음속에 슬픔과 분노가 교차했다. 관여된 궁녀 예닐곱 명을 모두 죽였다. 그런 후 2~3개월 지나서 손권도 병사한다.

손권이 죽자 장릉에 합장되었다. 손량은 즉위하자 반황후의 형부 즉 이모부 담소譚紹를 기도위로 삼고 병사를 주었다. 258년 태평 3년 8월, 손량이 손침으로부터 폐위되자 담소와 그의 일가붙이는 본래의 군인 여릉군廬陵郡으로 돌려보냈다.

반황후의 전임자는 대의왕후 왕씨 였고 후임자는 전황후이다.

▌남편 손권에게 여러 여자를 권한 보부인

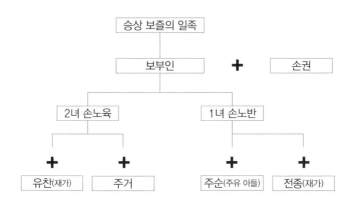

보부인步夫人(?~238년)은 손권의 부인으로 손노반과 손노육의 어머니이다. 휘는 연사練師이고, 서주徐州 임회군臨淮郡 회음현淮陰縣 출신으로 승상 보즐의 일족이다.

그의 모친은 그를 이끌고 후한 말 중원의 전란을 피해 여강으로 피신했다. 194년 손책이 원술의 명령을 받고 여강을 함락시키자 양강 이남으로 피난했다.

보부인은 미모가 손권의 눈에 들어 후궁이 되었다. 성격이 부드럽고 투기하지 않으며 여러 여자를 손권에게 권해 오랫동안 총애를 받았다. 손권은 보씨를 황후로 삼고자 했다. 신하들의 중론은 태자 손등의 어머니 서부인을 황후로 삼아야 한다는 것이었다. 손권은 보부인을 염두에 두었기 때문에 신하들의 건의를 받아들이지 않았다.

보부인은 생전에 황후가 되지 못했다. 손권은 여러 해 동안 정식으로 황후를 책봉하지 않았다. 그렇지만 궁중에서는 보부인을 사실상 황후로 대우했다. 모두 보부인을 황후라고 불렀고, 친척들이 상소를 올릴 때에도 중궁으로 존칭했다.

보부인은 238년 손권이 황제가 되던 해 죽었다. 신하들은 손권에게 보부인의 지위를 정하도록 건의했다. 손권은 조서를 내려 보부인을 황후로 추증했다. 보부인은 손권과 함께 장릉에 묻혔다.

보부인은 아들 없이 두 딸을 낳았다. 장녀는 손노반孫魯班이고 자는 대호大虎인데, 주유周瑜의 아들 주순周循에게 시집갔다가 주순이 죽자 전종全琮에게 재가했다.

작은 딸 손노육孫魯育의 자는 소호小虎이다. 주거朱據에게 시집갔다가 다시 유찬劉纂에게 재가했다. 보부인의 두 딸은 첫 남편과 사별 후 재가하는 같은 이력을 가졌다.

▎ 어머니가 골라 준 손권의 첫 여자 사부인

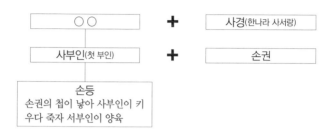

사부인謝夫人은 손권의 어머니 오부인이 며느리로 선택한 여자이다. 손권의 첫 부인元妃으로 회계군會稽郡 산음현山陰縣 출신이다. 그녀의 아름다운 용모는 강동지역에서 유명했다. 당시 중매인들이 그녀의 집 문턱이 닳도록 드나들었다. 그러나 사씨 집안에서는 모두 거절했다. 손권의 모친 오부인이 그런 소식을 들은 후 사씨를 손권의 비로 삼게 하였다.

그녀는 손권의 깊은 총애를 받았다. 뒤에 손권은 고모의 손녀 서씨徐氏를 들이고 사부인을 그의 아래에 두려 했다. 하지만 사부인은 이를 거부했다. 서부인은 사부인보다 젊었고 더욱 아름다웠다. 사부인은 질투가 심한 서부인과 반목이 심해지면서 손권의 총애를 잃게 되었다. 이에 사부인은 낙담하여 일찍 죽었다. 생몰년은 미상이다.

사부인은 아들이 없어서 손권의 첩이 낳은 아들 손등孫登을 키웠다. 사부인이 죽은 후에 손권은 서부인에게 모친의 신분으로 손등을 키우라고 하였다. 훗날 손등의 성장 과정은 손권이 황제에 오른 뒤 황후와 세자 임명에서 우여곡절을 겪게 된다.

사부인의 부친 사경謝煛은 한漢의 상서랑尚書郎 · 서령徐令이었다. 사경의 아우 사정謝貞은 법도를 따라 행하고 학문을 높이 쌓아 평판이 좋았다. 효렴孝廉으로 천거되어 건창장建昌長이 되었다가 관직에서 죽었다.

동생인 사승謝承은 어려서부터 인자함과 효성으로 유명했다. 박학하고 견문이 넓어 한 번 듣고 안 것은 결코 잊지 않았다. 누이가 죽은 후 10여 년이 지나서 오관낭중五官郎中에 임명되었고, 장사동부도위長沙東部都尉, 무릉태수武陵太守를 역임하였다.

그는 역사가로서 후한서 100여 권을 찬술했다. 기록으로 남은 후한서 중 가장 오래된 것으로 8가후한서 중 하나로 꼽힌다. 다른 8가후한서와 마찬가지로 범엽范曄이 후한서를 지은 후 소실되었다. 또한 회계선현전會稽先賢傳 7권을 찬술했으나 소실되었다.

사승의 아들 사숭謝崇은 양위장군揚威將軍이었다. 사승의 아우 사욱謝勗은 오군태수吳郡太守였으며 그와 더불어 나란히 이름이 알려졌다.

사부인이 키웠던 손등孫登(209년~241년)은 오나라의 첫 번째 황태자가 되었다. 초대 황제인 태조 손권의 장남으로 자는 자고子高며 시호는 선태자宣太子다.

221년 위 문제 조비가 손권을 오왕吳王에 임명할 때 손등은 동중랑장東中郎將, 만호후萬戶侯에 봉해졌으나 사양했다. 그러나 곧 세자로 임명되고 그의 곁에 손등의 또래인 제갈각, 장휴, 고담, 진표 등의 명문가 출신의 사부師傅가 손등의 빈객이자 친구 역할을 하며, 함께 사서를 익히고 무예를 닦았다.

229년 손권이 황제를 칭하자 손등은 황태자에 봉해졌다. 사부들은 각자 높은 관직에 올라 사우四友로 불렸고, 사경, 범신, 조현, 양도 등이 손등의 빈객으로 들어갔다. 수도가 건업으로 옮겨지자, 손등은 상대장군 육손과 함께 무창을 지켰다.

234년에는 손권이 신성新城으로 출정할 때 국사 전권을 손등에게 위임하였다. 손등은 성정이 바르고 지혜가 뛰어나며 덕이 있어 많은 일화들을 남겼다. 그 결과 손권이 총애하고 많은 이들이 손등을 존경했다.

그러나 손등은 241년 33세의 나이로 요절했다. 임종하기 전에 상소를 올려 아우 손화를 태자로 천거했다. 또 제갈각, 장휴, 고담, 사경, 범신, 양도, 조현, 화융, 배흠, 장수, 우번을 임용하기를 바랐다. 이미 관직에 오른 육손, 제갈근, 보즐, 주연, 전종, 주거, 여대, 오찬, 감택, 엄준, 장승, 손이 등은 충성스럽고 훌륭한 신하로 평가되었다.

손등은 평소 총명하고 효성이 깊었는데 손등 사후 손권이 손등 얘기를 들을 때마다 눈물을 흘렸다고 한다.

▎질투심 강해 손권에게 이혼당한 서부인

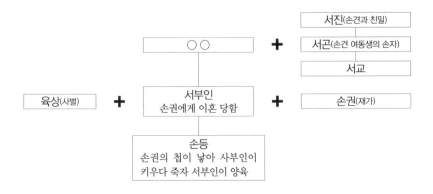

서부인은 오군吳郡 부춘현富春縣 출신이다. 아버지 서곤徐琨은 손견 여동생의 손자이다. 서부인의 조부 서진徐眞은 손권의 부친 손견孫堅과 서로 친밀했다. 손견은 누이동생을 서진에게 시집보냈다.

서부인은 원래 육강陸康의 손자 육상陸尙의 부인이었다. 육상이 죽은 뒤 손권이 파로장군으로서 오군에 살던 무렵 결혼해 손등의 양모가 되었다. 손등의 생모가 누구인지는 신분이 낮아 전하는 것이 없다.

서부인은 질투심이 강해 손권에게 이혼당했다. 손권이 본거지를 이동한 후에도 오군에서 계속 살았다. 태자 손등과 신하들이 그녀를 황후로 세워야 한다고 진언했지만 손권은 이혼으로 인연이 끊긴 서부인을 황후로 세울 마음이 없었다.

손권은 보부인을 황후로 세우고자 했다. 그런 까닭에 서부인을 왕후로 세우라는 신하들의 진언을 10년 이상 미루면서 끝내 거부했다. 서부인은 손권이 제위에 오른 뒤 병으로 죽었다. 생몰년은 미상이다.

서부인의 아버지 서곤은 어려서 주군州郡에 임관했다. 하지만 한漢말에 전란이 일어나자 벼슬을 그만 두었다. 이후 손견을 따라 정벌하는데 공이 있어 편장군偏將軍을 받았다.

손견이 죽자 손책孫策을 따라 번능樊能, 우미于麋 등을 횡강橫江에서 토벌했다. 서곤은 당리구當利口에서 장영張英을 쳤다. 그러나 배의 수가 적어 군대를 머무르게 하고 다시 배를 구하려 했다. 이때 군중에 함께 있던 서곤의 모친 즉 손견의 누이동생이 서곤에게 말했다.

"아마 주가州家는 수군水軍을 크게 일으켜 남을 물리치려 할 것이다. 이는 곧 불리함이니 어찌 머무를 수 있겠느냐. 마땅히 갈대를 베어 뗏목을 만들고 이로써 배를 도와 군사들을 건너게 해야 한다."

서곤은 이를 모두 손책에게 전했다. 손책은 곧 이대로 행하여 무리를 모두 건너가게 했다. 마침내 장영을 깨뜨리고 착융笮融, 유요劉繇를 쳐 달아나게 하여 적을 무찔렀다. 손책은 표를 올려 서곤에게 단양태수丹楊太守를 겸하도록 했다. 하지만 때마침 오경吳景이 광릉군廣陵郡을 버리고 동쪽으로 오자 그를 다시 단양태수로 삼았다.

강표전江表傳에 의하면 본래 원술袁術은 그의 종제 원윤袁胤을 단양태수로 삼으려 했다. 손책은 서곤에게 명해 그를 토벌하여 정벌하게 했다. 때마침 오경이 돌아왔다. 그는 전에 단양군에 있으며 인의와 관용으로 무리를 얻고 관리와 백성에게 존경을 받았다. 또한 서곤의 수하에는 병사가 많았다. 손책은 서곤의 병사를 내심 꺼렸지만 적을 공격하거나 정벌하는 데 서곤의 무리가 필요했으므로 오경을 다시 기용하고 서곤을 불러 오군으로 돌아오게 했다.

손책은 서곤을 독군중랑장督軍中郎將으로 삼아 병사를 거느리게 했다. 서곤은 여강태수廬江太守 이술李術을 깨뜨리는 데 종군하여 광덕후廣德侯

제2장 손권의 오나라

에 봉해지고, 평로장군平虜將軍으로 옮겼다. 뒤에 황조黃祖를 토벌하는데 종군했다가 빗나간 화살을 맞고 죽었다.

서부인의 오라비 서교徐矯는 부친 서곤의 후작을 이었다. 산월山越을 토벌해 평정하여 편장군을 받았다. 하지만 서부인보다 먼저 죽었다. 그에게는 아들이 없었기에 아우 서조徐祚가 봉작을 물려받았다. 그는 또 싸움의 공으로 무호독蕪湖督, 평위장군平魏將軍에 이르렀다.

서부인의 첫 번째 시아버지인 육강은(?~196년)은 후한 말의 정치가로 자는 계녕季寧이며 양주揚州 오군吳郡 오현吳縣 출신이다.

그는 여강태수로 있을 때에 남양태수 원술袁術로부터 곡식을 빌려달라는 요구를 받았으나 거절했다. 이 일로 원술의 명령을 받은 손책孫策의 공격을 받아 여강을 빼앗기고 붙잡혀 처형당했다.

오나라의 지략가 육손陸遜의 작은할아버지이자 오나라의 관료이며 학자인 육적陸績의 아버지이기도 하다. 동오의 4대 가문으로 불리던 세력 있는 육가陸家의 사람이므로 처형당해서는 안 될 중요한 인물이었다.

후일 손권은 하나로 뭉친 동오의 4대 가문을 비롯한 토착세력과의 마찰을 우려하여 무마책으로 조카딸인 손책의 딸과 육손을 결혼시켰다.

▌폐제 손량 후임 손휴의 모친 왕부인 경희황후

왕부인王夫人은 형주 남양군南陽郡 태생으로 손휴孫休의 생모이다. 그는
뽑혀 궁에 들어간 가화嘉禾로서 손권의 사랑을 받고 손휴孫休를 낳았다.
손화가 황태자로 세워지자 손권의 귀임을 받은 손화의 어머니 왕부인
이 후궁들을 궁에서 내보낼 때 지방으로 보내졌다. 공안公安으로 나와
그곳에서 죽고 장사도 이곳에서 치러졌다. 사후 황제로 등극한 아들 손
휴는 경희황후敬懷皇后란 호를 올렸고 경릉敬陵에서 다시 장사 지냈다.
생몰년은 미상이다.

경황제景皇帝 손휴孫休(235년~264년, 재위 258년~264년)는 오의 제3대 황
제로 자는 자열子烈이다. 손권의 여섯 번째 아들이다.

13세에 중서랑中書郎 사자射慈와 낭중郎中 성충盛沖에게 학문을 배웠다.
252년 태원 2년 정월 형 폐태자 손화孫和가 남양왕南陽王에 임명되고, 손
분孫奮이 제왕齊王에 임명될 때, 낭야왕琅邪王의 작위를 받고 호림虎林에
거주했다.

이 해 4월에 손권이 죽고 폐제 손량孫亮이 즉위한 후, 제갈각諸葛恪이
왕자들을 강가의 요충지에 두지 않으려 손휴를 단양丹陽으로 옮겼다.
그러나 단양태수丹陽太守 이형李衡이 침범하여 해를 끼치자 글을 올려 다
른 군으로 옮기기를 바랐다. 결국 조서로써 회계會稽로 옮겼다. 회계태

제2장 손권의 오나라

수會稽太守 복양흥濮陽興과 친교를 맺었다.

258년 태평 3년 10월, 손침孫綝은 폐제를 쫓아내고, 낭야왕 손휴를 황제로 세우고자 종정 손해와 중서랑 동조에게 낭야왕을 맞이하게 했다. 손휴는 처음에는 의심하고 받아들이지 않았다. 그러나 손해와 동조의 설득을 받아들여 마침내 따라가 10월 18일에 즉위했다.

손휴는 즉위 후 대사면을 실시하고, 연호를 영안으로 고쳤다. 이후 손오의 황제로서는 유일하게 재위 기간에 연호를 한 번도 고치지 않았다. 또 손침을 승상·대장군에 임명하고, 손침의 네 동생을 후로 삼았다. 또한 얼마 지나지 않아 손화의 세 아들까지 모두 후로 삼았다.

이형은 손휴가 즉위하자 두려워 달아났는데 손휴가 복직시켰다.

손침과 그 네 아우의 권력이 매우 커져 군주를 흔들 지경이었다. 경제는 이들을 두려워하여 견제책으로 자주 상을 내렸다.

그런데 얼마 후 손침이 역모한다는 보고가 들어왔다. 손휴는 12월 8일 심복인 좌장군 장포張布와 모의하여 손침을 주살하고 그 삼족을 멸했다.

손휴는 11월 21일, 한 집안에서 다섯 사람이나 세 사람이 부역에 징집되었을 경우 한 사람을 남겨 조세와 군역을 면제케 하는 내용의 조서를 내렸다.

또한 자신이 즉위할 때 맞아들인 신하들의 등급을 하나씩 올렸다. 손침을 주살하고 나서는 학교를 세우고, 시험으로 인재를 선발했다. 관리와 관리의 자제들을 교육시켜 시험을 보게 하고, 등급을 매겨 상을 주게 하는 내용의 조서도 내렸다.

260년 영안 3년 가을에 도위 엄밀의 건의를 받아들여 포리당을 만들었다. 여러 신하들은 많은 공을 들여도 이룰 수 있는 보장이 없다고 했다. 하지만 태상·위장군 복양흥은 만들 수 있다고 했다. 병사와 백성들을 동원하여 공사를 시작했다. 공사비용은 막대했다. 병사들은 죽거나 도망갔으며 더러 스스로 적살賊殺하였다. 이 공사로 백성들의 원망이 매우 컸다.

262년 영안 5년 8월 16일 부인 주씨를 황후로 삼았다. 이어 19일에는 아들 손완을 태자로 세웠다. 10월 위장군 복양흥을 승상으로 임명하고, 장포에게는 궁궐의 부서를 맡기고 복양흥은 군사와 행정을 담당하게 하며, 자신은 정무에서 옮겨 학문에 힘쓰고자 했다. 그리하여 박사좨주 위요韋昭, 박사 성충盛沖과 토론하고자 했다.

그러나 심복인 장포는 위요와 성충이 자신의 과실을 드러낼 것을 꺼렸다. 그래서 황당한 이유를 들어 반대했다. 손휴는 장포의 잘못을 지적하고 장포를 원망했다. 하지만 장포가 사죄하자 손휴도 장포가 의심사는 것을 꺼려 결국 이 일을 없던 것으로 하고 위요와 성충을 궁으로 들이지 않았다.

263년 영안 6년 5월 위나라에서 오나라의 우방 촉나라를 공격했는데 촉은 10월에서야 이를 알렸다. 이에 정봉에게는 수춘으로, 유평에게는 별도로 시적과 함께 남군으로 진격해 위나라의 관심을 돌리는 한편, 정봉과 손이는 면중으로 진격해 촉을 구원하게 했다. 그러나 11월 촉의 황제 유선이 위나라 장군 등애에게 항복하여 촉은 멸망했다.

264년 영안 7년 장수들을 보내어 촉으로 쳐들어가 파동 수비대장 나헌羅憲을 공격했다. 손휴는 그 해 7월 30세의 젊은 나이로 요절하였다. 그 후 손화의 아들이며 손휴의 조카인 오정후 손호孫皓가 즉위하였다. 이후 손완은 예장왕豫章王에 봉해졌으나, 손호가 손완을 포함한 손휴의 아들들을 모두 죽였다.

▎ 시누이와 불화로 실의 속에 죽은 왕부인 대의황후

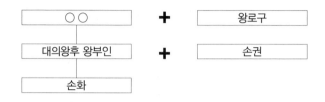

왕부인王夫人(?~?)은 서주 낭사군琅邪郡 출신으로 아버지는 왕로구王盧九
이다. 손화의 생모로 보부인 다음으로 총애받았다. 손권은 보씨가 죽
은 뒤 손화를 태자로 세우고 왕부인을 장차 황후로 삼으려 했다.

왕씨는 중궁의 지위를 거절했다. 그렇지만 여러 신하들도 어미는 그
아들을 따라서 귀해지는 것인데 손화가 이미 태자가 되었으니 그의 모
친인 왕부인이 관례에 따라 황후가 되어야 한다고 했다.

왕부인은 아들이 황태자로 세워지자 다른 애희들을 모두 밖으로 내보
냈다. 손권의 딸 손노반은 왕부인을 싫어했다. 손노반은 손권이 병으로
눕자 왕부인이 기쁜 기색을 보였다고 말하는 등 참소를 많이 했다.

손권은 딸의 말을 믿고 왕부인에게 노하여 매우 책망했다. 왕부인은
미처 변명하지도 못한 채 겁에 질렸다. 왕부인은 결국 손노반과 깊은
반목으로 인해 실의에 빠져 있던 중에 죽었다. 사후 손자인 손호孫皓에
의해 대의황후大懿皇后라는 호를 추존받았다.

왕부인의 아들 문황제文皇帝 손화孫和(224년~253년)는 손권의 삼남으로
오나라의 추존황제로서 자는 자효子孝이다.

형은 손등과 손려이고 아우로는 손패, 손분, 손휴, 손량이 있다. 손
화는 당초 태자가 아니었다. 형인 태자 손등孫登이 241년에 요절했고

작은 형 손려孫慮는 이미 죽었으므로 황태자에 책봉되었다. 그러나 손권이 황태자인 손화와 번왕인 손패와의 구별을 모호하게 하는 처사로 인해 신료들이 손화파와 손패파로 갈라서게 되었다.

많은 신하들이 손권에게 손화의 황태자 지위를 공고히 할 것을 간언하였다. 그러나 손권은 이를 모두 물리쳤다. 후에 손권은 손패를 죽이고 손화를 황태자에서 쫓아내 남양왕南陽王으로 임명하여 장사로 귀양보냈다.

이후 손권은 막내아들 손량孫亮을 황태자로 삼았다. 손량 때 정권을 잡은 신하는 제갈각諸葛恪이었다. 제갈각은 손화의 정비 장씨의 외숙이었다. 여기에 민간에서 제갈각이 손화를 맞아들이려 한다는 말이 퍼졌다. 이에 손준孫峻이 제갈각을 암살했다. 손준은 나아가 손화의 인수를 빼앗고 신도로 보내어 사사했다. 손화의 나이 30세였다.

아들 없다며 황후 자리 사양한 원부인

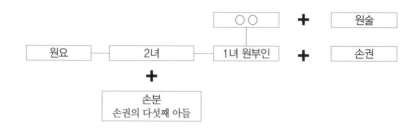

원부인袁夫人(?~?)은 원술의 딸이자 원요의 누이이며 오나라 황제 손권의 후궁이었다. 그녀는 성격이 좋았지만 자식은 없었다. 손권은 보부인이 병으로 죽자 원부인을 황후에 앉히려고 했다. 그러나 원부인은 자신에게 아들이 없다는 이유를 들어 사양했다.

원술이 유비와의 전쟁에서 패전으로 죽었다. 원술의 일족인 원요袁燿는 원윤袁胤과 함께 원술의 옛 부하인 여강태수廬江太守 유훈劉勳에게 갔다. 그러나 손책이 유훈의 거성인 환성을 함락하면서 모두 손책의 포로가 되었다. 원요는 곧 손책을 섬겼다.

원술은 아들 원요와 딸 둘을 두었다. 원요袁燿는 손책에게서 낭중(군대에 파견된 문관으로 소부少府에 소속된 상서랑중尙書郎中의 약칭)에 임명되었다. 원요의 딸 중 한 명은 손권의 다섯째 아들 손분孫奮의 부인이 되어 이중 인척관계를 형성했다.

손분孫奮(235년 이전~270년)은 오吳나라의 태조 손권孫權의 다섯째 아들로 자는 자양子揚이다. 252년에 손권에 의해 제왕齊王에 봉해져 무창武昌에 주둔했다. 손권이 죽고 정권을 잡은 제갈각諸葛恪이 번왕들을 군사

요충지에서 내부로 옮기려는 정책을 폈다. 이때 손분은 예장豫章으로 옮기라는 명령을 받았다.

그러나 손분은 받아들이지 않았다. 나중에는 제갈각의 협박성 서신으로 인해 남창南昌으로 자리를 옮겼다. 임지를 옮긴 손분은 제갈각의 신경을 거스르는 행동을 계속 했다. 제갈각은 관원을 보내 조사토록 하자 손분은 찾아온 관원들을 죽였다. 이 일로 인해 손분은 서인으로 강등되고 장안章安으로 추방되었다. 이후 그는 장안후章安侯에 봉해졌다.

270년 황제 손호孫皓는 부인이 죽자 슬픔에 겨워 밖의 출입을 하지 않았다. 백성들은 손호가 죽은 것으로 알았다. 민간에서는 손분이 황제에 즉위해야 한다는 풍문이 떠돌았다. 예장태수 장준張俊은 자신의 임지에 있는 손분의 모친 묘를 정비하기도 했다. 그러나 이 일은 두 사람에게 큰 화를 입게 했다. 조정에 발각되어 손분과 손분의 일족 그리고 장준이 멸족되었다.

▎그림과 기절로 신화 같은 후궁 조부인

손권의 후궁 중 조부인趙夫人에 관한 내용은 신화와 같은 이야기이다. 조부인은 조달趙達의 여동생이다. 그녀는 그림을 잘 그렸다. 구상이 교묘하여 천하무쌍이었다. 또한 손가락 사이에 색깔비단실로 운룡규봉雲龍虬鳳의 도안을 짤 수 있었다. 작은 것은 겨우 1촌에 불과했고 큰 것은 1척이 넘지 않았다. 그래서 궁중에서 그녀를 기절機絶(기계를 잘 다루는 사람)이라고 불렀다.

손권은 자주 위나라와 촉나라를 평정하지 못하는 것을 아쉬워했다. 그는 행군전투 중에 산천의 지세를 그리게 하여 행군과 군사배치 때 사용할 지도를 만들려고 했다. 조달은 그림에 재주가 있는 여동생을 손권에게 바쳐 부인으로 삼게 했다.

손권은 조부인에게 구주의 섬, 강, 호수, 산의 형세도를 그리게 하였다. 조부인은 "단청의 색깔이 쉽게 퇴색되어 흔적이 남지 않고, 오래 보존할 수 없으니 자수로 지도를 만들겠습니다."라고 했다.

조부인은 오나라의 산천을 널찍한 비단 위에 모두 수놓았다. 지도 위에는 오악, 하해, 성읍과 행군포진의 도안을 수놓았다. 손권은 매우 흡족했다. 당시 수를 잘 놓는 그녀를 침절針絶이라고도 불렀다. 형극을 목각한 목후도 있고, 공수반이 만든 구름다리도 있었고, 나는 연도 있었지만 모두 조부인이 수를 놓은 그림처럼 진기하고 아름답지는 못했다.

손권은 소양궁昭陽宮에 머물렀다. 강동의 여름은 매우 더웠다. 손권은 더위를 피하기 위해 자색 비단장막을 걷어 올렸다. 조부인은 걷어 올려진 자색 비단장막을 본 후에 "이 자색 비단장막은 진기한 것이 아닙니다."라고 했다.

손권이 조부인에게 그 말의 뜻을 물었다. 조부인은 "장막을 내리고도 맑은 바람이 통하고, 바깥을 바라보는데 장애가 없도록 만들겠습니다. 주위의 시녀들도 모두 시원하게 느끼고 마치 바람과 같이 걸어가는 느낌이 들 것입니다."라고 말했다.

그런 장막이 있다는 말을 들어본 적이 없는 손권은 매우 놀랐다. 조부인은 자기의 머리카락을 잘랐다. 그런 후 머리카락을 더욱 가늘게 만들고, 다시 신교神膠를 사용하여 그것들을 붙였다. 신교는 욱이국에서 난 물건인데, 일반적으로는 활줄이 끊어졌을 때 사용한다. 백번 끊어져도 백번을 붙일 수 있었다.

조부인은 머리카락을 비단처럼 만들어 몇 개월 만에 장막을 완성하였다. 장막은 안에서 보거나 밖에서 보거나 연기처럼 가볍게 흔들렸다. 방 안에서는 자연히 맑고 시원하게 느껴졌다. 손권은 조부인이 만든 장막을 휴대하고 다니면서 행군 때 장막으로 썼다. 장막을 펼치면 넓이가 몇 자는 되었고, 접으면 베개 안에 넣을 수 있었다. 그래서 사람들은 사절絲絶이라고 불렀다.

이로 인하여 오나라에는 삼절三絶이 있었고, 사해가 넓다고 하더라도 조부인의 장막과 비교할 만한 진기한 것은 없었다.

그런데 훗날 누군가 조부인을 모함했다. 조부인은 쫓겨나고 손권의 총애를 잃게 된다. 오나라가 멸망한 후 그녀가 어떻게 되었는지는 아무도 모른다.

장언원張彥遠의 역대명화기, 습유기, 태평광기 등에는 모두 조부인의

'삼절'에 관한 이야기가 적혀 있지만 정사에는 기록되어 있지 않다.

역대명화기歷代名畫記는 중국 최고最古의 회화사이다. 장언원(815년 ~879년)은 중국 당나라 때의 미술사가로 자는 애빈愛賓으로 삼대에 걸쳐 재상을 지낸 명문가 출신이다.

습유기拾遺記는 왕가王嘉가 지은 책으로 총 10권 220편으로 되어 있다. '주울 습拾, 전할 유遺, 기록할 기記'로 해석해보면 습유기는 주워서 전하는 기록이라는 뜻이다. 중국에 숨겨진 여러가지 전설을 모아서 만들어진 지괴서志怪書이다. 원래 삼황오제에서부터 서진西晉 말, 석호石虎의 이야기까지 쓰여졌다. 원본은 없어졌다. 현재 한위총서漢魏叢書에 수록되어 있는 내용은 양梁나라 소기蕭綺가 다시 편찬한 결과물이다. 문장은 간결하고 명쾌했다. 하지만 내용은 기괴하고 음란한 이야기가 많으며 허구적이다.

태평광기太平廣記의 편자는 이방李昉 외 12명인데 이들은 모두 송대宋代 초기 일류학자이다. 황제의 칙명勅命에 따라 편집된 총 500권의 중국의 소설집이다. 한대漢代부터 북송 초에 이르는 소설, 필기, 야사 등의 전적에 수록되어 있는 이야기들을 광범위하게 채록하여 7000여조에 달하는 이야기를 수록했다. 각 고사의 끝에는 채록의 출처를 밝혀놓았다. 이 책에 인용된 책은 거의 500종에 가까웠다. 그 중에서 절반가량은 이미 망실된 것이었다. 그러나 태평광기에 의거해서 적지 않은 내용이 세상에 전해지게 되었다. 또한 현존하는 절반가량의 인용서도 태평광기에 인용된 해당 고사에 근거해 잘못된 부분을 고증하거나 교감할 수 있다. 따라서 고소설의 일문佚文을 보존하고 있는 측면과 고소설의 변화, 발전을 연구하는 측면에서 볼 때 태평광기의 중요성은 매우 크다.

조부인에 대한 기록이 역대명화기와 습유기, 태평광기에 열거된 것을 볼 때 정사의 기록이 없다고 하여 그 존재성을 부인하기는 어렵다. 삼국시대 황제의 후궁들에 대한 삶은 기록된 후궁보다 기록되지 않은 후궁들이 더 많기 때문이다.

다행히 조부인에 관한 내용이 훗날이지만 몇 가지 책에 기록된 까닭은 그의 재주와 삶이 매우 특별했기 때문이다.

▌손권이 가장 사랑한 딸 전공주 손노반

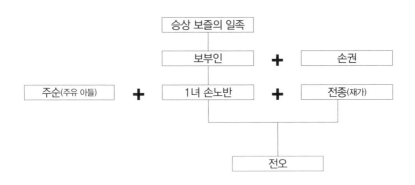

보부인은 손권과의 사이에서 두 딸을 두었다. 장녀 전공주全公主(?~?)의 휘는 손노반孫魯班으로 자는 대호大虎이다. 남편은 주유의 장남 주순周循(?~?)이다. 주순이 요절하자 전종과 재혼했다. 이때부터 그는 전공주全公主라고 불리게 되었다. 전종全琮(198년~249년)의 자는 자황子璜이며 양주揚州 오군吳郡 전당현錢塘縣 출신이다. 전공주는 손권이 가장 사랑한 딸이다. 대신들은 그를 이용해 손권의 후궁들에게 큰 영향을 미쳤다. 손권은 왕부인을 황후로 삼고 싶었다. 하지만 왕부인과 사이가 좋지 않았던 전공주는 손권에게 왕부인을 모함하는 말을 했고 결국 왕부인은 황후가 되지 못했다.

전공주는 냉혹해서 자신의 동모자매인 주공주(손노육)도 핍박하여 죽였다. 그러나 후일에 주공주의 사위가 황제가 된 후에 전공주는 살해되었다.

전공주는 당대의 태평공주와 비견되는 것으로 평가된다. 태평공주太平公主(665년~713년)는 당나라의 황족으로 고종과 측천무후의 딸이다. 성은 이씨, 이름은 영월로 측천무후의 비호를 받으며 강력한 정치 세력을 형성했다. 예종의 복위로 정권을 장악했으나 뒤이어 즉위한 현종과의 대립 끝에 몰락하여 자결했다.

전공주는 어머니 보부인 사후 손화가 황태자로 세워져 손화의 어머니인 왕부인이 황후 후보가 되자 아버지 손권에게 참언하여 철회시켰다. 손화가 전공주를 원망하는 듯하자 그의 실각을 획책하였다.

이궁의 변 당시 손노반은 손패파에 가담하였다. 250년 손권이 손화를 폐하고 손패를 자살케 한 뒤 손량을 태자로 세웠다. 병상에 누운 손권이 손화의 무죄를 깨닫고 소환하려 하자 손노반이 강력히 반대했다. 결국 손화는 소환되지 못했다.

손패 사후 손권의 총애를 받게 된 막내 동생 손량에게 접근하여 남편의 종형인 전상의 딸을 권했다. 손량이 즉위한 뒤에는 전상의 딸을 전황후로 세웠다.

그 이후 손노반은 실권을 쥐게 된 손준과 간통하였다. 이때 둘은 공모하여 손화는 자살하게 했다. 254년 손영과 손의 등이 손준 암살 계획을 세웠지만 모두 실패했다. 이듬해 255년 손노반은 손노육이 손화의 폐위에 반대했던 것을 기억하고 손준에게 "손노육도 암살 계획에 가담한 것 같다"고 무고했다. 이렇게 해 동복자매인 손노육도 죽였다. 손준이 죽은 뒤 손노반은 손노육이 죽게 된 사실을 알게 된 손량에게 추궁당하자 손노육과 주거의 아들이자 자신의 조카인 주웅, 주손도 쿠데타 주모자 중 한 명이라고 모함하여 처형시켰다.

손권은 딸 손노반과 손노육의 자字를 대호大虎와 소호小虎로 지어 줬다. 대호大虎는 큰 호랑이라는 뜻이고, 소호小虎는 작은 호랑이라는 뜻인데 두 자매의 자는 대구를 이뤘다. 딸의 자로는 잘 붙이지 않는 글자이다.

호虎라는 글자는 호랑이라는 뜻으로 용맹하고 장수한다는 긍정적인 뜻이 있는 반면 동시에 포악하다는 부정적인 뜻도 있다. 그래서 그런지 몰라도 손노반은 손권을 속여 손화를 제거했고, 손준과 간통했으며 친여동생인 손노육까지 무고해서 죽였다. 큰 호랑이가 작은 호랑이를 포악하게 잡아먹은 셈이다.

258년 손량이 전횡이 심해진 손침을 제거하려다 실패하자 손노반은 그에 연좌되어 예장豫章군으로 귀양 갔다.

친언니 손노반에 의해 죽은 손권 차녀 손노육

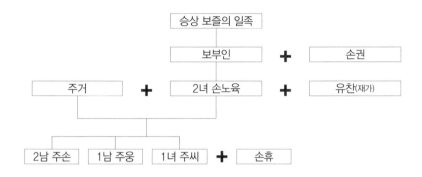

손노육孫魯育(?~255년)은 손권과 보연사 사이에서 낳은 차녀로 자는 소호小虎이다. 언니는 손노반이다. 주거에게 시집을 간 이후 주공주로 불렸다. 주거와의 사이에서는 딸 주씨를 낳았다. 주씨는 훗날 경제 손휴에게 시집을 가서 경황후景皇后(?~265년)가 되었다.

주거는 57세 되던 해 손권이 병상에 있는 동안 손홍의 가짜 조칙에 의해 자살 명령을 받아 죽었다. 손노육은 주거가 손권의 자살 명령에 따라 죽자 유찬에게 다시 시집갔다.

이궁의 변에서 손노반은 손패를 후계자로 세우기 위해 손화를 비난했다. 이때 손노육은 따르지 않았고 그로 인해 두 사람 사이는 틀어졌다. 후에 손량이 제위에 오른 후 손노반과 간통 관계에 있던 손준이 권력을 잡는다. 촉나라의 사신이 왔을 때 손화파인 손이, 장의, 임순, 손소 등이 손준을 죽이려다 실패한다. 이때 손노반은 자신의 간통 사실이 들킬까봐 손노육이 손이와 같이 공모했다고 무고하여 죽인다.

이궁의 변 또는 이궁지쟁二宮之爭(남노당쟁南魯黨爭)은 삼국시대 오나라에서 10여 년 동안 발생한 정치투쟁으로 손화와 손패의 패권 싸움이다. 이 싸움은 손권이 세자 문제를 미루고 있었던 것에서 시작되었다. 이 사건으로 오나라의 국력은 크게 쇠퇴하였다.

229년 황제에 즉위한 손권은 장자이며 총명한 손등을 황태자로 세웠다. 그러나 손등은 241년 3월 아까운 나이인 33세에 병사한다.

병상에 있던 손등은 유서를 남기는데 손권이 총애하던 왕부인의 아들이자 총명한 손화를 차기 태자로 추천한다. 손권은 손등의 유서를 받아들여 다음해인 242년 정월에 셋째 아들 손화를 태자에 임명했다.

그런데 그해 8월 넷째아들이며 손화의 이복동생인 손패를 노魯 땅의 제후왕에 봉했다. 대우도 태자인 손화와 노왕 손패를 거의 같게 했다. 신하들 사이에서 태자를 갈아치울지 모른다는 인식이 싹텄다.

243년 11월 무렵 19년 동안 승상의 직위를 맡았던 고옹이 죽었다. 고옹의 손자 고담은 태자 손화와 가까운 인물이었다. 군신들 사이에서는 날이 갈수록 태자의 교체 문제가 확산되었다.

244년 정월 야전사령관인 상대장군 육손이 승상에 임명된다. 하지만 형주 방어라는 직무를 유지해야 했다. 결국 수도 건업은 승상이 부재한 상황이 되었다.

이런 상황에 손패파가 먼저 움직였다. 태자 폐위 공작 개시에 맞서 태자인 손화파 또한 이를 막기 위한 공작을 개시했다. 손패는 군신들의 말에 따라 태자 폐위에 앞장서는 의욕을 보였다.

군신들은 두 쪽으로 갈렸다. 방어하는 손화 측에 육손, 제갈각, 고담, 주거, 등윤, 주적, 정밀(정고), 오찬, 굴황, 진정, 진상, 장순, 장휴, 고승, 고제, 육윤 등이 줄을 섰다. 반면 공격하는 손패 측에는 전종, 보즐, 손홍, 여대, 여거, 손준, 전기, 오안, 손기, 양축, 제갈작 등이 붙었다.

궁중에서도 예외는 아니었다. 손권의 딸인 손노반(전종의 아내)과 손화의 생모인 왕부인간의 불화가 불꽃을 튀었다.

육손은 여러 차례 손화를 옹호하는 상소를 올렸다. 건업에 올라가 손권을 직접 설득하려 했다. 이에 손패파는 손권에게 참언하였다. 특히 양축은 육손에 관한 20개조 혐의 사항을 고발했다.

손권은 육손에 대해 문책 사자를 수차례 보냈다. 이후 손패파의 참언이 심화되어 태자인 손화 측의 태부 오찬이 처형되고 고담(육손의 조카), 장휴 등 핵심 인사들이 차례로 좌천되거나 유배에 처했다.

245년 2월 육손은 일련의 사건들로 인해 화병이 나 죽었다.

246년 9월의 인사개편으로 손패파인 전종이 우대사마, 보즐이 승상이 되었다. 손패파가 주도권을 잡았다. 그러나 다음해인 247년 정월에 전종이 죽고 5월에는 보즐이 잇따라 죽었다.

하지만 손화파는 주도권을 잡지 못했다. 두 세력의 경쟁은 팽팽해졌다. 사태는 완전히 수렁에 빠졌다. 사태해결의 주도권을 쥔 손권은 손화파와 손패파의 싸움을 방관한 채 막내 손량을 총애했다. 이는 사태를 더욱 더 키웠다.

250년 마침내 손권이 결단을 내렸다. 태자 손화는 폐위시킨 뒤 남양왕으로 봉하고 노왕 손패는 죽였다. 또한 손패파 중 적극적으로 공작을 벌였던 전기, 오안, 손기, 양축 등을 모조리 주살했다. 그런 후 손량을 황태자로 세우는 것으로 사태를 마무리했다.

손화파의 굴황과 표기장군 주거는 반발했다. 굴황과 주거는 장 100대의 형을 받고, 굴황은 고향으로 주거는 신도군으로 좌천되었다. 주거는 임지로 가는 도중 손패파였던 중서령 손홍에 의해 자해하였다. 그 외에도 손화 폐위에 반대한 수십 명의 관리가 처형되거나 추방되었다. 민심은 손권의 이런 조치에 불만이 팽배했다.

새로운 태자 손량은 불과 8살이었다. 위나라와 대립각을 세웠던 오나라에는 강력한 지도자가 필요했다. 즉위 당시 10세인 손량에게 그런 강력함을 기대할 수는 없었다. 병상의 손권은 252년 태원 2년 4월에 사망했다.

손권이 죽자 대장군 제갈각과 무위장군 손준(손패파)이 권력을 잡게 되었다. 제갈각은 손화파였지만 246년 인사개편 때도 실각하지 않고 남아 있었다. 그로 인해 손패파와 통하고 있었다는 의심을 받는다. 권력은 제갈각에서 손준에게 넘어갔다.

손준孫峻(219년~256년)은 오吳의 관료이며 황족이다. 자는 자원子遠으로 승상을 역임하고 부춘후富春侯에 봉해졌다. 무열제 손견의 아우 손정의 증손으로 오의 제2대 황제 폐제 손량의 섭정이다. 항렬로는 손량의 7촌 조카지만 오히려 24살이 더 많았다.

처음에는 제갈각이 실권을 잡았으나 253년 6월 위나라 원정에 크게 패하고 실각했다. 동년 8월 손준은 쿠데타를 일으켜 제갈각을 죽이고 권력을 쥐었다. 손화에게는 트집을 잡아 신도군으로 강제 이주시키고 자살케 했다.

254년 오봉 원년 손화파의 행동이 활발해졌다. 태자였지만 병사한 손등의 아들인 손영이 손준 암살을 시도했다. 그러나 발각되어 자살했다. 손준이 죽은 뒤 권력은 종형제 손침에게로 넘어갔다. 이듬해 왕돈 등이 손침을 제거하려 했으나 실패했다.

258년 태평 3년 손침은 손량을 폐하고 손휴를 제위에 올렸다. 손휴는 즉위 후 대사면을 실시하고 연호를 영안으로 고쳤다. 손침을 승상과 대장군에 임명하고, 손침의 네 동생과 손화의 아들을 모두 후로 삼았다.

손침과 그 네 아우의 권력이 군주를 흔들 지경이었다. 손휴는 두려워하며 자주 상을 내렸다. 얼마 가지 않아 손침이 역모한다는 보고가 들어왔다. 12월 8일 손휴는 심복인 좌장군 장포張布와 모의하여 손침을 주살하고 그 삼족을 멸했다.

그러나 그 후에도 내분은 계속되었고 그 사이 삼국의 형세는 위나라가 촉나라를 병합하는 등 위나라로 굳어져 갔다.

손휴는 손준의 후계자 손침 일족을 도륙내고 이미 죽은 손준의 무덤을 파헤쳤다. 시체까지 꺼내 인수를 뺏고 훼손한 후 손준과 손침을 각각 고준과 고침이라 불렀다. 그들이 황족이었다는 것이 부끄럽기도 했지만 자신의 이복남매이자 장모였던 손노육을 손준이 죽였기 때문이다.

손휴와 손노육의 아버지는 손권으로 같다. 하지만 어머니는 서부인과 보부인으로 이복남매이므로 손휴는 자신의 조카딸과 결혼한 셈이다.

손노육의 첫 남편 주거朱據(194년?~251년?)는 오吳의 무장이다. 자는 자범子範이며 양주楊州 오군吳郡 오현吳縣 출신이다. 오나라 4성의 일원인 주씨의 일원으로 장군 주환의 친족이다.

그의 외모는 위용이 있었다. 논쟁에도 능숙했다. 222년 황무 초기 오관낭중에 임명되어 관직 생활을 시작하여 시어사가 되었다. 당시 선조상서 글염이 탐관오리들을 싫어하여 한꺼번에 내치려 했다. 이에 주거는 점진적으로 대체해야지 일시에 제거하려다가는 나중에 재앙을 부를 수 있다고 조언했다. 그러나 글염은 한꺼번에 개혁하려고 했고, 결국은 좌천된 관료들이 손권에게 참언하는 바람에 실각하여 자결하고 말았다.

제2장 손권의 오나라

주거는 문무를 겸비하여 손권으로부터 여몽呂蒙, 장온張溫의 후계자로서 촉망받았다. 그는 건의교위가 되어 병사를 거느리고 호숙에서 주둔했다. 229년 손권이 건업으로 천도하자 주거는 좌장군이 되어 손권의 딸인 손노육과 결혼했다.

그는 선비들을 겸허히 대하고 재물을 아낌없이 풀었다. 녹봉이 적지 않았지만 항상 쓰기에 모자랐다. 가화嘉禾(손오孫吳 대제大帝의 두 번째 연호로 232년부터 238년 8월까지 6년 8개월 동안 사용) 중에는 1개당 5백 전에 해당하는 큰 돈을 주조했다.

당시 손권이 권세를 준 교사 여일이 감찰권을 가지고 횡포를 부렸다. 고옹 등의 고관마저도 감찰에 걸려 고생을 했다. 주거도 여일에게 걸려 누명을 뒤집어써 고생하게 되었다. 그러나 다음의 사건으로 여일의 횡포도 끝나게 된다.

주거의 병사(부곡)가 3만 민(화폐의 단위)을 받아야 했는데, 대장장이 왕수가 이를 빼돌렸다. 여일은 주거가 그 돈을 삼켰을 것이라고 의심해 주거의 관리를 고문하여 죽여 버렸다. 주거는 아무 잘못이 없는 관리의 죽음을 슬퍼하며 장사를 후하게 지내 주었다. 여일은 주거가 자기 죄를 대신 뒤집어쓰고 죽어줬기 때문에 그 관리를 후히 장사 지냈다고 손권에게 표를 올렸다. 손권은 주거를 질책했다. 주거는 스스로 변명할 길이 없었다. 자리를 깔고 처벌을 기다리고 있었다. 그런데 전군리 유조가 진상을 파악해 왕수가 돈을 취했다고 손권에게 고했다. 손권은 여일이 그 동안 사람들을 무고하고 다녔다는 것을 뒤늦게 깨달았다. 여일을 치죄하고 유조에게는 포상을 내렸다.

주거는 246년 표기장군까지 승진했다. 또한 249년에는 2년 전에 보즐이 죽어 공석이 된 승상을 대리하여 까치를 태워 상서에 응하는 제사를 했다. 그러나 태자 손화가 손패와 싸웠을 때 손화를 지지해 손권에게 직언하면서 분노를 산다. 그래서 신도군승으로 좌천되었다.

손권이 병상에 있는 동안 손패파의 손홍이 만든 가짜 조칙에 의해 자살을 명령받았다. 손권의 사위로 부마임에도 57세의 나이로 생을 마감하였다. 그는 표기장군 재임 중 나중에 오나라의 사공이 되는 맹인孟仁을 군리로 삼았었다.

▌손노반의 총애받아 손량 부인 된 전황후

전황후全皇后(?~301년?, 302년?)는 오나라 제2대 황제 손량의 황후이다. 전종의 종손 전상全尚의 딸로서 양주 오군 전당현 사람이다. 휘는 혜해惠解이다.

어린 시절 전종의 부인이자 손권의 딸인 손노반의 총애를 받았다. 전상의 종조모인 손노반이 혜해를 아껴 매번 부친 손권 앞에 나아갈 때는 항상 그녀와 함께 있었다.

손노반은 손권의 총애가 반씨와 그의 아들 손량에게 있을 때 손화의 모친인 대의황후 왕씨와 여동생인 손노육과 사이가 좋지 않았다. 이에 손노반은 손권에게 권해 반씨潘氏의 아들 손량이 부인을 들이도록 했다. 그리고 이때 손노반은 자신이 아낀 혜해가 손권의 막내 아들 손량의 부인이 되도록 했다. 혜해는 손량이 태자에 봉해지자 태자비가 되었으며, 손량이 황제에 즉위하자 전황후가 되었다. 자연스레 전황후의 아버지 전상은 성문교위城門校尉가 되고 도정후都亭侯에 봉해졌다. 등윤滕胤을 대신해 태상太常·위장군衛將軍이 되었고 영평후永平侯로 진봉해 녹상서사錄尚書事가 되었다. 이때 전씨全氏 집안에는 다섯 명이나 후작에 봉해졌다. 이들은 병사와 말을 관장했다. 그 이외의 사람들은 시랑侍郎과 기도위가 되어 좌우를 숙직하며 지켰다.

위魏의 대장大將 제갈탄諸葛誕이 수춘현壽春縣에서 복종해 왔다. 그런데 이후 257년 제갈탄이 수춘에서 반란을 일으키자 전단全端, 전역, 전정全程, 전편全遍, 전집全輯 등의 전씨 일족은 제갈탄을 진압하기 위해 문흠文欽, 당자唐咨, 왕조王祚, 우전于詮 등과 함께 수춘성으로 들어갔다.

그러나 이때 건업에서는 전씨 가문 내에서 싸움이 일어났다. 서로 소송을 하게 되는 지경에 이르자 전의全禕는 동생 전의全儀와 함께 어머니를 모시고 사마소司馬昭에게 투항했다. 종회鍾會는 이를 이용해 전휘全輝와 전의全儀의 이름으로 편지를 보내 손침孫沈이 수춘에서 이기지 못한 것에 크게 화가 나서 전씨 일가를 모조리 죽이려 한다며 성 안의 전씨 일가도 항복해 화를 면하라는 내용의 편지를 보냈다. 그 편지에 속은 전역은 조카 전정 형제들과 함께 병사 수천 명을 이끌고 동문으로 나와 사마소에게 항복했다.

결국 형 전의 등 전씨들이 대거 진나라에 투항하면서 오나라에서 외척으로 세력이 강했던 전씨의 세력이 미약해졌다.

정권을 잡은 손침은 오만하게 행동했다. 258년 손량은 손침을 몰아내려 했다. 장인 전상과 그의 아들 전기全紀, 유승劉丞 등과 함께 손침을 죽일 계획을 세웠다.

그런데 전상이 무심결에 손침의 사촌동생이었던 자신의 부인에게 계획을 말했다. 전상의 부인은 이를 손침에게 밀고하였다. 손량의 계획을 알아차린 손침은 전상을 잡아들이고 유승을 처형했다. 전기는 부친 전상의 실수로 인해 자결했다.

손침은 손량을 폐위시켜 회계왕會稽王으로 삼았다. 뒤에 손량은 다시 내침을 받아 후관후候官侯로 봉해져 이송되던 중에 자살하였다. 전황후는 손량을 따라가 후관候官에 거했다. 전황후는 301년에서 302년 무렵에 세상을 떠났고 묘는 오군吳郡으로 옮겨졌다. 오록에는 "손량의 처 전혜해全惠解는 용모와 자색이 있었다. 후관에 거하다 오가 평정되자 돌아왔다. 영녕永寧 중 죽었다."고 기록 되었다.

전상은 손침에 의해 영릉零陵으로 보내진 뒤 살해되었다.

▌조카 손호에게 네 아들 잃은 주황후

주황후朱皇后(?~265년)는 오나라 제3대 황제 경제 손휴의 황후다. 주거朱據와 손휴의 누나 손노육의 딸로 251년 적오(손권의 세 번째 연호)말에 손권이 여섯 번째 아들인 손휴와 짝지어 주었다. 손휴는 생질을 아내로 삼은 셈이다.

252년 태원 2년 손휴가 낭야왕에 봉해지자 손휴를 따라 단양군丹楊郡에 거주했다.

주황후는 손휴와의 사이에서 아들 넷을 낳았다. 손완, 손굉, 손망, 손보 등이다. 이들은 손휴가 30세의 젊은 나이로 요절하고 조카인 오정후 손호孫皓가 즉위한 뒤 모두 죽임을 당했다.

주씨의 어머니 손노육은 언니 손노반과 태자 옹립의 일로 사이가 벌어졌다. 손노반이 태자 손화와 그 생모 왕부인을 몰아내고 손패로 태자를 세우려 했다.

그러나 손노육은 그 계획에 동참하지 않았다. 손노반은 폐제 손량의 치세 중 섭정했던 손준과 간통하면서 황실 중에서 드물게 손준을 지지

했다.

건흥建興 중 손준이 섭정으로 정사를 좌지우지하자 종실은 모두 이를 근심했다. 전상의 처는 곧 손준의 손윗누이였기에 오직 손노반(전공주)만이 그를 도왔다.

255년 오봉五鳳 2년 손의가 손준을 살해하려다 발각되어 주살당했다. 이때 손노반은 동생 손노육도 손의와 공모했다고 참언했다. 그러자 손준은 손노육을 죽였다.

손휴는 장모인 손노육이 암살당하자 두려움에 떨며 울면서 부인인 주씨를 건업으로 보냈다. 손휴 부부는 손을 잡아 눈물을 흘리며 이별했다.

손완孫䶵(?~265년)은 오나라 황족으로 자는 흘이다. 휘와 자는 아버지 경제景帝가 피휘의 번거로움을 막기 위하여 직접 지어낸 글자이다. 경제의 맏아들로 262년 영안永安 5년 8월 태자에 책봉되었다. 264년 영안 7년 7월 경제가 붕어하였다. 손완은 태자이었으므로 뒤를 이어야 했다. 그런데 만욱, 복양흥, 장포 등의 주장으로 오정후烏程侯 손호孫皓가 즉위하였다. 264년 원흥元興 원년 10월 말제未帝에 의해 예장왕豫章王에 봉해졌다. 265년 감로甘露 원년 말제는 진왕 손보를 죽였고 이후 손완 또한 동생 손굉을 죽였다.

손굉孫䵑(?~265년)의 자는 현이다. 휘와 자는 아버지 경제가 피휘의 번거로움을 막기 위하여 직접 지어낸 글자이며 경제의 차남이다. 264년 원흥元興 원년 10월 말제未帝에 의해 여남왕汝南王에 봉해졌다. 265년 감로甘露 원년 7월 말제는 손보와 손굉, 손완을 함께 죽였다.

손망孫壾(?~?)은 경제의 3남으로 자는 거䵺이다. 휘와 자는 아버지 경제가 피휘의 번거로움을 막기 위하여 직접 지어낸 글자이다. 264년 원

흥元興 원년 10월 말제에 의해 양왕梁王에 봉해졌다. 265년 감로甘露 원
년 7월 말제는 예장왕豫章王 손완孫壾, 여남왕汝南王 손굉孫裏, 진왕陳王 손
보孫㤍를 죽였다.

　이로써 손망의 형제들은 모두 죽었다. 그러나 손망의 생사는 어떠했
는지 기록이 전해지지 않는다.

　손보孫㤍(?~265년)는 경제의 4남으로 자는 옹이다. 휘와 자는 아버지
경제가 형제들처럼 피휘의 번거로움을 막기 위하여 직접 지어낸 글자
이다. 264년 원흥 원년 10월 말제에 의해 진왕陳王에 봉해졌고, 265년
감로 원년 7월 말제에 의해 형 손완, 손굉과 함께 죽임을 당했다.

여색 밝힌 손호에게 버림받은 등황후

등황후滕皇后(?~?)는 동오의 4대 황제 손호의 황후다. 북해국 극현 출신으로 휘는 방란芳蘭이다. 태상 등윤滕胤의 일족이며 등목滕牧의 딸이다.

등윤의 삼족은 멸해졌다. 그러나 등황후의 아버지 등목은 등윤과 관계가 소원했던 덕에 멀리 변경의 군으로 유배되었다. 등윤을 주살한 손침을 황제 손휴가 제거하면서 등씨 일족은 사면되어 돌아올 수 있었다.

손휴는 등목을 오관중랑五官中郎으로 삼았다. 손호는 오정후烏程侯에 봉해지자 등목의 딸 등방란을 불러 비로 삼았다. 246년 영안 7년 손휴가 죽고 손호가 황제로 즉위하면서 264년 원흥 원년 음력 10월에 황후로 등극했다. 등목은 고밀후高密侯에 봉해지고 위장군과 녹상서사를 받았다.

조정의 선비들은 등목이 존귀한 외척이라 생각하여 자못 그를 추천해 손호에게 간쟁하도록 했다. 하지만 모친 하태후의 비호 아래 있던 손호는 미신을 잘 믿었고 장인 등목의 간쟁을 반기지 않았다. 그 결과 등황후는 황제의 사랑을 잃었다.

태사는 손호에게 황후를 바꿀 수 없다고 했다. 그 덕분에 황후의 지위는 유지한 채 승평궁에 거주할 수 있었다. 대신 손호에게 총애를 받는 후궁들이 황후의 상징을 사용했다.

손호는 등목을 창오군蒼梧郡에 보냈다. 하지만 그의 작위만은 빼앗지 않았다. 그러나 그 실상은 변경으로 떠나는 것이었으므로 등목은 마침내 길에서 근심하다 죽었다. 장추長秋의 관료들은 숫자만 갖출 뿐이었지만, 조정에 나아가 하례함을 받고 표를 올려 소통하는 것은 예와 같이 했다. 그리하여 손호에게 안으로 총애를 받는 여러 후궁 중 황후의 옥새와 인끈을 찬 자가 많았다.

손호는 여색을 밝혔다. 강표전에 의하면 손호는 또 황문黃門을 갖추어 주와 군을 다니게 해 관리들 집안의 딸을 취하게 했다. 이천 석 대신의 자녀들로 모두 해마다 이름을 말하여 나이가 15~16세 사이라면 모두 빠짐없이 검열받도록 했다. 검열 중이 아니라면 출가할 수 있었다. 후궁은 수천 명이었고 그 중 간택받지 못한 자도 있었다.

284년 천기天紀 4년 서진의 공격을 받고 손호가 항복하면서 손호와 함께 낙양으로 이주했다.

손호孫皓(242년~284년, 재위 264년~280년)는 오나라 마지막 황제로 자는 원종元宗이다. 별칭으로 팽조彭祖가 있다. 손권孫權의 셋째 아들인 손화孫和의 첩 하희何姬와의 사이에서 출생한 서장자다.

손화가 승상 손준의 명령으로 자결한 후 적모 장씨도 손화를 따라 죽자 생모인 하씨에게 양육되었다. 경제景帝 손휴孫休가 황제에 즉위하자 형제들과 함께 작위를 받아 오정후烏程侯에 봉해졌다.

264년 7월 경제가 급서했다. 태자 손완을 후계로 지목했다. 그러나 촉한이 멸망하고 교지를 위나라에 빼앗긴 상황에서 능력 있는 임금을 세워야 한다는 여론이 높았다.

좌전군 만욱은 오정령을 지내면서 오정후와 친분을 쌓았다. 만욱은 국내 여론과 오정후와의 인연을 바탕으로 승상 복양흥에게 어린 태자

대신 연장자이며 총명한 손호를 세울 것을 건의했다. 복양흥과 장포도 모두 동의했다. 손호는 태자가 아닌 상황에서도 우여곡절 끝에 황제로 즉위하였다.

손호는 즉위 초에 선정을 베풀었다. 창고를 열어 가난한 자를 진휼하였고 궁녀를 내보내 아내 없는 사람들과 짝지어 주었으며 황실 후원을 개방해 현명한 임금으로 칭송받았다.

그러나 10월 이후 얼마 못 가 광포하고 교만해졌다. 원인은 주색이었다. 나라 안의 높고 낮은 사람들이 실망했다. 만욱이 장포와 복양흥이 손호를 옹립한 것을 후회했다고 참언을 하자 11월에 둘을 주살하고 삼족을 멸했다.

전 황제인 경제 일족의 권위도 깎아내렸다. 경제의 황후인 주태후를 경황후로 격하시켰다. 반면 아버지와 생모 하씨를 추존하여 각각 황제와 황후로 삼았다. 그래도 이때에는 경제의 태자인 손완을 예장왕으로, 손굉을 여남왕으로, 손망을 양왕으로, 손보를 진왕으로 삼았다. 그리고 부인 등씨를 황후로 삼았다.

12월 경제를 정릉에 장사지내고 황후의 아버지 등목을 고밀후에 봉했다. 외숙 하홍 등 셋은 열후로 봉했다.

그러나 265년 감로 원년 7월 주황후를 핍박하여 죽이고 정전에서 장사지내지 못하게 하고 병들어 죽은 것처럼 꾸몄다. 경제의 네 아들은 작은 성에 몰아넣고 나이가 많은 순으로 둘을 죽였다. 그뿐만 아니라 아버지의 적장자로 정부인 장씨의 아들 손준도 죽였다.

손호는 여러 실정으로 인해 교주에서 일어난 곽마郭馬의 반란과 주변 암신들에 의해 국력이 쇠퇴해진 때에 위를 대신해 일어난 진나라의 대공세로 진나라에 항복한다. 항복 후 사마염司馬炎에 의해 귀명후歸命侯에 봉해졌고 284년에 진나라의 수도 낙양洛陽에서 사망한다.

죽지 않고 살아남아 자손 키운 소헌황후 하씨

소헌황후昭獻皇后 하씨何氏 또는 하희何姬는 손화의 첩이다. 단양군 구용
현句容縣 사람으로 그의 부친 하수何遂는 본래 기사騎士였다. 말제 손호
의 생모이다.

손권은 일찍이 여러 영채를 걸어 행차하다 길 가운데서 하희를 봤다.
멀리서 하희를 봤는데도 기이하게 보였다. 관원을 보내 그를 데려와 아
들 손화에게 주었다. 하희가 아들을 낳자 손권은 기뻐하며 그 이름을
손팽조孫彭祖라고 했다. 그가 바로 손호이다.

손화는 태자에서 폐해지고 뒤에 남양왕南陽王이 되어 장사군長沙郡에
거했다. 손량이 즉위하자 손준이 섭정을 했다. 손준은 손노반(전공주)과
사통을 할 정도로 가까웠다.

손노반은 친동생이며 손화의 모친인 대의황후 왕씨와 손노육과 태자
옹립 문제로 사이가 좋지 않았다. 그녀는 손준에게 손화를 신도군新都郡
으로 옮기게 했다. 이어 사자를 보내 그에게 죽음을 내렸다. 손화가 죽
자 정실 장씨張氏 또한 자살했다.

손화의 적비 장씨張氏는 장승張承의 딸이며 장소張昭의 손녀이자 제갈
근諸葛瑾의 외손이다. 총명하여 널리 칭찬받은 적장자인 아들 손준孫俊

은 손호가 황제로 즉위 한 뒤 손호에게 죽임을 당했다.

하희는 슬픔을 이기며 말했다. "만일 모두 죽으면 누가 고아들을 양육하겠는가." 하희는 살아남아 손호와 그 세 아우 하홍, 하장, 하막을 양육했다.

오록에 의하면 손호는 본래 손화를 소헌황제로 높였지만 얼마 뒤 고쳐 문황제文皇帝라 칭했다. 하희何姬는 소헌황후昭獻皇后로 삼았으며 그의 거처는 승평궁升平宮이라 칭했다. 한 달 남짓이 되자 황태후皇太后가 되었다.

그의 아우 하홍何洪은 영평후永平侯에 봉해지고, 하장何蔣은 율양후溧陽侯에 봉해졌으며, 하식何植은 선성후宣城侯에 봉해졌다. 하홍이 죽자 그의 아들 하막何邈이 뒤를 이어 무릉감군武陵監軍이 되었으나 진晉에게 살해당했다. 하식의 관직은 대사도大司徒에 이르렀다. 오나라 말 혼란의 시기에 하씨何氏는 교만하고 참람되며 그 자제들은 방자했다. 백성들은 이를 근심했으며 뜬소문을 믿고 말했다. "손호가 죽은 지 오래 되어 세운 것은 하씨의 아들들이다."

강표전에 의하면 손호는 장포張布의 딸을 미인美人으로 삼아 그를 총애했다. 손호는 그녀에게 물었다.

"네 부친은 어디에 있느냐."

대답하여 말하기를.

"도적에게 살해를 당했습니다."

손호는 크게 노해 그를 몽둥이로 때려 살해했다. 손호는 뒤에 그의 안색을 생각하고 솜씨 있는 장인에게 나무로 미인의 형상을 깎게 했다. 그는 그것을 항상 자신의 자리 곁에 두었다. 손호는 좌우에 물었다.

"장포에게는 다른 딸이 있지 아니한가."

신하들이 "장포의 큰딸이 옛 위위衛尉 풍조馮朝의 아들 풍순馮純에게 시집가서 살고 있습니다."라고 말했다.

손호는 곧 풍순의 처를 빼앗아 입궁하게 하고 그를 크게 총애하여 좌부인左夫人으로 삼았다. 손호는 주야로 부인의 방에서 연회를 열어 조정의 일을 돌보지 않았다.

손호는 오히려 바야흐로 화수華燧, 보요步搖, 가계假髻 천 개씩을 금으로 만들게 했다. 이는 궁인에게 명하여 이를 붙이고 서로를 때리게 하려 한 것이었다. 아침에 만들면 저녁에 부서졌다. 그러면 매번 내보내어 이를 다시 만들게 했다.

그런데 만드는 공인들이 번번히 훔쳐 창고가 텅 비게 되었다. 때마침 부인이 죽자 손호는 그를 가엾고 불쌍히 여겼다. 이에 동산 가운데 그를 장사지내 큰 무덤을 짓고, 측백나무로 커다란 사람을 깎게 하여 무덤 안으로 넣게 했다. 무덤을 호위하는 병사로 삼은 것이다. 금은과 진귀한 보배로 부인을 장사지내니 그 양을 헤아릴 수 없었다. 장사를 지낸 뒤 손호는 안에서 초상을 치러 반 년 동안 나오지 않았다. 백성들은 장사를 사치스럽게 치르는 것만 봤기 때문에 손호가 죽어 장사 지낸 것이라고 말했다.

손호의 처남 하도何都는 얼굴의 형상이 손호와 비슷했기에 하도가 손호를 대신해 섰다고 말하기도 했다. 임해태수臨海太守 해희奚熙는 뜬소문을 믿고 병사를 일으켜 말릉현秣陵縣으로 돌아가 하도를 주살하고자 했다. 이때 하도의 숙부 하식은 비해독備海督이었는데 해희를 쳐 살해하고 그의 삼족을 멸했다. 뜬소문은 그쳤으나 백성들의 의심은 더욱 커졌다.

제3장
유비의 촉나라

대수	묘호	시호	성명	연호	재위기간	능호
제1대	한 열조漢烈祖	소열황제昭烈皇帝 촉 선주蜀先主	유비劉備	장무章武 221년~223년	221년~223년	혜릉惠陵
제2대	-	효회황제孝懷皇帝 촉 후주蜀後主, 안락사공安樂思公	유선劉禪	건흥建興 223년~237년 연희延熙 238년~257년 경요景耀 258년~263년 염흥炎興 263년	223년~263년	-

■ **촉한**蜀漢

촉한蜀漢(221년~263년)은 삼국 시대 때 유비가 지금의 사천성 지역에 세운 나라이다. 본 이름은 대한大漢이나 사람들은 흔히 촉한이라 부르게 됐다.

한 황실의 후예가 세운 마지막 한나라이기 때문에 계한季漢으로도 불린다. 220년 사실상 한나라의 실권을 잡고 있던 위왕 조비가 헌제를 내쫓고 제위를 찬탈하자, 당시 익주와 한중을 점거하고 있던 유비가 한 황실의 후예라는 정통성을 내세워 황제임을 선언하고, 국호를 한漢이라 하였다. 수도는 성도成都이다.

유비 사후 후주後主 대에 이르러 진지, 황호와 같은 간신의 발호와 무리한 북벌로 점점 쇠망의 길을 걸었다. 264년 위의 대대적인 정벌에 43년 만에 멸망했다.

촉나라 유비의 여자들

▌백옥의 피부를 자랑한 소열황후 감부인

```
┌─────────────────┐        ┌─────────────┐
│  소열황후 감부인  │   ✛    │     유비     │
└─────────────────┘        └─────────────┘
        │
┌───────────────┐
│      유선      │
└───────────────┘
```

소열황후昭烈皇后 감씨 甘氏(?~209년)는 촉한蜀漢의 초대 황제 소열제昭烈帝 유비劉備의 두 번째 첩실妾室이자 그가 거느린 부인夫人들 중 한 명이며 뒷날 황후로 추존된 인물이다. 감부인은 촉한 후주後主 유선劉禪의 친모이다.

정사 촉서 이주비자전 중 감황후전에 의하면 "유비의 감황후는 서주 패현沛縣 사람이다. 유비가 예주에 부임하여 소패에서 살 때 그녀를 맞아 첩으로 삼았다. 유비는 본처를 여러 차례 잃었으므로 항상 감황후가 집안일을 관리했다. 감황후가 유비를 따라 형주로 갔을 때 유선을 낳았다."

유비가 감씨와 결혼할 때는 서른이 넘었다. 여러 번 결혼했지만 부인들이 먼저 세상을 떠나곤 했다.

감황후전에 의하면 "선주는 여러 명의 적실을 여의고"라고 했다. 이는 감부인과 미부인에 앞서 또 다른 몇 명의 부인이 있었다는 사실을 말해준다. 그러나 이들 모두가 비교적 일찍 죽는 바람에 사서에는 그들의 이름조차 남아있지 않다.

첩실이었던 감부인은 유비 집안의 대소사를 치르거나 첩실들의 서열을 정리하는 등 실질적인 안주인으로 떠올랐다. 후덕한 포용력과 현명한 성격으로 집안을 잘 다스렸기 때문이다.

감부인은 미색에서도 뛰어났다. 백옥의 피부로 가장 닮고 싶은 피부의 소유자였다. 유비가 감부인을 첩으로 맞이한 것은 감부인의 백옥처럼 빛나는 피부가 한몫을 했다. "유비가 감부인을 군막으로 불러들였는데 문 밖에서 보니 그 모습이 하얀 달빛 아래 흰 분이 쌓여 있는 듯했다."라는 기록이 있을 정도이다.

감황후전에서는 다시 "조공의 군대가 도착하여 당양의 장판파까지 추격하자, 곤궁한 처지에 빠진 선주는 황후와 후주(아두)를 버렸다. 다행히 조운이 보호하여 곤경을 면했다. 감황후가 죽자 남군南郡에 장사 지냈다."고 적고 있다.

감부인은 유비가 장판에서 조조의 5천 정예기병(호표기)에게 패퇴하면서 감황후와 아두를 버리고 도주했을 때 조운에게 의지하여 겨우 목숨을 구할 수 있었다.

어미는 아들로 인해 귀해지는 법이다. 감부인은 후주 유선을 낳았기 때문에 삼국지연의에서는 그녀의 몸값을 높여 본처로 묘사했다. 이런 연유로 그 위치가 미부인의 앞에 놓이게 되었다. 하지만 이는 역사적 진실성과는 다르다.

정사에는 장판파의 피난 과정에서 미부인에 대한 언급은 전혀 없다. 이는 당양 장판파의 사건이 있기 전에 이미 미부인은 세상을 떠났으므로 삼국지연의에 적힌 내용은 사실은 다르다. 즉 조운이 아두를 품고 포위망을 뚫을 때 그들을 살리기 위해 우물로 투신자살한 게 아니었다. 당시 아두는 감부인의 곁에 있었던 것이다.

감부인을 남군에 장사지냈다는 기록으로 보면 감부인이 죽은 시기는 적벽대전 이후이다. 또한 유비가 손권에게 남군을 빌린 건안 15년 이후가 된다. 이 일이 있기 전인 건안 14년에 이미 손권은 누이동생을 유비에게 들여보내 혼인을 시키고 우호관계를 굳게 맺은 상태였다.

따라서 삼국지연의의 서술처럼 주유가 감부인이 병사했다는 소식을 접한 후 미인계로 유비를 억류하여 형주를 받아내려는 구상을 했던 건 아니다.

삼국지연의에서는 유비의 두 부인이 나온다. 감부인甘夫人과 미부인麋夫人이다. 원술을 공략하기 위해 유비와 관우가 대군을 이끌고 나간다. 주둔지 서주의 방위는 장비가 맡는다. 하지만 장비는 술에 만취한 상태에서 여포의 공격을 받아 서주를 잃는다. 유비의 두 부인은 여포에게 붙잡혔다가 유비의 품에 돌아온다.

또한 훗날 조조가 하비를 공격했다. 관우가 조조에게 세 가지 조건을 걸고 항복할 때 유비의 두 부인도 조조의 수중에 있게 된다. 그 후 두 부인을 보호한 관우가 다섯 관문을 지나며 여섯 장수의 목을 베는 험난한 과정을 거쳐 비로소 유비와 재회한다. 그리고 유비가 형주의 유표에게 몸을 의탁하고 있던 건안 12년에는 감부인이 아두(훗날의 유선)를 낳는다. 다음해 조조의 대군이 형주를 공격하자 유비와 두 부인은 또다시 뿔뿔이 헤어지게 된다.

당시 유비 가족의 보호 임무를 맡은 조운이 유비의 두 부인을 구하기 위해 동분서주하다가 다행히 감부인은 무사히 구한다. 그러나 중상을 입은 미부인은 아두를 조운에게 맡기고 스스로 우물에 몸을 던져 최후를 맞이한다. 아두를 품은 조운은 겹겹이 에워싼 포위망을 뚫고 나온다. 적벽대전 후 감부인이 강릉에서 병으로 죽자 형주를 치기 위해 미인계를 쓴 주유가 손권의 막내 여동생을 유비에게 시집보낸다.

감부인은 유비가 황제에 오른 이듬해인 222년 장무 2년에 황사부인皇思夫人으로 추증되었고 호북 강릉에 있던 묘는 촉의 사천으로 이장되었다. 유선이 즉위하자 소열황후로 높여 추증되었다.

유선이 생모였던 감부인에게는 소열황후를 추서했다. 하지만 미부인에게는 황후의 명호를 추서한 일이 없다. 삼국지연의에서 미부인에게도 황후를 추서했다는 것은 사실과 다르다.

감부인은 유비와 유선의 부인과 자식들로 구성된 이주비자二主妃子전에 열전이 기록되어 유비의 정실 부인임을 공인받았다. 또한 여러 본처가 존재했던 와중에도 첩의 신분으로 남편 유비와 똑같은 소열의 시호를 받았다.

정식 황후로 간택되어 유비의 임종까지 지켰던 목황후 오씨의 존재에도 불구하고 정사 삼국지는 유비의 정실을 미부인과 손부인, 오부인도 아닌 감부인으로 기록했다. 사실 감부인은 유비가 한중왕이 되는 것조차 보지 못했고 칭호도 없이 죽었다. 그럼에도 그녀는 역사에서 정실부인에 버금가는 대접을 받았다.

이런 대접은 정사 삼국지의 저자 진수의 시각에서 비롯되었다. 전쟁터에서 유비와 함께 고생한 것이 관우와 장비였다면 안에서 유비를 내조하며 고생한 것은 감부인이었다고 본 것이다.

유비는 번성전투에서 첫 승을 거둘 때까지 수없이 패배했다. 그 과정에서 그의 아내였던 수많은 여인들은 적장에게 사로잡혀 욕을 보거나 죽는 경우가 대부분이었다. 이 와중에 감부인은 끝까지 살아남아 유비의 곁을 지키며 내조했다.

유비는 중반기까지 변변한 자식 하나 없었다. 양자 유봉이 있었지만 적통의 자식을 안겨준 여자는 감부인이었다. 유비는 감부인을 그리워하며 잊지 못했다. 절망의 순간에도 한결같이 곁을 지켜주었기 때문이다.

제갈량의 감황후전 중 제갈량의 감부인 추존표는 "문황사부인(감부인)

제3장 유비의 촉나라

은 품행이 바르고 인덕을 닦아 그 자신을 맑고 공손하게 했습니다. 대행황제(유비)께서 옛날에 상장으로 있을 때, 황사부인은 비빈의 신분으로 황제와 결합하여 성상(유선)을 낳아 기르셨는데, 부인의 생명은 오래 지속될 수 없었습니다. 대행황제가 살아있을 때 황사부인의 영구가 먼 곳에서 떠도는 것을 생각하여 특별히 돌아오게 했던 것입니다. 지금 황사부인에게 응당 존호를 있게 하여 추운 황천에 있는 혼령을 달래주어야 합니다. 신은 뇌공 등과 시호의 규칙에 대해 검토했는데 소열황후라고 부르는 것이 마땅합니다. 또한 소열황후는 대행황제와 합장하는 것이 마땅합니다."

제갈량과 감부인의 인연은 10년 남짓이다. 그럼에도 제갈량이 감부인에게서 받은 인상은 남달랐던 것 같다. 그는 유선이 등극하자마자 표를 올려 감부인의 영구를 성도로 옮겨 유비의 묘에 합장하고 그와 똑같은 소열의 시호를 올릴 것을 주청했다.

"시경詩經(춘추 시대의 민요를 중심으로 하여 모은 중국에서 가장 오래된 시집)에서 말하기를 '살아있을 때는 방을 다르게 하고 죽으면 묘를 같이 한다.'고 했습니다. (예기에서 말하길 상고上古에는 합장을 하지 않았으니, 합장은 중고中古 이후에만 존재했다.) 때문에 소열황후는 대행황제와 합장시키는 것이 마땅합니다. 신은 태위에게 종묘에 고하도록 하고 천하에 선포하도록 정합니다. 갖출 예의에 대해서는 별도로 상주上奏(임금에게 말씀을 아뢰는 것)하겠습니다."

이에 유선은 조칙을 내려 허락했다.

▮ 정사에 유비의 첫 부인으로 기록된 미부인

미부인麋夫人(?~208년 이전)은 서주徐州의 호상豪商 미축의 여동생麋竺之妹
이다. 정사에 호칭이 기록된 유비劉備의 첫 번째 첩실妾室이자 그가 거
느린 부인夫人들 중 한 명이다.

　삼국지연의에 의하면 유비는 208년 장판파에서 조조에게 쫓기고 있
었다. 이때 조자룡趙子龍이 어느 민가에 몸을 숨기고 있는 미부인과 아
두 공자를 구하러 왔다.

　미부인은 다리를 다쳤다. 때문에 자신이 조운에게 짐이 될 것을 우려
했다. 아두를 조운에게 맡기고 자신은 근처 민가의 우물로 뛰어들어 자
살했다. 하지만 이 서술은 역사적 사실과 다르다.

　삼국지 미축전에는 "건안 원년, 선주가 원술을 막는 틈을 타, 여포가
하비下邳를 습격하여 선주의 처자를 포로로 잡았다. 선주가 군대를 돌
려 광릉의 해서海西로 오자, 미축이 누이동생을 바쳐 유비의 부인으로
삼았다."는 기록이 보인다.

　미부인이 미축의 여동생이고 여포가 유비의 처자를 포로로 잡은 시
점까지 미부인은 아직 유비에게 출가하지 않았으며 감부인도 유비의
첩이 된 지 얼마 되지 않았다. 따라서 여포가 잡은 유비의 처자란 당연
히 미부인 보다 앞서 맞이한 다른 부인을 가리킨다는 사실이다.

미부인은 유비와 정식으로 혼인婚姻하지 않았다. 오라버니 미축이 자신의 가솔家率(한 집안에 딸린 구성원)을 잃은 유비한테 바쳤기 때문이다.

옛날에는 여성의 적서嫡庶(적파와 서파를 아울러 이르는 말) 구분이 남성보다 훨씬 엄격하였다. 미축은 혈육인 누이동생을 유비한테 쉽게 바칠 수 있었던 것은 적서적인 측면이 작용했던 것으로 해석된다. 미부인은 서주徐州 미씨麋氏 집안의 적녀嫡女(정실이 낳은 딸)가 아닌 서녀庶女(첩이 낳은 딸)일 것이라는 주장이다.

정사에서는 조운이 장판長坂에서 감부인과 아두阿斗를 한꺼번에 구출하였다. 그런데 미부인은 이 장판파전투長坂戰鬪에서 아예 거론되지 않는다. 미부인은 208년 유표가 병사할 무렵 또는 그 이전에 신야新野에서 죽은 것이 분명하다.

미부인의 오라비 미축麋竺(?~221년)은 후한 말에서 촉한에 이르는 정치가이다. 자는 자중子仲이며 서주徐州 동해국東海國 구현胊縣 사람이다.

미축의 집안은 선조 대대로 부유했다. 거느린 전객이 1만 명에 달하며 막대한 재물을 가지고 있었다. 미축의 명성을 들은 서주목 도겸陶謙이 그를 초빙하여 별가종사(보좌관에 대한 총칭으로 주의 자사나 목이 채용한 속관의 부류)로 임명했다.

당시 도겸은 조조의 침략을 받아 평원상 유비를 불러 자기를 구원하게 하고 표를 올려 예주자사로 삼았다. 예주 땅 중 서주 근처 소패에 주둔하게 했다. 도겸이 병들어 위독하자 미축은 도겸에게 서주를 유비에게 맡기자고 권했다. 도겸이 죽자 그의 유지를 받들어 서주 사람들을 거느리고 유비를 맞이하여 유비가 서주목을 대행하게 했다.

196년 건안 원년 유비가 서주로 쳐들어 온 원술과 대치했다. 이때 유비의 소패에 의탁한 여포가 하비상 조표와 손잡고 하비를 탈취하여 유비의 처자를 사로잡았다. 이에 유비는 근거지를 잃고 광릉과 해서 사이를 떠돌았다. 미축은 자기 누이를 유비에게 주고 또 노객 2천 명과 군자금을 조달했다.

조조曹操는 태산군의 일부 현을 갈라내 영군을 설치하면서 당시 편장군(삼국시대에 설치된 잡호장군의 하나, 현재 대대장급)을 지내던 미축에게 영군태수를 맡기고, 그의 동생 미방은 팽성상으로 임명했다. 그러나 형제는 모두 사직했다. 조상 대대로 살던 서주를 떠났다. 조조와 원소, 유표 등에 의지해 세상을 떠도는 유비를 따라 각지를 전전했다. 유비가 유표에게 들어갈 때 먼저 미축을 유표에게 보내 만나게 했다.

유비가 익주를 평정한 후 그의 지위는 안한장군으로 군사장군이었던 제갈량諸葛亮보다도 높았다. 219년 건안 24년 미축은 남군태수를 지내던 미방이 모반하여 손권에게 돌아서자 괴로워하며 1년 만에 죽었다.

미축은 221년 건안 26년 곧 장무 원년에 태부 허정, 군사장군 제갈량, 태상 뇌공賴恭, 광록훈 황권, 소부 왕모 등과 함께 유비를 황제로 추대하는 표를 올렸다.

미축은 온화한 인물로 사람을 거느리는 일에는 능하지 못했다. 그 때문에 비록 말을 잘 타고 활을 잘 쏘았음에도 군사를 맡지 못했다. 그러나 유비에게 두터운 총애를 받아 비교할 사람이 없었다.

미축이 아직 서주에 있을 시절 낙양에 갔다가 돌아오는 길에 아름다운 신부를 만났다. 그 신부는 수레에 태워줄 것을 청했고 미축은 응했다. 20여 리를 가서 신부가 사례하고 떠나면서 말했다. "나는 하늘의 사자다. 오늘 동해군 사람 미축의 집을 태우러 왔으나, 그대가 태워준 것에 감사하여 말해준다." 미축이 사사로이 청하자 부인이 말했다. "불이 안 나게 할 수는 없다. 이렇게 하면 좋을 것이다. 내가 늦게 갈 것이니 정오에 불이 날 것이다." 미축은 서둘러 집에 가서 가재도구를 밖으로 옮겼다. 정오가 되니 큰 불이 났다.

미축의 아들 미위는 촉에서 호분중랑장(장군 아래의 직위)을 손자 미조는 호기감을 역임했다. 이들도 미축과 마찬가지로 말을 잘 타고 활을 잘 쏘았다.

▮ 무예로 여러 전설의 주인공이 된 손부인

손견의 딸로 손책과 손권의 이복 여동생이자 유비의 부인이다. 손상향
孫尙香이라는 이름으로 널리 알려졌다. 하지만 손상향은 경극에서 사용
되는 이름이다. 삼국지연의에서는 손인孫仁(실제는 오빠 손랑의 별칭)으로
되어 있다.

손랑孫朗(?~?)의 자는 조안早安이고 별명은 손인孫仁이다. 삼국지에서
는 손부인이라고 기록되고 있는데 실제 이름은 밝혀지지 않았다. 오국
태吳國太의 딸이다.

삼국지에 손부인에 관한 기록은 매우 적다. 삼국지 촉서 법정전에는
"주공께서 공안에 계실 때 북쪽으로 조조의 강성함을 두려워하시고,
동쪽으로 손권이 핍박함을 꺼렸으며, 가까이에 손부인이 곁에서 변고
를 일으킬까 겁내시었으니……."라는 제갈량의 말이 기록되어 있다.
또한 "손부인의 시녀 백 명이 모두 무장해 있어 유비는 손부인의 침소
에 들어올 때마다 항상 두려워하고 있었다."라고 적혀 있다.

삼국지 촉서 목황후전에 주석이 달려있는 한진춘추漢晉春秋(저자 습착치
習鑿齒, 촉을 정통으로 보는 시각)에 의하면 손부인은 유선을 데리고 오에 돌
아가려고 했다.

하지만 제갈량은 조운趙雲에게 명해 장강을 봉쇄하여 유선을 구출했

다. 그 결과 유비와 손부인의 사이는 더욱 더 벌어졌다. 유비는 공안에 새로운 거성을 쌓게 해 손부인을 거주하게 했다. 별거로 사실상 손부인과 이혼한 상태가 되었다. 손부인이 오에 귀국한 후의 행방은 명확하지 않다.

삼국지연의에서 손부인은 손인孫仁이라는 이름으로 등장한다. 무예가 출중하여 오라비인 손권도 어려워했다. 그녀는 자신과 결혼하기 위해 오나라로 온 유비를 시험하기도 한다. 유비와 함께 손권에게서 도망칠 때는 추격해오는 정봉丁奉과 서성徐盛을 호통으로 물리쳤다.

손권이 손인을 다시 불러올 때는 손인에게 모친이 위독하다는 거짓 소식을 보내 소환했다. 손인은 이때 어린 유선劉禪을 데리고 가다 조운에게 빼앗긴다. 이후 그녀는 익주로 들어간 유비를 따라 가길 원한다. 하지만 손권은 손인을 놓아주지 않았다. 손인은 어쩔 수 없이 건업建業에 머문다. 하지만 유비가 이릉전투 패전 당시 사망했다는 오보를 듣고는 장강에 투신자살하였다고 한다.

삼국지에 등장하는 여자들 중에서 손부인처럼 여러 이미지로 기록되는 인물도 없다. 청淸 광서光緒 16년(서기 1890) 상해도서집성국上海圖書集成局에서 간행 된 회도삼국연의繪圖三國演義의 기록들은 다음과 같다.

삼국지연의에서 손부인의 이름을 손인孫仁이라 한 것은 사서의 문맥을 잘못 이해한 경우라 하겠다. 한진춘추에는 "손부인이란 사람은 한나라 파로장군破虜將軍 손견의 딸로 이름은 인헌仁獻이다."라는 기록이 있다.

지림志林(저자 우희虞喜 · 동진東晉 · 회계會稽 · 여요餘姚 사람)에서 손인은 서출인 막내 손랑의 다른 이름이라고 밝혔듯이 손인헌도 손랑의 누이동생 이름인 것 같지는 않다. 따라서 한진춘추에 있는 손부인의 이름에 관한 기술도 신뢰할 만한 것이 못 된다. 그녀의 이름을 손안孫安이나 손상향孫尚香이라고도 부르는데 역사적 사실이 아닌 이야기꾼들이 지어낸 이름이다.

삼국지 선주전의 기록에 의하면 유비가 형주목이 되자 "손권이 한때 유비를 두려워하여 누이동생을 주어 우호관계를 굳혔는데 유비가 경성으로 가서 손권을 만나 우의를 돈독히 다졌다."는 내용이 나온다. 때는 209년 건안 14년으로 유비의 나이가 이미 쉰 살에 가까웠고, 손권의 여동생은 나이가 적어 연령상으로 볼 때 배필로는 전혀 어울리는 상대가 아니었다. 손권이 여동생을 혼인시킨 것은 유비와의 우호관계를 발전시키기 위한 것이지 삼국지연의에서처럼 모략에 의한 가짜 혼인이거나 제갈량이 그것을 간파하여 가짜를 진짜로 만들어 버린 것은 아니었다.

삼국지 주유전에는 일찍이 주유가 손권에게 올린 상소에서 유비를 오나라에 머물게 하고, 미녀와 즐기게 함으로써 그를 연금상태에 두려고 생각했다는 내용이 기록돼 있다. 그러나 북쪽에 조조가 있을 뿐만 아니라 유비도 제압하기가 쉽지 않다는 사실을 염두에 둔 손권은 주유의 건의를 받아들이지 않았다.

삼국지 법정전에는 제갈량의 말이 나온다. "주공께서는 (중략) 북으로는 조조군이 강한 것을 두려워하고, 동으로는 손권의 핍박을 꺼리고 있으며, 가까이로는 손부인이 품안에서 변을 일으키지 않을까 두려워합니다." 이 내용은 두 사람의 혼인관계가 원만치 않았음을 암시한다.

유지점劉知漸은 삼국지신론三國志新論에서 그녀를 손권이 유비의 곁에 심어둔 첩자로 보기도 했다. 비록 타당성이 충분한 것은 아니다. 그러나 적어도 그녀는 몸은 유비의 진영에 있었지만 마음은 오나라에 두고 있어 결코 유비에게 푹 빠진 것만은 아니라고 볼 수 있다. 훗날 유비가

제3장 유비의 촉나라

서천으로 들어가는 기회를 틈타 태자 아두를 데리고 손권이 보낸 큰 배에 올랐으니, 이는 정치적 목적이 있었던 사건으로 간주할 수 있다. 아두를 인질로 삼아 유비에게 형주를 돌려받으려는 욕심을 가졌겠지만 다행히 조운 등이 배를 막고 아이를 빼앗아 돌아왔던 것이다.

역사상 손부인은 오나라의 입장에 서 있었다. 하지만 송원宋元 이래 민간 예인들은 차츰 그녀의 본래 면목을 변화시켰다. 일례로 송·원 시기의 삼국지평화나 원곡元曲 '두 군사가 강을 사이에 두고 지혜를 겨루다兩軍師隔江鬪智' 등에는 손부인이 비록 처음에는 유비에게 해를 입힐 마음이 있었지만, 후에는 차츰 유비에 대한 애정이 생겨나 유비를 해하려고 추격해오는 주유의 군사들을 물리쳤다는 줄거리가 나온다.

나관중은 삼국지평화와 원곡 격강투지의 기본 내용을 취하여 거기에 살을 붙이고 윤색을 가하여 유비가 동오의 데릴사위가 되는 한 편의 흥미로운 스토리를 구성했다. 그리고 확실하게 유비의 편에 서는 애정과 과단성과 의지를 겸비한 여장부女丈夫인 손부인의 이미지를 창조했다. 유비를 위하여 오국태와 손권을 속이고 동오를 빠져나와 달아나는 길에 연이어 따라붙는 추격병들을 향하여 위엄 있는 목소리로 꾸짖는 장면이야말로 이러한 손부인의 이미지를 분명하게 보여준다. 그러나 훗날 모친의 병을 빌미로 동오로 불려갈 때는 지나치게 연약하고 멍청한 면을 보이기도 하여 손부인의 성격에 일관성이 없는 결함을 보이기도 한다. 이는 아마 역사적 사실을 완전히 탈피할 수 없는 한계성 때문에 발생한 현상으로 보인다.

손부인의 말로는 한진춘추에서 엿볼 수 있다. "선주가 백제성에서 붕어하자, 부인은 돌아가려하나 돌아가지 못하고 장강을 바라보며 슬피 울었다."라는 부분이다. 그러나 한진춘추의 작가 습착치習鑿齒는 유비를 옹호하는 옹유파擁劉派라는 한계가 있다.

삼국지평화에서는 손부인이 아두를 데리고 오나라로 돌아갈 때, 장비가 가로막고 꾸짖으니 수치심을 느낀 부인이 강에 몸을 던져 자진한다고 서술하고 있다. 나관중은 그 결말을 빼버렸고, 모종강(청나라)은 삼국지연의를 고쳐 쓸 때 한진춘추의 필법을 감안함과 동시에 삼국지평화의 내용도 발전시킨 것으로 보인다.

삼국지연의 제84회 '불길이 진영을 태우다'는 장면 뒤에 "이때 동오에 있던 손부인은 선주가 효정(현재 호북성 의도현宜都縣 북쪽)전투에서 패하여 군중에서 죽었다는 헛소문을 듣고는 수레를 몰아 강변으로 가더니 멀리 서쪽을 바라보며 울다가 강물에 몸을 던져 죽었다."라고 하는 몇 구절을 보충했다. 그리고는 다시 "후세 사람들이 강가에 사당을 세우고 그것을 효희사라고 불렀다."라고 서술했다. 이는 손 부인의 이미지를 완벽하게 마무리하기 위한 내용이다. 그러나 모종강이 서술한 이 줄거리는 분명 민간 전설을 토대로 구성한 내용임에도 불구하고 지금도 남경 부근의 강기슭에는 손부인이 강물에 투신했다는 흔적과 사당이 남아있다. 뿐만 아니라 명대의 대학자인 서위徐渭마저 그녀를 위해 대련對聯을 지은 적이 있다.

思親淚落吳江冷 사친루락오강령

남편을 그리며 눈물 흘려도 동오의 강물은 차기만 하고

望帝魂歸蜀道難 망제혼귀촉도난

백제성으로 넋이 돌아가려 해도 촉도는 험하기만 하네

삼국지연의에 등장하는 손부인은 복한흥유復漢興劉를 위해 조성한 비극적 인물로 역사상의 손부인과는 상당한 차이가 있다.

『우리가 정말 알아야 할 삼국지 상식 백 가지(2005. 12. 30. 현암사)』 책에는 유비와 손부인의 결혼의 진실을 밝힌 부분이 있다. 옮겨 보면 다음과 같다. 많은 의문을 여러 자료를 통해 설명하고 있다.

청淸 광서光緖 16년(서기 1890) 상해도서집성국上海圖書集成局 간행 '회도삼국연의繪圖三國演義'

삼국지연의 제54회에선 손권과 주유가 미인계美人計를 쓰는 장면이 나온다. 손권의 누이동생을 유비의 배필로 준다고 미끼를 던져 유비가 장강을 건너오도록 하여 유비가 동오로 들어오기만 하면 인질로 잡아두고 형주를 받아내려는 계책이었다. 그러나 제갈량은 이미 손권과 주유의 계책을 알고 이를 역이용하려 했다.

유비는 제갈량의 계책대로 먼저 교국로喬國老를 배알한다. 교국로를 통하여 오국태吳國太를 구슬림으로써 혼인 허락을 받아내려는 계책이었다. 오국태는 유비가 당대의 영웅임을 알아보고 딸의 결혼을 적극적으로 찬성하는데 이 일이 성공한다. 결국 거짓으로 시작된 일이 진실로 바뀌어 유황숙은 화촉 동방에 아름다운 배우자를 맞이하지만, 제 꾀에 넘어간 주유는 아내를 얻어주고 군사까지 잃는 손해를 입는다.

삼국지 선주전에는 다음과 같은 기록이 있다. "형주자사 유기가 병사하자, 여러 사람이 선주를 형주목으로 추대하여 정사를 보도록 했다. 손권은 유비를 두려워하여 누이를 들여보내 우호를 다졌다. 선주는 동오의 경성鎭江에 이르러 손권을 만나 우의를 돈독히 맺었다." 여기서 유비와 손권의 누이동생이 혼인을 한 것이 사실임을 알 수 있다.

이로 볼 때 삼국지연의에서처럼 음모에 말려들어 사랑을 얻지만, 유비를 해치려는 음모가 아내를 맞아들이는 동안 줄곧 따라 다닌 것 같지는 않다. 이 줄거리는 적지 않은 스토리와 인물, 심지어는 지명까지도 강담講談하는 예인들과 나관중에 의해 허구화되었다. 예를 들면 이야기 속에 나오는 교국로와 오국태, 그리고 감로사甘露寺가 바로 그것이다.

그러면 교국로는 누구인가. 삼국지연의에서는 "교국로는 바로 이교二喬의 아버지로, 남서南徐에 살고 있었다."라고 서술했다. 여기서 '이교' 란 바로 대교와 소교로, 대교는 손책의 아내이고, 소교는 주유의 아내였다. 교喬는 당대 이전에는 본래 교橋씨를 말하는데, 여기서 교국로란 바로 한말의 명사 교현橋玄을 가리킨다.

후한서 교현전에 의하면 "교현은 광화光和 6년에 죽었는데, 그때 나이가 75세였다."는 기록이 있다. 183년 광화 6년이라면 유비가 손권의 누이동생을 아내로 맞은 209년 건안 14년과는 26년이란 시차가 있다. 즉 교현이 죽을 때 손권의 나이는 겨우 한 살이었고, 그의 누이동생은 아직 태어나지도 않은 시기였다.

그리고 또 한 사람 오국태는 누구인가. 삼국지연의 제7회를 보면 손견의 아내인 오부인의 여동생으로서 그녀 역시 손견에게 시집갔다고 밝히고 있다. 오부인이 손책, 손권을 비롯한 4명의 아들을 낳았고, 오부인의 동생인 오국태는 손랑孫朗이란 아들 하나와 딸 하나, 즉 손권의 막내 여동생으로 유비의 아내가 되는 손부인을 낳았다고 되어 있다.

삼국지연의 제38회에서는 오부인이 건안 12년에 세상을 떠났다고 했다. 그러나 삼국지 비빈전妃嬪傳의 기록을 근거로 하면 오부인은 건안 7년에(배주에서는 지림을 인용하여 건안 12년으로 봄) 죽었다.

그러나 오부인의 동생에 대해선 언급되어 있지 않으므로 오국태는 곧 허구적인 인물로 간주된다. 삼국지 비빈전에서 오부인이 4남1녀를

제3장 유비의 촉나라

낳았다고 했으니, 손권의 막내 여동생은 오부인의 소생으로 손권과는 친남매간이 된다.

삼국지연의에서 말한 것처럼 오국태의 소생으로 손권과는 이복남매 사이가 아니다. 사실이 이와 같다면 손권과 막내 누이동생의 모친인 오부인은 아주 오래 전에 이미 작고하고 없었다.

삼국지연의 제54회는 '오국태가 사찰에서 신랑감을 선보다.'이다. 여기 나오는 사찰佛寺이란 삼국지연의의 내용을 따르자면 바로 감로사가 된다. 삼국지연의에서 오국태가 "나는 일찍이 유황숙을 만나 본 적이 없다. 내일 감로사에서 만날 수 있도록 약속하라."고 지시하는 내용이 나온다. 그래서 경극 제목으로 '감로사'라는 작품까지 있는데, 이에 대한 스토리를 전문적으로 연출하고 있다.

그러나 이 감로사는 유비가 오나라로 들어가 아내를 맞이한 건안 14년에는 아직 존재하지 않았던 사찰이었다. 손호孫皓의 즉위 후인 감로년 사이(265년~266년)에 비로소 건축되었다. 적어도 46~7년이란 세월의 시차가 있다. 감로사가 아직 지어지기 전인데 어떻게 감로사에서 신랑감을 선본단 말인가. 일설에는 감로사는 당대 보력寶歷 연간에 이덕유李德裕가 지었다고 한다. 또 일설에는 남조의 양무제梁武帝 시기에 지었다고도 한다. 어쨌든 이 절은 삼국시대엔 아직 존재조차 하지 않았다. 이 때문에 등탁鄧拓은 감로사란 시에서 다음과 같이 읊었다.

孫吳甘露原無寺 손오감로원무사
손오의 감로년에는 본래 절이 없었으나
寺建南梁武帝時 사건남양무제시
남조의 양 무제 때에 이 절이 지어졌네

遠昔廢興都莫問 원석발흥도막문

먼 옛날 흥망성쇠는 물을 수가 없겠지만

流轉史事盡人知 유전사사진인지

전해오는 사실들은 모든 사람이 안다네

그런데 지금 진강鎭江의 북고산北固山에는 아직도 감로사가 있을 뿐만 아니라 상친루相親樓도 있다. 전하는 말로는 그 해에 오국태가 사위를 만났던 곳이라고 하니, 아마도 삼국고사 때문에 이야기가 생겨난 것이리라.

손권이 명한 가짜로 허락한 혼인을 진짜 혼인으로 바꾸는 일은 어느 누구도 감히 해낼 수 없다. 손책과 주유의 장인인 교국로와 누이동생의 생모이자 손권 자신이 어머니로 모시는 오국태가 아니라면 생각할 수 없는 일이다.

그 결과 제갈량은 먼저 특별한 신분과 위치에 있는 두 노인을 겨냥하여 금낭 속의 묘책을 구상했던 것이다. 비록 이들 두 사람이 작고하거나 없는 허구의 인물이었겠지만, 나관중은 재주를 부려 이들을 무덤으로부터 불러내 전설의 이야기 된 손유孫劉 혼인에 관한 이야기를 꾸며낼 수 있었다.

제3장 유비의 촉나라

▎재혼 후 황후가 된 유영, 유리 모친 목황후

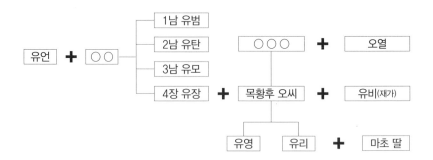

목황후穆皇后 오씨吳氏(?~245년)는 촉한 소열제昭烈帝 유비劉備의 황후이다. 진류군陳留郡 출신으로 촉한의 거기장군車騎將軍(대장군 아래 직급의 공성군 사령관으로 표기장군과 동등한 위치 군내 서열 3위)인 오의吳懿의 누이동생이다.

오의는 어려서 고아가 되었다. 목황후의 부친 오열이 유언劉焉과 옛날부터 알고 지낸 사이였기 때문에 가족 모두가 유언을 따라 촉으로 들어갔다.

목황후의 상이 귀인의 상이었기 때문에 유언이 자신의 아들 3남 유모劉瑁와 혼인시켰다. 그런데 유모가 광증狂症으로 사망하자 과부로 혼자 기거했다.

유언劉焉(?~194년)은 후한 말의 정치가로 자는 군랑君郎이며, 형주形州 강하군江夏郡 경릉현竟陵縣 사람이다. 전한 경제의 아들인 노공왕魯恭王의 후손이다.

어릴 적부터 지방의 관리로 근무하였다. 종실이었기 때문에 중랑中郎

으로 임명되었다. 그러나 스승 축념祝恬의 죽음으로 잠시 관직을 떠나 학문을 닦았다. 이후 관직에 추천되어 태상太常에까지 올랐다.

그는 한실의 정치가 부패하고 혼란스러워지자 청렴하고 명망 있는 신하로 하여금 지방을 통치하도록 조정에 건의했다. 본인은 내심 교주목交州牧을 희망하였다. 하지만 실현되지는 못하였다. 마침 익주益州가 혼란스러워지자 익주목 감군사자監軍使者에 임명되어 익주를 평정했다. 익주를 평정하자 야망을 품고 수도 낙양洛陽으로 가는 가도를 끊고 황실에서 파견한 사자를 살해하였다.

192년에 동탁이 암살되었다. 수도 장안長安이 동탁의 부하 이각과 곽사의 지배하에 놓였다.

이에 194년에 마등馬騰과 한수韓遂가 군대를 일으켜 장안을 공격하였다. 이때 유언의 두 아들 유범劉範과 유탄劉誕은 장안 성안에 있었다. 유언은 마등의 뜻에 동참하여 성 안에 있는 아들들과 합세하여 장안長安을 함락시키려 하였다.

그러나 성공하지 못했다. 이에 유언과 마등은 퇴각했다. 그런데 유범과 유탄은 제때 장안에서 도망치지 못하고 이각의 군사에 의해 붙잡혀 사형에 처해졌다. 세째 아들인 유모劉瑁와 네째 아들 유장劉璋은 장안에 없었기 때문에 살아남을 수 있었다. 유모는 곧 병들어 죽었다.

194년 유언이 공들여 만든 황제용 수레들과 민가들이 낙뢰에 의해 불탔다. 거기에 아들들을 잃은 슬픔까지 더해져 악성 종양으로 숨졌다. 유언이 죽자 4남 유장劉璋을 익주자사로 천거했고, 조정에서는 그를 익주목으로 임명했다.

훗날 유비가 익주益州를 제패하였다. 그런데 부인들이 모두 사망하거나 부재중인 상태였기 때문에 신하들의 권유에 따라 목황후와 혼인하였다. 목황후 오씨는 유비와의 사이에서 유영과 유리를 낳았다.

219년 건안 24년에 한중왕후漢中王后에 책봉되었다. 221년 장무 1년 5월에는 황후에 올랐다. 223년 건흥 원년 5월에는 유선의 즉위에 따라 황태후가 되었다. 245년 연희 8년에 세상을 떠났다. 유비의 혜릉惠陵에 합장되었다.

삼국지연의는 목황후를 다음과 같이 묘사했다. 유비의 전처가 세상을 떠나고, 손부인마저 오나라로 돌아가 버리자, 법정이 유비에게 반드시 왕비를 맞아들여 내정을 도와야 한다며 간곡히 권했다. "오의吳懿에게 누이동생이 하나 있는데, 아름답고 현숙하여 (중략) 일찍이 유언의 아들 유모劉瑁와 약혼을 했지만 유모가 요절하고 말았습니다. 그리하여 지금까지 혼자 과부로 살고 있으니 대왕께서 그 여인을 받아들여 비로 삼으시면 됩니다."라고 했다. 하지만 유비는 "유모와 나는 종친이니, 도리에 맞지 않는 일이다."라며 거절한다.

이에 법정은 진목공秦穆公의 여식이 먼저 진회공晉懷公의 아들 어圉에게 시집갔으나, 후에 다시 진회공의 백부인 진문공晉文公에게 개가해서 중이重耳을 낳은 역사상의 전례를 들며 유비가 오씨를 아내로 맞아도 도리에 거스르는 일이 아니라는 점을 설명한다.

법정의 설명을 듣고 난 유비는 마침내 승낙하고 오씨를 왕비로 맞아들인다. 훗날 유비가 황제가 되자 오씨는 황후가 되었다. 삼국지연의는 계속해서 "후에 두 아들을 낳으니 장자는 유영劉永이요, 차자는 유리劉理였다."라고 하였다. 하지만 사서를 대조해보면 이상의 내용 중 많은 부분이 역사적 사실과 다르다.

목황후가 유비에게 시집 온 때는 219년 건안 24년 가을 즉 유비가 한중왕이 되었을 즈음이다. 삼국지 촉이주비자전蜀二主妃子傳에 의하면 "선주(유비)가 익주를 평정한 상태에서 손부인이 오나라로 돌아가자, 여러 신하들이 오씨를 왕후로 맞아들이라고 선주에게 권했다. 선주는 유모가 종친임을 생각하여 꺼렸는데 법정의 해석을 거쳐 목황후를 맞아들여 부인으로 삼았다."라고 했다.

하지만 삼국지의 기록을 근거로 추산해보면 그 일이 있었던 214년 건안 19년은 선주가 이미 익주를 평정한 시기였다. 따라서 삼국지연의에 나오는 내용과는 5년이란 시간적 차이가 있다. 이런 시간적 차이의 줄거리 구성은 나관중의 의도성에서 비롯된다. 유모는 유언의 아들로 익주목 유장에게는 형이 된다. 유비는 유장에게서 익주를 빼앗았다. 그런데 곧바로 유씨네 처를 아내로 취하는 모습은 인의를 내세우는 유비의 모습과 맞지 않기 때문이다.

삼국지 방통전의 기록에 의하면 유비가 부성을 함락하고 술자리를 벌여 즐겼다. 방통은 "다른 나라를 정벌하고 그것을 즐거움으로 삼는다는 것은 어진 사람의 군대가 할 짓이 아니다."라고 비평했다. 이런 상황에서 유모의 아내를 취한다는 것은 유장에게서 나라를 빼앗고 부성 함락 축하 주연을 베푸는 일보다 더욱 더 비난받을 일이다.

이런 정황으로 나관중은 유비가 오씨를 아내로 맞은 시간을 몇 년이나 뒤로 늦춘 것으로 보인다. 하지만 관우의 죽음으로 인해 지나치게 길게 끌 수도 없었다. 유비가 관우의 비참한 말로를 접하고도 오씨를 아내로 취했다면 관우에 대한 유비의 깊고 두터운 마음은 진정성이 약해지기 때문이다. 때문에 나관중은 오씨를 아내로 맞아들인 시점을 유비는 관우의 죽음을 모르고 있는 상황으로 설정햇던 것 같다.

목황후의 오라비 오의라는 이름은 삼국지의 기록에 따르면 오일吳壹로 고쳐야 한다. 삼국지연의에 따르면 오의의 누이동생 오씨는 일찍이 유모와 약혼했다. 하지만 유모가 일찍 요절하는 바람에 지금까지 남편 없이 홀로 살고 있다고 했다.

하지만 삼국지 촉이주비자전에 의하면 "당시 유언은 아들 유모를 자신 곁에 두고 있었는데 마침내 유모를 위해 오씨를 처로 삼았다. 유모가 죽자 오씨는 과부로 살았다."는 기록이 있다. 이 기록에 의하면 오씨는 출가한 것이 된다.

삼국지연의는 오씨가 유비에게 시집와서 유영과 유리라는 두 아들을 낳았다고 서술했다. 이들은 실재했던 인물이었다. 하지만 오씨의 소생은 아니었다.

삼국지 촉이주비자전에는 유영과 유리의 약전略傳이 있다. 그 기록에 의하면 유영은 선주의 아들이며 후주의 이복동생이라고 하였다. 유리도 후주의 이복동생이지만 유영과는 어머니가 다르다고 했다. 이 기록에 의하면 두 사람은 모두 유비의 첩 소생이다. 아버지는 같지만 어머니는 각기 다르다.

목황후의 오빠 오의吳懿(171년~237년)는 후한 말의 장수로 자字는 자원子遠이며 진류군 사람으로 유비의 처남이다. 삼국지에서는 진수陳壽가 사마의司馬懿의 이름을 피하여 서술하기 위해 오의를 오일吳壹로 기록하고 있다.

오의의 손자는 오교吳喬이며 아들의 이름은 알 수 없다. 후한의 하진何進의 무장 오광吳匡은 종부이며, 오광의 아들인 오반吳班은 그의 족제族弟이기도 했다.

오의는 어릴 때 아버지 오열을 잃었지만 예전에 부친과 교우가 있었던 유언의 촉의 땅에 들어 올 때 어머니와 누이 그리고 족제인 유반 일가와 함께 촉으로 이주했다. 유언의 사망 후에는 아들 유장을 섬기면서 중랑장中郎將에 임명되었다.

212년 유비가 유장을 공격하자 오의는 방어에 나섰다. 하지만 얼마 안 가서 항복했다. 유비는 익주를 평정한 후 그를 호군護軍(토역장군討逆將軍)에 임명했다.

228년 가정전투街亭之戰에서 제갈량은 마속馬謖을 기용했으나, 여러 장수들은 실전경험이 풍부한 오의나 위연을 추천했다. 그러나 제갈량은 그들의 조언을 듣지 않고 마속을 임명했다가 대패를 겪었다.

오의는 230년 위연과 함께 강중羌中에 진출해 위나라의 후장군後將軍 비요費曜를 격파하고 고양향후高陽鄕侯에 봉해졌다.

234년 제갈량이 오장원에서 사망한 후 거기장군車騎將軍이 되어 한중漢中을 지켰다. 왕평王平이 부장이 되어 오의를 보좌했다. 오의는 237년 혹은 238년에 사망하였다. 그의 아들은 일찍 세상을 떠났기 때문에 손자인 오교가 조부의 뒤를 계승했다.

그는 애정이 풍부한 인물로 알려져 있다. 그러나 전공이 있는 황제의 외척이라는 중요 인물임에도 불구하고 정사에서는 그의 개인적인 열전은 사료가 손실되었기 때문에 기록되어 있지 않다.

목황후가 유비와의 사이에서 낳은 아들 유영劉永(?~?)은 자는 공수公壽로 후주後主 유선劉禪의 이복동생이다. 221년 장무 원년 유비가 황제에 오르자 노왕魯王에 봉해졌다. 유비가 임종할 때 그 자리를 지켰다. 230년 건흥 8년에, 전년에 동오와 약조하여 노국이 소속된 예주를 동오령으로 정했기 때문에 촉한령으로 정한 기주에 소속된 감릉왕甘陵王으로 바꿔 봉해졌다. 유선의 치세 말기에 득세한 환관 황호黃皓와 불목하여 10여 년간 유선을 알현할 수 없었다.

263년 염흥 원년 촉한이 멸망했다. 이듬해에 낙양洛陽으로 이주하고 봉거도위奉車都衛에 임명되고 향후鄕侯에 봉해졌다.

　유리劉理(212년~244년)는 촉한의 소열제 유비의 아들로 후주 유선의 이복동생이다. 자는 봉효奉孝이다. 221년 장무 원년 유비가 황제에 즉위하고 양왕梁王에 봉해졌다. 230년 건흥 8년에는 전년에 동오와 약조하여 양국이 소속된 예주를 동오령으로 정했기 때문에 촉한령으로 정한 기주에 소속된 안평왕安平王으로 바꿔 봉해졌다.

　244년 연희 7년 33세에 사망하였고, 도왕悼王으로 추증되었다. 그의 부인은 마초馬超의 딸이다.

▌유선의 부인이 된 장비의 딸 경애황후 장씨

경애황후敬哀皇后 장씨張氏(?~237년)는 촉한 후주 유선劉禪의 황후로 장비
張飛의 장녀이다. 어머니는 하후연의 조카딸 하후씨이다. 221년 장무
章武 원년에 황태자비가 되어 궁궐로 들어갔고 223년 건흥 建興 원년 원
년에 황후에 책봉되었다.

237년 건흥 15년에 세상을 떠났으며 남릉南陵에 매장되었다. 경애황
후가 사망하자, 경애황후의 동생 장황후가 계비가 되었다.

경애황후의 아버지 장비(?~221년)는 촉한의 장군으로 자는 익덕益德이
며 유주 탁군 사람이다. 형제 같은 유비, 관우와 생사고락을 함께하며
이름을 떨쳤다. 무용이 뛰어나서 관우와 함께 만인적이라 불렸다.

특히 장판 전투, 서촉 공방전, 한중 공방전에서 활약했다. 장비는 거
기장군車騎將軍이었다. 거기장군은 동한 삼국시대 때 상설되었던 고급
장군의 명칭으로 중앙 상비군을 통솔하고 정벌전쟁을 관장하였다. 관
우 사후 그 복수를 위해 오나라로의 출진을 준비하던 도중 부하에게 암
살당했다.

경애황후 오빠 장포張苞(190년~221년)는 장비의 장남으로 남동생은 장
소張紹이고 두 여동생은 후주 유선의 부인 경애황후와 장황후이다. 아

들로는 장준張遵이 있다. 장포는 소설 삼국지통속연의에서 각색되어 소설의 후반부에서 활약한다. 정사에서는 장비가 221년 장무 원년에 죽었고 장포가 요절하자 장소가 뒤를 이었다. 장포는 장비보다 먼저 죽었다.

장소張紹(?~?)는 장비의 차남인데 촉한의 맹장으로 이름을 떨쳤다. 222년 장비가 죽자 그의 지위를 계승하였다. 263년 촉한이 위에 망하자 위에 항복하였고, 유선과 함께 낙양으로 이송되었다.

▍장비의 딸로 언니 뒤 이어 황후 된 장황후

장황후張皇后는 촉한의 후주 유선劉禪의 황후이다. 장비張飛의 딸이며 경애황후敬哀皇后의 여동생이다.

237년 건흥 15년에 귀인貴人(황후 다음 가는 지위)이 되었고, 238년에 죽은 경애황후를 이어 황후에 올랐다.

유선은 238년 연희延熙 원년 봄 정월에 책명을 내려 말했다. "짐은 대업을 계승하고 총괄하며, 천하의 군주가 되어 교모와 사직을 받들고 있다. 지금 귀인을 황후로 삼을 것이니, 행승상사行丞相事(승상 직무대행) 좌장군左將軍 상랑尙朗에게 지절을 갖고 황후에게 옥새玉璽와 인수印綬를 주도록 하라. 황후는 후궁을 관리하는 일에 노력하고 공경스럽고 엄숙하게 제사지내라. 황후는 자신을 존경하라."

촉한이 망한 후 1년이 지난 264년 함희咸熙(위 조환 264년~265년 연호) 원년에 유선을 따라 낙양洛陽으로 갔으며 유선이 안락공에 봉해지자, 장황후도 안락공부인에 봉해졌다.

한진춘추에 의하면 촉이 멸망했을 때 위는 촉의 궁녀들을 장수들 가운데 부인이 없는 자들에게 주었다. 이때 이소의李昭儀는 "나는 굴욕을 두 번 세 번 받을 수 없다."며 자살했다.

제3장 유비의 촉나라

▌삼국지 제일의 책사 제갈공명의 부인 황월영

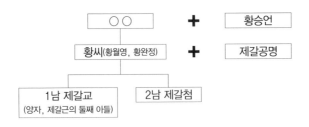

황부인黃夫人(186년?~235년?)은 삼국시대 촉한의 재상 제갈량의 부인이다. 황씨 또는 황월영黃月英, 황완정黃婉貞이란 이름으로도 알려져 있다. 하지만 이 이름들은 나중에 사람들이 만든 이름이다. 당시 여성의 이름이 역사서에 남는 일은 드물었다. 황부인도 본명이 남아 있지 않다. 황월영, 황완정이란 이름은 삼국지연의 창작상 필요에 의해 붙여진 이름이다.

황부인의 부친 황승언은 당시 형주의 세력가인 유표와 채모의 인척이었다. 제갈량이 결혼 상대를 찾고 있다는 말을 들은 황승언은 "내 딸은 추하고 붉은 머리에 피부도 검지만 재능과 지혜는 당신과 어울린다."라고 권유하였다. 제갈량이 승낙하자 황승언은 딸을 마차에 태워 데려다 주었다. 이때 사람들은 "공명의 신부 선택을 흉내 내지 말라."며 수근댔다.

삼국지연의는 황승언의 행적은 다음과 같이 묘사했다. 208년 유비가 제갈량을 등용하기 위해 제갈량의 집을 찾았다. 이때 유비는 우연히 황승언을 만났는데 제갈량으로 착각하였다.

황승언은 222년 오나라의 육손을 구해 준다. 촉군을 추격하던 육손은 어복포魚腹浦에서 석진石陣에 갇혀 군사들과 몰살당할 운명에 처했다. 황승언은 이들을 애석하게 여겼다. 그래서 이들에게 탈출 방법을 알려 주었고 육손은 목숨을 구했다. 육손은 황승언에게 감사하며 위의 침략에 대비해 동오로 돌아갔다.

황부인의 용모에 대한 설은 분분하다. 용모가 추해 남자의 접근을 금했지만 사실은 선녀와 같은 미모였다는 설도 있다.

황부인이 절세의 미녀였지만 전쟁 시국이었기에 일부러 얼굴에 진흙을 묻혀 미모를 가렸다고 한다. 밤에는 진흙을 씻어내 미모의 얼굴을 제갈량에게만 보였다는 것이다.

제갈량이 황부인과 혼인한 이유가 형주에서 자신의 입지를 넓히기 위한 방편이었다는 설도 있다. 황부인은 제갈량에게 많은 조언과 도움을 주었다.

일설에는 제갈량이 죽을 때 황부인도 죽었다고 한다. 죽기 전에는 아들 제갈첨에게 충효를 다할 것을 당부하였다고 한다. 제갈첨은 황부인과 제갈량의 아들이며, 그밖에 형인 제갈근의 둘째 아들 제갈교는 양자로 들였다.

제갈첨諸葛瞻(227년~263년)은 촉한蜀漢의 장수로 자는 사원思遠이다. 약관의 나이에 촉한에 임관하여 많은 이들의 명망을 받았다. 황호가 유선의 총애를 받으면서부터는 황궁에 출입할 수 없게 되었다.

263년 위의 촉 정벌 당시 위가 촉한을 공격해오자 유선에 의해 위장군으로 발탁되어 면죽관綿竹關에서 위에 대항하여 싸웠다. 위나라 장수 등애鄧艾가 항복하면 낭야왕의 지위를 준다고 했다. 그는 제의를 뿌리치고 싸웠지만 중과부적으로 전투 중 자결했다.

아들 제갈상諸葛尙과 제갈경을 두었는데 제갈상은 면죽관 전투에서 전

제3장 유비의 촉나라

사하였고, 제갈경은 살아서 하동 땅으로 이주했다.

| 유안의 아내 | ➕ | 유안 |

삼국지와 삼국지연의의 내용을 같은 것으로 보는 사람들이 있다. 하지만 두 책의 내용은 정사와 소설이란 점에서 큰 차이를 보인다. 따라서 삼국지를 이야기 할 때는 정사 삼국지와 소설 삼국지연의를 구별하여 이야기하고 판단해야 한다.

유안의 아내 이야기도 그렇다. 정사에는 없는 내용이지만 소설에는 있다. 삼국지연의에는 아내의 살을 베어 유비에게 먹인 유안의 이야기가 나온다.

여포에게 패한 유비가 달아나다 식량이 떨어졌다. 유비는 시골을 전전하며 음식을 구걸하였다. 가는 곳마다 유예주劉豫州가 왔다는 소식을 들은 백성들은 앞 다퉈 음식을 올렸다. 하루는 어느 집에 이르러 투숙하려 했다. 집 안에서 젊은 사람이 나와 인사를 올렸는데 성명을 물으니 사냥꾼 유안劉安이라고 했다.

유안은 유비의 명성을 들어 알고 있었다. 그는 유비에게 맛있는 음식을 대접하고 싶었다. 그러나 갑자기 구할 수 없었다. 이에 유안은 자신의 아내를 죽여 대접하였다. 정성을 다하는 유안에게 유비가 물었다. "이게 무슨 고기인가." 그러자 유안은 "늑대 고기입니다."라고 대답했다.

유비는 유안이 사냥꾼이기 때문에 늑대고기라는 말을 의심하지 않고 맛있게 먹었다. 든든하게 먹은 유비가 하룻밤을 지내고 길을 떠나려 뒤

뜰로 갔다. 말을 타려던 유비는 깜짝 놀랐다. 홀연히 부엌에서 죽어 넘어진 부인 한 명을 발견했다. 팔뚝의 살점이 모두 베어지고 없었다. 깜짝 놀란 유비는 그제야 비로소 어제 저녁에 유안이 부인의 살점을 떼어내 대접해 올렸다는 것을 알게 되었다.

유안의 아내 이야기를 어떻게 볼 것인가. 정사 삼국지의 기록에도 없고 증거도 없다. 또한 현실에서 이치에도 맞지 않는다. 그런데도 마치 실제 있었던 사실처럼 회자되고 있다.

이는 삼국지연의 저자 나관중의 유비 흠모 경향에서 비롯된 서술이다. 유비에 대한 극단적인 존경심을 표현하기 위해 억지로 꾸민 이야기이다. 나관중은 작품 속에서 여자 경시사상을 여러 차례 표현하고 있다.

일례로 장비는 술에 취해 성지를 잃어버린다. 도망치면서 유비의 부인마저 함락된 성중에 남겨 두었다. 회한에 빠진 장비가 스스로 목을 찔러 자살하려고 했다. 이때 유비가 만류하면서 말했다. "형제는 손발과 같고 아내는 의복과 같은 것이다. 의복이 헤어지면 꿰맬 수나 있지만 손발이 잘리면 무엇으로 이을 수가 있겠는가."

또한 유안이 아내를 죽여 유비를 대접하는 행위를 그려내 심한 여자 경시사상을 표현하고 있다. 마치 여자를 사고 팔며 죽이고 살리는 동물과 같이 취급한 것이다.

삼국시대는 봉건사회로 오륜의 부부유별이 중시되었다. 현실에서 있을 수 없는 남녀관계와 인식을 뛰어넘는 행위를 아무렇지도 않게 묘사했다.

참혹하고 악독한 일로 당시 발생할 수 없었던 일을 나관중은 지나친 존유尊劉사상의 요구를 충족시키기 위해 역사적 진실성을 고려하지 않고 지나치게 자의적으로 많은 이야기를 꾸며 냈다.

제4장
사마의의 진나라

대수	묘호	시호	성명	연호	재위기간	능호
–	진 고조晉高祖 (서진 무제 추숭)	선황제 宣皇帝	사마의 司馬懿	–	–	고원릉 高原陵
–	진 세종晉世宗 (서진 무제 추숭)	경황제 景皇帝	사마사 司馬師	–	–	준평릉 峻平陵
–	진 태조晉太祖 (서진 무제 추숭)	문황제 文皇帝	사마소 司馬昭	–	–	숭양릉 崇陽陵
제1대	진 세조晉世祖	무황제 武皇帝	사마염 司馬炎	태시泰始 265년~274년 함녕咸寧 275년~279년 태강太康 280년~290년 태희太熙 290년	265년~290년	준양릉 峻陽陵
제2대	–	효혜황제 孝惠皇帝	사마충 司馬衷	영희永熙 290년 영평永平 291년 원강元康 291년~299년 영강永康 300년~301년 영녕永寧 301년~302년 태안太安 303년~304년 영안永安 304년 건무建武 304년 영흥永興 304년~306년 광희光熙 306년	290년~306년	태양릉 太陽陵
제3대	–	효회황제 孝懷皇帝	사마치 司馬熾	영가永嘉 307년~312년	306년~312년	–
제4대	–	효민황제 孝愍皇帝	사마업 司馬鄴	건흥建興 313년~317년	313년~317년	–

▪ 서진西晉

서진西晉(265년~317년)은 촉한 제갈량의 북벌을 막아낸 위나라의 중신 사마의의 손자인 사마염이 건국했다. 건국 초기 무제 사마염은 안정적인 정치로 새로운 나라의 기반을 다져나갔다. 그러나 말년에 사치에 빠져 온 나라가 향락의 도가니에 빠지고 말았다. 국장의 문란이 더해가던 혜제 때에 이르러 군사력을 장악하고 있던 왕들이 팔왕의 난을 일으켜 국운이 기운다. 무려 16년 동안 팔왕의 난이 중국을 휩쓸고 있던 중에, 중국 내륙에 이미 정착해있던 많은 유목 민족들이 중국을 침략하기 시작하였다. 이것이 영가의 난을 초래했고 서진은 흉노의 유연이 세운 한나라에 건국 52년 만에 멸망했다. 황실의 일족인 사마예가 당시 건업에 위치하고 있었는데 중원의 호족과 강남 토착 호족들의 추대에 힘입어 317년 동진을 세워 진나라의 명맥을 유지해나갔다.

서진 사마의의 여자들

▌ 지혜롭지만 냉혹했던 사마의 부인 장춘화

장춘화張春華(189년~247년)는 위나라 사마의의 아내이자 사마사, 사마소
의 어머니이다. 휘는 춘화春華로 하내河內 평고平皐 사람이다. 부친 장왕
張汪은 위魏의 속읍령粟邑令이었고, 모친은 하내河內의 산씨山氏로 사도司
徒 산도山濤의 종조고從祖姑였다.

그녀는 어려서부터 덕행이 많았고 박학다식하여 현모양처라는 말을
들을 만큼 지혜롭고 현명했다. 반면 냉혹하기도 했다. 시호는 선목황
후宣穆后이다.

장춘화는 열 살이나 많은 동군 사마의와 결혼하여 3남1녀를 두었다.
사마사司馬師, 사마소司馬昭, 사마간司馬幹, 남양공주南陽公主가 그들이다.

사마의는 조조의 부름을 처음에는 거절했다. 풍비風痺(중풍)가 있다는
핑계였다. 그런데 하루는 책을 말리다 갑자기 비가 내리자 중풍을 핑
계로 조명을 거절했다는 것을 잊고 손수 거둬들였다. 그 장면을 집안의
한 여종이 목격했다. 장춘화는 비밀이 누설되어 화를 자초할지 모른다
는 생각이 들었다. 그래서 그 여종을 죽여 비밀이 새어 나가는 것을 원
천적으로 차단했다. 대신 집안일은 자신이 직접 했다. 이 일을 계기로

사마의는 그를 더욱 더 존중하였다. 그러나 그 뒤 사마의가 첩인 백부인柏夫人을 총애하면서부터 사마의를 볼 기회가 거의 없었다.

사마의가 병이 들어 침상에 누워있자 그는 사마의를 찾아 병의 차도를 살펴봤다. 사마의는 그녀에게 "저 늙은이가 가증스럽구나, 어찌 이다지도 번거롭게 돌아다니는가."라고 말했다. 장춘화는 부끄럽고 원통하여 음식을 먹지 않고 자살하려 하였다. 여러 자식들도 음식을 먹지 않았다. 사마의가 놀라 급히 사과하자 그녀는 금식을 그만두었다.

사마의는 그녀에게 사과한 후 주위 사람에게 "늙은이가 죽는 것은 애석할 게 없지만 내 자식들을 곤란하게 만들까봐 걱정했을 뿐이다."라고 말했다.

그는 위나라 247년 정시正始(3대 조방) 8년에 59세 나이로 사망하였다. 낙양의 고원릉高原陵에 장사 지내고 광평현군廣平懸君으로 추증하였다. 손자 사마염이 황제가 된 이후에는 선목황후宣穆皇后로 추존되었다.

장춘화의 남편 사마의司馬懿(179년~251년)는 위나라의 정치인이자 책략가로서 훗날 그의 손자 사마염이 세운 서진의 기초를 세운 인물이다. 자는 중달仲達이며, 묘호는 고조高祖 시호는 선황제宣皇帝이다.

그는 조진 사후 위나라의 병권을 장악했다. 최대의 라이벌인 촉한의 제갈량과 치열한 지략싸움 끝에 결국 제갈량의 북벌을 막아냈다. 명제 조예가 죽은 후 대장군 조상과의 권력투쟁에서 승리하고 승상이 되었다. 정치의 실권을 그의 손아귀에 넣었다.

위나라 조정 내의 사마司馬 가문의 영향력이 지대해졌고 이것이 이후 진나라 건국의 기초가 되었다. 이후 그는 상국이 되었고 안평군공安平郡公에 봉해졌다.

사마의는 하내河內 온현溫縣 효경리孝敬里 사람이다. 아버지는 경조윤을 지낸 사마방으로 그의 둘째 아들이다. 형은 사마랑이고 셋째 아우는 사마부이다. 사마의는 유년기 때부터 총명하여 대략大略을 지녔다. 식견이 넓었고 유학의 가르침을 가슴 깊이 간직했다.

후한 말 나라가 어지러워지자 늘 천하를 걱정하는 마음을 가지고 있었다. 최염은 사마랑에게 말하길 "당신의 동생(사마의)은 총명, 성실하고 결단력 있고 영특하니 그대보다 낫다"고 했다.

201년에 사마의는 상계연上計掾으로 천거되었다. 조조가 사공이었을 때 사마의를 불렀으나 병을 핑계로 사양했다. 이후 조조는 승상이 되었을 때 사마의를 다시 불렀다. 거절한다면 가두겠다는 엄포를 놓았고 사마의는 이를 두려워해 문학연에 취임했다. 조조의 아들 조비와 교제하여 황문시랑黃門侍郞, 의랑議郞, 승상丞相 동조속東曹屬, 그 뒤에는 주부主簿로 전임했다.

조조는 사마의가 마음 속에 큰 뜻을 품고 있음을 알아챘다. 그래서 깊이 신임하지 않았다. 조조는 사마의가 낭고상狼顧相이란 소문을 듣고 사마의를 불러 고개를 돌려보게 했다. 그는 몸을 움직이지 않고도 얼굴이 똑바로 뒤를 향했다.

조조는 조비에게 "사마의는 다른 사람의 신하가 될 사람이 아니다."라며 항상 경계할 것을 충고했다. 조비는 사마의와 평시 도움을 주고받았었는데 조조의 말을 들은 이후에는 내심 그를 멀리하였다. 사마의는 조조의 의심을 거두기 위해 하급 관리의 직무를 밤새 처리했고 가축을 기르는 하찮은 일까지도 기꺼이 함으로써 조조를 안심시켰다.

조조가 한중의 장로를 굴복시켰을 때 사마의는 유엽과 함께 유비가 점령한 지 얼마 안 된 익주를 칠 것을 건의하였다. 그러나 받아들여지지 않았다.

결국 익주의 민심을 달래고 군을 정비한 유비가 한중을 점령하여 조조에게 큰 우환을 안겨다주었다. 우금과 방덕 등이 관우에게 대패하고 관우의 기세가 중원에까지 뻗쳤다. 조조는 하북으로 천도를 검토했다.

이때 사마의는 장제와 함께 '천도한다면 적에게 약한 모습을 보이는 것이니 인근의 백성들이 크게 불안해 할 것이다. 손권과 유비는 겉으론 친밀하나 안으로는 소원하니 손권을 달래 관우의 후방을 기습하면 번성의 포위는 자연히 풀릴 것'이라고 건의했고 조조는 이를 받아들였다. 그 결과 손권은 여몽으로 하여금 형주를 공격했고 관우의 목을 베었다.

사마의는 위나라의 태자중서자가 되어 진군, 오질, 주삭과 함께 태자 조비의 신임을 받았다. 조비가 후한으로부터 선양받아 위나라의 황제가 되었을 때, 상서尙書로 임명되었다.

224년에는 무군대장군撫軍大將軍 가절假節로 전임되어 급사중給事中과 녹상서사錄尙書事의 벼슬이 더해졌다. 조비의 사마의에 대한 신뢰는 매우 두터웠다. 사마의에게 "짐이 동쪽에 있을 때는 그대가 서쪽을 맡고, 짐이 서쪽에 있을 때는 그대가 동쪽을 맡으라"라고 할 정도였다.

조비는 죽을 때 사마의, 조진, 진군을 불렀고 황태자 조예에게 조서를 내려 말하길 "이 세 명의 신하와 틈이 생기더라도 결코 의심하지 말라"고 당부했다.

사마의는 조예가 황제가 된 후 무양후로 이봉되었고 표기장군이 되었다. 태화 원년 227년에는 독형예이주제군사를 겸했다. 맹달의 모반 의도가 발각되자 서신을 보내 맹달을 안심시키는 한편 주둔지인 완에서 맹달이 있는 상용성까지 급히 행군하여 8일 만에 도착하였고, 16일 만에 성중의 배반자를 이용하여 성을 함락하고 맹달의 목을 베어 업으로 보냈다.

230년 태화 4년 사마의는 대장군에 임명되고 대도독·가황월의 벼슬이 더해졌다. 그 해에 조진과 더불어 촉한을 공격했다. 하지만 별 성과를 거두지 못한 채 퇴각했다.

231년 제갈량이 천수를 공격했을 때 사마의는 조예의 명을 받아 장안에 주둔해 도독옹량이주제군사를 맡았다. 이후 사마의는 촉한의 제갈량과 끝없는 대결을 벌인다.

제갈량의 북벌은 227년부터 장장 7년 동안 6차례에 걸쳐 행해졌다. 1차 북벌을 제외하고는 모두 사마의가 나섰고 총지휘한 것은 2회였다. 첫 대결은 231년으로 조진이 죽은 뒤 촉군의 약점이 식량 보급에 있음을 간파한 사마의가 지구책을 쓰고 그 전략이 효과를 발휘해 촉한군은 퇴각했다. 그러나 장합의 진언을 무시하고 추격했다가 장합을 잃었다.

두 번째 대결은 234년, 제갈량은 장기전을 예상해 3년에 걸쳐 준비했다. 오장원으로 출진한 제갈량에 대해 사마의는 또다시 지구전을 펼쳤다. 제갈량은 부인용 머리 장식과 여러 장신구들을 사마의에게 보내며 비웃었다. 하지만 사마의는 동요하지 않고 오히려 가지고 온 사자에게 제갈량의 안부를 물었다.

이때 사마의는 수시로 촉한군의 진영을 염탐하여 제갈량이 죽음에 임박해 있음을 깨달았다. 삼국지연의에서는 제갈량의 죽음을 간파한 사마의가 즉시 전군에 공격 명령을 내렸다. 그러나 제갈량의 목상을 보고 아직 살아있는 줄 착각하고 놀라 도망쳤다. 촉한군이 퇴각한 뒤 진영을 살펴본 사마의는 제갈량을 '천하의 귀재'라고 평가했다.

238년 경초 2년 전년에 위나라에 반기를 들고 독립한 요동의 공손연이 토벌군 4만을 이끌고 출진했다. 연군이 요수에 의지하여 저항하자, 남쪽으로 도강하려는 체하고 실은 북쪽으로 도강하여 연의 수도 양평으로 향했다. 연군이 쫓아오자 이를 세 번 무찌르고 양평성을 포위했다.

당시 큰 비가 내려 진영의 침수가 염려되었다. 그러나 버티고 비가 그치자 포위망을 구축하고 맹공격을 퍼부어 결국 성을 함락시켰다. 15세 이상의 남자 7천 명을 죽여 경관을 세우고 연나라의 관원과 장수 등 2천여 명을 주륙했다.

후일 사마의는 그 아들들과 함께 위나라의 실권자인 조상 형제에 대항하여 고평릉의 변을 일으켜 성공하였다. 이로써 사마씨 일가는 위나라의 조씨 정권을 탈취하여 허수아비로 만들고 그 손자 사마염이 선양을 받아 국호를 진으로 고쳤다. 그 이후 사마의는 오래전부터 앓아온 지병을 앓다가 결국 죽고 만다. 진 제국 성립 후 사마염은 사마의에게 선황제의 시호를 올렸다.

사마의는 부인 장춘화(선목황후 장씨)와의 사이에서 아들 사마사(세종 경황제), 사마소(태조 문황제), 사마간(평원왕)과 딸 남양공주를 낳았다.

첩인 복부인과 사이에서는 아들 여남문성왕 사마량과 낭야무왕 사마주, 부풍무왕 사마준과 딸 청혜정후 사마경을 두었다.

또 다른 첩인 장부인에서는 아들 양효왕 사마융을, 백부인과는 아들 조왕 사마륜을 두었고 이름을 알 수 없는 첩과의 사이에서는 딸 고륙공주를 두었는데 두예에게 시집보냈다.

▮ 시가에 의해 친가 도륙 난 사마사 부인 하후휘

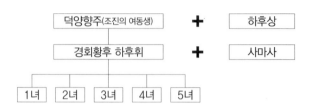

하후휘夏侯徽(211년~234년)는 위나라 사람으로 사마사의 아내이자 사마의의 며느리로 하후상夏侯尙의 딸이며 하후현夏侯玄의 누이이기도 하다. 자는 원용媛容 시호는 경회황후景懷皇后이다.

그는 고아하고 박식하며 도량이 넓었다. 사마사가 어떤 일을 하고자 할 때 반드시 미리 계책을 세워 두었다.

위나라 명제 때 사마의가 상장의 무거운 직책에 있었다. 사마의의 아들들은 모두 훌륭한 재주와 큰 지략을 지니고 있었다.

사마의가 위나라의 전권專權을 장악한 때는 243년 정시(위 3대 조방) 4년 고평릉의 난 이후이다. 그 이전에는 위의 유력한 중신 중 한 명에 지나지 않았다. 위 조정에서 출세하고 그 기반을 확실히 다지기 위해서는 혼맥을 통해 권력을 장악할 필요가 있었다.

더구나 그 당시에는 귀족이 한문寒門 출신과는 혼인하지 않았고 끼리끼리 결혼하는 경우가 많았다.

사마의는 장남 사마사의 부인으로 하후씨夏侯氏를 골랐다. 하후씨는 원래 조조일문의 성씨였는데 조조의 부친 조숭이 환관인 중상시 조등의 양자가 됨으로서 하후씨와 조씨 일가는 상당히 밀접한 관계를 맺고 있었다.

225년 하후휘는 문황제 조비의 주선으로 사마사와 결혼한다. 이 당시 조진과 사마의는 촉한의 북벌을 막는 위나라의 중신으로 자리매김하고 있었다. 그래서 하후휘를 매개로 한 사돈의 관계는 서로에게 이득이 되었다. 사마의가 혼맥을 통해 권력을 공고히 다지려는 정략적 선택이었다.

하후씨는 이름이 휘徽로 하후상의 딸로 생모는 대장군 조진曹眞의 여동생 덕양향주德陽鄕主이다. 즉 조진의 아들 조상曹爽과는 고종사촌간이다.

훗날 시아버지 사마의가 사촌인 조상을 죽여 권력을 탈취하게 된다. 또한 하후휘의 오빠 하후현은 사마사의 처남인데 나중에 사마사를 타도하려다 죽음을 당하게 된다. 결국 매부가 처남을 죽인 셈이 된다.

그녀는 남편 사마사가 위나라의 절대적인 충신이 아님을 알았다. 사마사도 그녀가 위나라의 충신 하후상의 자식이자 하후씨 가문의 후손이어서 내심 그녀를 꺼렸다.

하후휘는 어린 나이에도 불구하고 우아하고 예절에 법도가 있었다. 시어머니 되는 선목황후宣穆皇后 장씨張氏를 잘 모셨다. 그러나 하후씨는 24세의 나이로 일찍 죽음으로써 후에 있을 시가에 의해 친정이 몰락하는 참극은 보지 않았다.

하후휘의 남편 진晉 세종世宗 경황제景皇帝 사마사司馬師(208년~255년)는 위나라의 대신이다. 자는 자원子元이며 위 상국 사마의의 장남이자 진왕 사마소의 형이다. 서진 황조에서 추증받은 묘호는 세종世宗, 시호는 경황제景皇帝이다.

약관의 나이 때부터 같은 세대 인물인 하안, 하후현(사마사의 처남)과 더불어 이름을 날렸다. 경초 연간(237년~239년)에 산기상시가 되어 관직을 시작하였다. 이후 거듭 승진하여 중호군까지 이르렀다. 어머니 장춘화가 죽자 상을 치르며 효도로 이름을 날렸다.

아버지 사마의는 대장군 조상과 함께 선황제 조예에게서 현 황제 조방의 고명을 받았다. 그러나 조상의 세력으로부터 의도적으로 조정에서 배제 당했다. 사마사는 사마의와 함께 조상을 물리칠 비책을 세웠는데 동생 사마소조차도 알지 못할 정도로 비밀스러운 계획이었다. 249년 정시 10년 아버지를 따라 거사를 일으키고 출병하여 조상과 그 일족을 제거하였다. 이른바 고평릉의 난 사건이다. 이 일로 인해 조위 왕조는 몰락의 길을 걷게 되었다.

251년 가평 3년에 사마의가 죽자, 사마사는 당시 황제인 조방에게 무군대장군 벼슬을 제수받아 보정(섭정)을 맡았다. 이듬해 252년 가평 4년에는 대장군이 되었다. 시중과 지절, 도독중외군사, 녹상서사도 겸해 정치와 군사를 모두 아우르는 권력을 거머쥐었다.

사마사는 정권을 잡자 관직 인선을 새롭게 했다. 진남장군 · 도독예주 제갈탄, 진동장군 · 도독양주 관구검, 정남대장군 · 의동삼사 왕창, 정동장군 호준, 정서장군 · 가절 · 도독옹을 양제군사 진태에게 국가의 네 방면의 도독을 맡겼다. 형주자사 · 양렬장군은 왕기, 신성태수는 주태에게 등애와 석포에게는 주와 군을 다스리게 했다. 노육과 이풍에게는 인재 선발을 맡겼고, 부하와 우송으로 참모를 삼고, 종회와 하후현, 왕숙, 진본, 맹강, 조풍, 장집에게는 조정을 맡겼다.

253년 가평 5년에 동오의 섭정인 태부 제갈각이 회하와 사수를 노리는 군사 행동을 했다. 사마사는 제갈각의 본의가 합비에 있음을 간파했다. 그 방면의 사령관인 진동장군 관구검과 양주자사 문흠에게 막아 지키게 해 큰 승리를 거두었다.

이후 사마사는 아버지 사마의보다 더 많은 권세를 누렸다. 그 권력은 황제를 이미 뛰어넘었다. 이에 위기감을 느낀 조방이 254년 정원 원년에 이풍, 장집, 하후현 등과 사마사 제거 계획을 세웠지만 발각되었다. 사마사는 이풍, 장집, 하후현 등을 주살하고, 조방마저도 폐위하고 제왕(제나라를 봉국으로 삼는 제후왕)으로 강등했으며, 고귀향공 조모曹髦를 모셔와 새 황제에 앉혔다.

255년 정원 2년 진동대장군 관구검이 양주자사 문흠 등과 더불어 황제 폐위에 대한 죄를 묻고자 태후의 명령을 칭하고 군사를 일으켰다.

사마사는 직접 출병했는데 왼쪽 눈에 갑자기 큰 통증이 생겼다. 문흠을 추격하기 위해 파견한 자신의 군대를 문흠의 아들인 문앙 혼자서 거의 전멸에 가깝게 격파하자 눈 위의 혹이 악화되어 얼마 뒤 진중에서 48세의 나이로 사망하였다. 훗날 조카 사마염이 황제에 오르자 세종 경황제에 추증되었다.

하후휘의 아버지인 하후상夏侯尙(?~225년)은 위나라의 장수로 자는 백인伯仁이다. 하후연의 조카며 위 문제 조비의 친구이다.

하후휘의 오빠 하후현夏侯玄(209년~254년)은 위나라의 문신으로 자는 태초太初이다. 위나라의 명장 하후상의 아들이자 조상의 사촌 형제로 황제 조방과 함께 사마사를 토벌하려다가 처형당했다.

하후현은 그 청렴함과 박식함으로 조야에 이름을 떨치고 있었다. 부친 하후상이 뛰어난 전공에도 불구하고 인품이 떨어져 당시 청류였던 두습杜襲 등에게 경멸을 받은 것에 비하면 하후상의 인품은 노장학의 시조로 꼽히는 하안何晏에게 칭송을 받을 정도로 뛰어났다. 그의 뛰어난 학식은 사마의와 주고 받은 정국운용에 대한 서신들에도 잘 나타나 있다. 처남과 매부지간인 사마사와 하후현 그리고 하안은 서로 교분을 나누며 그 명성을 널리 알렸다.

254년 가평 6년 사마의의 아들 대장군 사마사를 토벌하려고 황제 조방, 조방의 장인 장집, 황문감 소삭, 영녕서령 악돈, 중황문 항종복야 유현, 이풍 등과 함께 반란을 일으켰다. 사마사 대신 하후현을 대장군으로 장집을 표기장군으로 삼으려 했다.

그러나 계획은 누설되었다. 이풍은 사마사를 만나다가 살해되었다. 나머지 사람들은 체포되어 정위로 보내졌다. 정위 종육의 의견이 중론이 되어 이풍, 하후현, 장집, 악돈, 유현 등의 삼족을 멸했다. 하후현은 동쪽 저자에서 참형을 당하면서도 안색을 바꾸지 않고 아무 일도 없는 듯이 행동했다.

234년 청룡 2년 마침내 하후휘는 독약을 마시고 죽었는데 당시 나이가 24세였고 준평릉峻平陵에 장사지냈다. 사마사의 조카인 사마염이 황제가 된 후 처음에는 그녀를 추존하지 않았다. 그러나 사마사의 두 번째 아내인 경헌황후가 매번 이 일에 대해 설득하여 266년 태시 2년에 비로소 경회황후景懷皇后의 시호를 내렸다.

하후휘는 남편 사마사와의 사이에 딸만 5명을 낳았으나 딸들의 이름은 전해지지 않았다.

▌ 채옹의 외손녀이며 양호의 누나인 양휘유

경헌황후景獻皇后 양씨羊氏(214년~278년)는 위나라와 진나라의 인물로 서진의 황태후이다. 그녀는 상당군태수 양위羊衛의 딸이다. 그녀는 양호羊祜의 누나이고, 채옹의 외손녀이자 채염蔡琰의 조카이다. 이름은 양휘유羊徽瑜이고 시호는 경헌황후景獻皇后이며 홍훈태후弘訓太后라고도 불린다.

그녀는 세종 경황제인 사마사의 후처였지만 그들의 결혼 생활에 대해선 별로 알려진 이야기가 없다. 하지만 그녀는 총명스럽고 재주와 덕이 있었다고 전해진다. 진나라가 건국되자 경헌황후景獻皇后라는 시호를 받게 된다.

황태후가 된 이후에 시조카인 세조 무제 사마염을 설득하여 수십 년 전 사마사에게 억울한 최후를 맞이한 그의 전처 하후휘를 266년 태시(1대 사마염) 2년에 황후의 지위로 추증하여 경회황후景懷皇后의 시호를 올렸다.

또한 그녀는 사마염의 동생인 사마유를 아꼈으며, 동서인 문명황후 왕씨와도 우애가 좋았다고 전해진다. 사마사보다 오래 산 경헌황후는 천수를 누리다 279년 65세의 나이로 죽었고 준평릉峻平陵에 사마사와 합장되었다.

자식이 없던 경헌황후는 평소 아꼈던 사마유司馬攸(248년~283년)를 양자로 들였다.

사마유는 서진의 황족이며 자는 대유大猷이다. 그는 사마의의 손자이고 사마소의 차남이며, 서진의 시조 사마염의 동복동생이다. 사마소가 늙어 후계자를 정하려 할 때, 사마소는 저돌적인 성격의 사마염보다는 온유한 사마유를 후계자로 삼으려 했다.

그러나 여러 신료들의 반대로 장자인 사마염이 진왕직을 승계했고 진황제에 올랐다. 진 왕조 성립 후 사마유는 제왕齊王으로 봉해졌다. 후계구도에서 사마유는 사마염과 경쟁자였기에 사마염의 인척들에게서 많은 공격을 받았다.

사마염이 죽자 그의 장남 사마충이 제위를 계승했다. 그는 그가 무능했기 때문에 사마사가 사마소에게 물려준 예에 따라 사마충 대신 사마유가 제위를 승계해야 한다는 여론이 일었다.

283년 사마충이 제위에 오르기 전 사마유가 후계자가 되어야 한다는 여론이 부상하자, 순욱과 풍담이 사마염에게 모함하였다. 이때 병이 났던 사마유는 제대로 된 치료를 받지 못하고 죽었다.

양호羊祜(221년~278년)는 위나라와 진나라의 장수로 자는 숙자叔子이며, 연주兗州 태산군泰山郡 남성현南城縣 사람이다. 촉한에 항복한 하후패의 사위이다.

12살 때 아버지 양신羊衜을 잃자, 아버지를 생각하며 예를 지키는 것이 지나쳐 양호의 숙부가 걱정할 정도였다. 학문에 뛰어나고 문장을 잘 지었으며 담론을 잘했다. 어렸을 때 문수가의 부로들이 양호의 나이 육십이 되기 전에 반드시 천하에 큰 공을 세울 것이라 하였으며, 곽가郭嘉의 아들 곽혁郭奕은 양호를 만나보고 현대의 안자顔子라고 말했다.

키는 7척 2촌(약 165.4cm)에 불과했으나, 수염과 눈썹이 아름다웠다. 하후위夏侯威는 양호를 남다르게 보았고, 이로 인해 하후패의 딸과 결혼하게 되었다.

239년 조방曹芳이 즉위한 후 대장군 조상이 권력을 쥐었다. 그는 양호와 왕침王沈을 등용하려 했다. 왕침은 이에 응했다. 그러나 양호는 받아들이지 않았다. 왕침이 관직에 나갈 것을 권하자 다른 사람을 섬기는 일이 어찌 쉽겠느냐면서 끝내 따르지 않았다.

249년 조상이 사마의에게 제거된 후 왕침은 벼슬에서 쫓겨났다. 왕침이 양호에게 예전에 양호가 한 말을 기억하고 있다고 말하자 양호는 자신도 일이 거기까지 이를 줄은 몰랐다고 답하였다.

255년 사마사가 죽은 후 대장군이 된 사마소는 양호를 등용하여 중서시랑中書侍郎으로 삼았다.

263년 조환曹奐이 즉위한 후 관중후關中侯에 봉해졌고 식읍 1백 호를 받았다. 이후 비서감祕書監이 되고 거평자鉅平子에 봉해졌으며 식읍 6백 호를 받았다.

평소 종회鍾會는 양호가 총애받는 것을 시기했다. 양호 역시 종회를 꺼렸다.

264년 종회가 강유姜維와 함께 반란을 일으키려 하다가 죽임을 당한 후 종사중랑이 되어 순욱荀勖과 함께 기밀을 관리하였다.

265년 사마염은 진나라를 세운 후 양호를 중군장군中軍將軍으로 임명하고 산기상시散騎常侍를 겸하게 했다. 또한 군공郡公으로 고쳐 봉하고 식읍을 3천 호로 늘려 주었다. 양호는 처음에는 완곡하게 사양하다 나중에는 받아들였다.

266년 사마염이 사마소에 대하여 상을 치르면서 상복을 입는 문제에 대해 조정에서 논의가 있었다. 양호는 사마염만이라도 상복을 입어야 한다고 주장했다. 그러나 부현傳玄이 황제만 상복을 입고 있는 것은 군신간의 도리가 아니라고 하여 이는 받아들여지지 않았다.

268년 왕침王琛이 대사마 석포石苞가 회남에서 오나라와 내통하려 한다고 모함하였다. 양호가 석포를 옹호했다. 사마염은 석포를 면직시키려 했다. 그런데 석포가 스스로 병권을 내놓고 죄를 청하여 겨우 의심을 풀 수 있었다.

269년 사마염은 오나라를 멸망시키기 위해 양호를 도독형주제군사都督荊州諸軍事로 임명하여 양양에 주둔하게 했다. 양호가 임지에 부임했을 때 군량이 100일치도 되지 않았다. 하지만 밭 8백여 경頃을 개간하는 등 애를 쓴 끝에 10년치로 늘어났고, 장강과 한수漢水 일대의 민심을 얻었다. 전투에서 항복한 오나라 사람들 중 고국으로 귀환하고 싶은 사람은 기꺼이 돌려보내 주었다. 또한 사마염에게 오나라를 치려면 장강에서 싸울 수군이 필요하다고 건의하였다. 사마염은 양호의 건의를 받아들여 왕준王濬에게 수군을 감독하고 전선을 대대적으로 건조하게 했다.

양호는 276년 10월에 정남장군征南將軍으로 임명되었다. 이때 사마염에게 오나라 정벌을 청하는 상소를 올렸다. 그러나 탁지상서度支尚書 두예杜預와 중서령 장화張華를 제외한 대부분의 신하가 이를 회의적으로 받아들였다. 그중에서도 가충賈充과 순욱荀勖이 강력하게 반대했다. 양호는 하늘이 주는 기회를 받지 않는다면서 한탄을 금치 못하였다.

277년 남성군후南城郡侯로 봉해졌으나 받아들이지 않았다. 12월 오군이 강하江夏를 공격하고 돌아갔을 때 양호는 군사를 보내 추격하지 않았다. 조정에서는 문책하는 사자를 보내고 형주의 본거지를 남양南陽으로 옮기려 했다. 이에 대해 양호는 이미 오군이 달아난 지 며칠이 지났는데 굳이 병사를 출진시킬 필요가 없다고 답하고, 본거지를 옮기는 것을 반대했다.

양호는 278년 병이 들었음에도 불구하고 조정에 나아가 오나라를 정벌해야 한다고 주장했다. 사마염은 양호에게 오나라 정벌을 맡기고 싶어했다. 그러나 양호는 굳이 자신이 갈 필요는 없다고 하였다.

양호는 11월에 병이 위독해지자 두예를 천거하여 자신의 후임으로 삼게 하였고 얼마 가지 않아 죽었다. 양호는 죽을 때까지도 남성군후에 봉해지는 것을 사양했다. 유언으로 남성후南城侯의 도장을 자신의 관 속에 넣지 못하게 했다. 사마염은 양호의 죽음에 대해 무척 슬퍼하였다. 양호의 유언을 받아들이지 않고 그의 작위를 남성군후로 정하고 태부太傅로 추증하였다. 형주 백성들과 부근의 오나라 사람들도 양호의 죽음을 슬퍼하며 눈물을 흘렸다고 한다.

마침내 280년에 오나라가 멸망한 후 신하들이 사마염에게 축하의 술잔을 올리자, 사마염은 오나라를 멸망시킨 것은 양호의 공로라고 말하면서 눈물을 흘렸다.

제4장 사마의의 진나라

▌친정이 망하자 사마사에게 버림당한 오씨

폐후 오씨吳氏는 사마사의 두 번째 부인이다. 연주兗州 제음군濟陰郡 견성현鄄城縣 사람이다. 부친은 오질吳質이다.

오질吳質(177년~230년)은 후한 말에서 위나라의 정치가로 자는 계중季重이다. 조조를 섬겼는데 박학다식하여 조비를 비롯한 제후들의 총애를 받았다. 조비와 조식이 후계자 자리를 놓고 다툴 때 조비를 옹호하였다.

유정劉楨과 함께 조비의 빈객이 되었다. 그러나 유정이 불경죄로 처벌을 받은 후 오질 또한 조가장朝歌長으로 좌천되었다가 원성령元城令이 되었다.

오질이 조가장이었을 때 조식은 조조의 총애를 받고 있었다. 불안해진 조비는 오질로 하여금 고리짝 속에 숨어서 만나 대책을 논의하게 하였다. 조식을 지지한 양수楊脩가 이를 눈치챘다. 오질이 조정의 허락을 받지 않고 임지를 떠난 사실을 조조에게 상주하였다. 그러나 조조는 조사하지 않았다.

조비의 이야기를 들은 오질은 이번에는 고리짝 속에 비단을 넣을 것을 진언하였다. 조비는 오질의 말대로 한 후 조조를 알현했다. 양수가 다시 오질의 일을 아뢰었다. 조조는 이번에는 의심하여 고리짝을 들여다보았다. 그러나 안에는 비단만 들어 있었다. 조조는 양수를 의심하게 되었다.

오질은 조비의 책사 중 한 사람으로서 조식의 모사인 양수와 이처럼 지모 싸움을 벌였다. 대표적인 지모 싸움은 다음과 같다.

조조가 군대를 이끌고 출정했다. 아들들이 나와 전송을 했다. 조식은 매번 부친인 조조의 공덕을 칭송하는 시부를 지어 조조의 마음을 흡족하게 하였다. 그러나 조비는 조식만큼 문재가 뛰어나지 못해 시부로서는 미치지 못했다.

조비에게 오질은 "위왕(조조)께서 출정하시거든 아무 말도 하지 말고 눈물만 흘리십시오."라고 권유하였다. 조비가 오질의 말을 좇아 눈물을 쏟았다.

조조는 "조식은 말만 번드르하고, 조비는 눈물만 흘리는 것을 보니 그 마음이 진실하다."고 평하였다.

217년 건안 22년 오질은 왕상王象 등과 함께 조비의 총애를 받았다. 조비가 황제에 즉위한 후 자신의 오랜 벗들 중 오질만 장사長史라는 낮은 직책에 있는 것을 염두에 두어 그를 북중랑장北中郞將에 임명하고 열후列侯에 봉하였다. 이어 사지절使持節·독유병제군사督幽幷諸軍事에 임명하여 신도信都를 치소로 하였다. 또한 오질을 위하여 여러 잔치를 베풀어 주었다.

문제의 총애를 등에 업은 오질은 교만해져서 사람들에게 오만하게 굴었다. 226년 황초 7년에 문제가 붕어하자 이를 슬프게 여겨 시를 지어 바쳤다.

230년 태화 4년에는 시중侍中이 되었다. 오질은 명제明帝에게 진군陳羣을 참소하였다. 명제는 진군을 문책하였다. 그러나 다른 신하들이 오질의 참소를 문제 삼았고 오질은 이 해에 죽었다.

시호를 추후醜侯라 하였는데 아들 오응吳應이 사실에 부합하지 않는다고 상주하였으므로 정원正元 연간에 위후威侯로 고쳤다.

오질이 이런 사람이었으므로 오씨의 친정은 위나라의 원훈집안으로 대우받고 있었다. 그러나 고평릉의 난 이후 사마의가 권력을 장악하자 위나라의 공신이었던 오질의 집안도 몰락한다.

친정이 몰락하자 사마씨 일족으로서는 후계자가 될 사마사의 정실로 있는 오씨가 걸림돌로 보였다. 사마사는 집안 사람들의 설득에 의해 마침내 후처인 오씨를 내쳤다.

▌진나라 건국 황제 사마염의 모친 왕원희

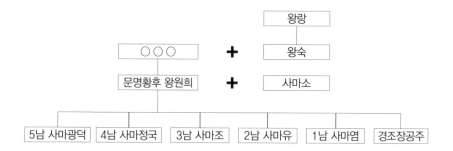

문명황후文明皇后 왕씨王氏(217년~268년)는 위나라와 진나라의 인물로 서진의 황태후이다. 휘는 원희元姬로 동해東海 담郯 사람이다. 왕랑의 손녀이자 왕숙王肅의 딸이다. 부친 왕숙王肅은 위魏의 중령군中領軍, 난릉후蘭陵侯였다.

사마의의 아들 사마소와 혼인하여 훗날 진나라 황제가 되는 사마염을 낳았다. 이름은 왕원희王元姬이며 시호는 문명황후文明皇后이다.

그는 8세 때 시詩와 논論을 읊었고, 상복喪服에 조예가 깊을 정도로 총명했다. 문장은 한번 보면 그 뜻을 깨달았다. 9세에 어머니 평양정군平陽靖君 양씨羊氏가 병에 걸려 쉽게 낫지 않자 지극히 모셨다. 그는 옷을 갈아입을 사이도 없이 정성을 다해 오랫동안 간호했다.

그는 늘 윗사람을 존중하였고 뜻을 살펴 행동했기 때문에 잘못이 없었다. 집안을 다스리는 부모에게는 자식의 도리를 다했다.

조부 왕랑이 그를 매우 아끼며 "우리 가문을 흥성하게 할 사람은 저 아이다. 다만 안타까운 것은 저 아이가 남자로 태어나지 않은 것이다."

제4장 사마의의 진나라

라고 하였다.

12세에 조부 왕랑이 죽자 그는 애도하며 슬피 울었다. 왕숙은 그를 은 더욱 아꼈다.

그는 사마소에게 시집을 가서 무제武帝 사마염司馬炎, 제헌왕齊獻王 사마유司馬攸, 성양애왕城陽哀王 사마조司馬兆, 요동도왕遼東悼王 사마정국司馬定國, 광한상왕廣漢殤王 사마광덕司馬廣德, 경조장공주京兆長公主를 낳았다. 그는 시부모를 섬김에 있어 며느리의 도리를 다했고, 아랫사람을 겸손하고 온화하게 대하여 후궁들로부터 존경을 받았다.

어느 날 사마소가 종회를 중용하자 그는 "종회는 이득을 보면 정의를 잊고 분란을 일으키길 좋아하여 총애가 과하면 반드시 난리를 일으킬 사람이니 중용해서는 안 됩니다."라고 말했다.

그런데 얼마 후 종회가 반란을 일으켜 그의 사람 보는 안목이 어떤가를 입증시켜 주었다. 264년 사마소가 진나라 왕에 오르자 그는 왕비가 되었다.

이듬해 사마소가 사망하고 장남 사마염이 뒤를 이었다. 위로부터 선양을 받아 진나라를 세워 세조世祖 무제武帝로 즉위하자 그는 황태후가 되어 숭화궁崇化宮에 거처하게 되었다.

무제는 처음에 궁경宮卿을 두며 직책을 신중히 가렸다. 태상太常 제갈서諸葛緒는 위위衛尉, 태복太僕 유원劉原은 태복, 종정宗正 조해曹楷는 소부少府로 삼았다.

그는 태후로서 존귀한 지위에 있었다. 그러나 옛날을 잊지 않고 항상 검소한 생활을 하였다. 소업素業을 잊지 않고 몸소 베를 짰으며 그릇과 의복은 소박했으며 밥을 먹으면서는 맛을 따지지 않았다. 그리하여 9족을 화목하게 했다. 또한 만물에 관심을 가졌고, 언행은 반드시 전례를 벗어나지 않았으며, 참소는 행하지 않았다.

무제는 태후의 모친 양씨羊氏가 시호가 추숭追崇되지 못한 것을 생각하여 태시泰始 3년에 조서를 내렸다.

"과거 한문제漢文帝가 영문靈文이란 호를 추숭했고, 무제武帝, 선제宣帝 때는 평원平原, 박평博平이란 호가 있어서 모두 존존尊尊을 받드는 공경, 친친親親을 넓힌 은혜를 보였다. 이전의 위장군衛將軍, 난릉경후蘭陵景侯의 부인 양씨는 좋은 바탕을 품고 자상하게 돌보며 온순했고, 어질고 덕이 있으며 순박하여 인정이 두터워 매우 훌륭했다. 안으로는 세가의 자제를 계승했고, 출가해 대국에 시집가서 삼종三從을 행했고, 예법을 따르며 어김이 없었다. 오히려 불행을 만나 자주 통사統嗣를 잃었으나, 자손들을 무육撫育해 가도家道를 이루었다. 어머니로서 갖추어야 할 도리의 교화가 나라의 종족에서 빛났고, 성명聖明을 낳고 염이 만국에 전해졌다. 그러나 요절해 영예와 은총을 얻지 못했다. 황태후께서 어버이께 효도하는 생각이 극진하여 망극罔極함을 오래도록 사모하셨다. 짐이 유훈을 생각하고 살피고, 추원追遠하니 마음속으로 애통하게 여겨진다. 부인을 현군縣君으로 봉하고, 덕행에 의거해 시호를 적으니, 주관하는 이는 구전舊典과 같게 다하라." 이에 사지절使持節 알자謁者 하융何融에게 시호 평양정군平陽靖君을 추증하게 했다.

268년 태시 4년 52세의 나이로 사망하여 숭양릉崇陽陵에 사마소와 같이 합장되었다. 그가 죽은 후 사마염은 손수 모후의 덕행을 나열해가며 사관으로 하여금 애사를 짓게 하였다.

"매우 밝은 선후先后께서 우리 진晉의 도를 일으키셨도다. 아름다운 이름은 빛나며 드러나 선제를 도우셨다. 힘써 덕을 닦으시고 도리를 베풀어 대업을 이루셨다. 의지할 데 없고 어리석은 이에게 복을 전해 당구堂構가 보존됐다. 바탕을 다시 돌아보고, 장수를 길이 누리시길 바랐다. 갑자기 승하하셨으니 나를 버리심이 얼마나 이른가. 깊이 슬프나 호소하지 못하니, 어째서 하늘은 이와 같은가. 아아 슬프도다!

처음 백성이 태어났을 때, 그들에게 은혜와 편안함을 심어줬다. 천제께서 밝은 덕을 옮기시어 도리어 선황先皇께 하사하셨다. 하늘이 배필을 세워 우리 황족은 이에 빛났다. 나라를 세우고 이루니 덕음德音이 끝이 없었다. 내가 추념하지 못함을 불쌍히 여겨, 하늘이 살피다 재앙을 내렸다. 해가 져 명이明夷 같더니 중년에 돌아가셨다. 외롭고 걱정스러우며 근심해 오래오래 최상摧傷을 품었다. 훌륭한 행실을 생각하니 아름다움을 탄식함이 멈추지 않는다. 해海와 대岱에서 신령을 내려 대대로 많은 복을 입었다. 오래도록 조윤祚胤을 하사해 문모文母가 독생篤生했다. 천명을 받으셔서 순수하고 온화하셨고 몸가짐은 맑고 삼가셨다. 질박하고 정직함이 불변하셨고, 몸소 더욱 효우를 행하셨다. 시詩, 서書에 기뻐하셨고 예적禮籍에 통하셨다. 삼종을 어김이 없으셨고 아내로도 사리에 합당하셨다. 선후를 회상하니 큰 공로가 있으면서도 겸손함을 숭상하셨다. 처음 집에서 있는 힘을 다해 봉양하셨다. 대국에 시집와서는 황국의 기초를 도우셨다. 고요하고 융화하셔서 화합해 제업帝業이 시작됐다. 안으로는 빈첩의 순서를 정하셨고, 밖으로는 당시의 성망에 적합하셨다. 신의를 행하시고 유순함에 머무르셨고, 덕행은 어울리고 밝으셨다. 부지런히 힘써 정사를 어지럽히지 않으셨고, 구로劬勞하나 자신을 누르고 사양하셨다. 검약을 좇고 사치를 물리쳐 담백하고 질박함을 널리 펴셨다. 비록 숭고함을 누리시나 잔치하지 않음을 기꺼이 기리셨다. 어찌 이를 그만두셔서 나는 장차 누구를 우러러봐야겠는가? 나의 불행으로 큰 벌이 연이어 오는 것을 탄식한다. 선제께서 세상을 떠나심이 비로소 3년을 넘었다. 자친慈親을 우러러 받들며 후에 당고當故가 없길 바랐다. 흉재가 거듭 이르니, 어찌 하늘에게 저버려졌단 말인가. 아아 슬프도다!

영구수레가 새벽에 움직여 중위中闈에서 제사를 지냈다. 수레의 상여가 수레 뒤턱 나무를 움직이니 이미 따를 수 없구나. 서글픈 황비皇妣시여 영원히 뛰어난 기를 몰래 숨기소서. 나아가 재궁梓宮에 매달려 소기素旂를 당겼다. 방황하며 매우 아프나 누구에게 고하고 누구에게 의지할꼬. 진심을 호소하며 애책을 선사해 통탄하고 슬픔을 드러내노라. 오히려 혹 듣게 되면 내가 고유孤遺임을 돌아보라. 아아 슬프도다!"

그후에도 태황후에 대한 무제의 추모는 그치지 않았다. 무제는 다시 조서를 내려 태황후의 일족을 챙겼다.

"외증조모外曾祖母 고故 사도司徒 왕랑의 부인 양씨羊氏, 외삼촌은 지극히 존귀한 가문이고 정씨와 유씨 두 명의 이모는 선후와 지극히 친한 사람들이다. 항상 그 미덕과 친척과 화목하라는 유지를 생각할 때면 위양渭陽의 감상은 영원히 생각하더라도 미칠 수 없는 바이다. 양부인楊夫人과 이모 두 명을 향군鄕君에 봉하고 식읍을 각 5백 호로 한다." 하였다.

태강太康 7년에는 계조모繼祖母 하후씨夏侯氏를 형양향군滎陽鄕君으로 추증하기도 했다.

문명황후 왕원희의 부친 왕숙王肅(195년~256년)은 위나라의 학자이자이고 정치가이다. 작위는 난릉후이고 자는 자옹子雍이며 본관은 동해군 담현이나, 회계會稽에서 출생하였다.

왕숙은 아버지 왕랑이 회계태수를 지낼 당시 부친의 임지인 회계에서 태어났다. 왕숙은 관리로서 때때로 상소하여 시사時事, 제도制度에 대한 견해를 진술하고 정치활동을 했다. 중령장군中領將軍, 산기상시散騎常侍(천자에 봉사하는 중요한 고문관)가 되었다. 226년 황초 7년 조예가 즉위하면서 난릉후에 봉해졌다. 230년 태화 4년에는 조진이 촉한을 치려는 것에 반대했다.

왕숙이 성장하던 당시 학계의 일부에는 양웅楊雄의 반신비주의反神秘主義를 계승하는 경향이 있었다. 왕숙도 그 영향을 받아 18세에 송충에게서 태현경太玄經을 배우고 그 주석서를 지었다.

사상적으로는 가규賈逵(30~101)와 마융馬融(79~166)의 현실주의적 해석을 좋아했고, 정현의 참위설에 의거한 논리주의적 통일해석을 피했다. 많은 경서에 주석하여 신비적인 색채를 실용적인 해석으로 바꾸어 놓았다. 특히 정현의 예학체계禮學體系에 반대하여 성증론을 저술하였다. 다만 공자가어孔子家語를 위작하여 자신을 비판할 근거로 삼은 것은 도리어 정현의 학설의 강력하고 확고함을 증명한 것이 되었다. 이 정鄭·왕王 두 학문의 논쟁은 6조六朝를 통하여 학술계에 있어 남북의 대립을 야기했다.

문명황후文明皇后 왕씨王氏의 남편 진晉 태조太祖 문황제文皇帝 사마소司馬昭(211년~265년)는 위나라의 대신 사마의司馬懿의 둘째 아들이다. 자는 자상子上 또는 자상子尙이며, 경황제景皇帝 사마사司馬師의 동생이자 진무제 사마염司馬炎의 아버지이다. 나중에 진왕晉王에 봉해지고 묘호는 태조太祖이며 시호는 문황제文皇帝이다.

형 사마사가 죽자 전권을 장악했다. 사마소는 사마씨 일족이 권력을 장악하는 데 혁혁한 공을 세웠다.

왕릉이 반란을 이르키자 사마소는 군을 이끌고 격파하였다. 촉한의 강유가 농우를 공격하곤 했는데 그때도 직접 군을 이끌고 나가 여러 차례 막았다.

또한 강유가 강족과 연합하여 위나라를 공격할 때 군을 이끌고 강족을 격파하자, 강족의 여러 병사들은 사마소에게 투항하였다. 이 공으로 인하여 신성향후에 봉해졌다. 관구검이 문흠과 결탁하여 반란을 일으켰다.

사마소는 이때 군을 이끌고 관구검과 문흠을 격파했다. 문흠은 오나라로 도주하였다. 형 사마사가 죽자 사마소는 위장군으로 승진하였다.

감로 2년 제갈탄이 양주자사 악침을 죽이고 회남에서 반란을 일으켰다. 사마소는 직접 군을 이끌고 나가 오나라를 먼저 격파하고 제갈탄까지 격파하는 활약을 하였다. 제갈탄이 수춘으로 도주하자 사마소는 수춘을 포위하였다. 문흠이 군을 이끌고 여러차례 공격했지만 사마소는 물리쳤다. 오나라의 손침이 제갈탄을 도와주러 군을 이끌고 사마소를 공격했지만 사마소는 손침을 격파하였다.

사마소는 오나라에 구원병이 온다는 헛소문을 제갈탄 진영의 수춘에 퍼트렸다. 제갈탄은 방심하여 군량을 아끼지 않고 사용했다. 군량이 떨어지자 수춘의 병사들은 사마소에게 투항했다.

제갈탄은 항상 사이가 좋지 않던 문흠이 사마소에게 매번 패하자 죽여 버렸다. 이에 그의 아들 문앙과 문호가 사마소에게 투항했다. 사마소는 문앙을 앞세워 적들에게 항복을 권했다. 수춘에서 항복하는 병사들이 많아지자 사마소는 총공격을 하여 제갈탄을 사로잡아 참수하고 제갈탄의 삼족을 멸하였다. 이 공으로 사마소는 상국으로 봉해졌다.

사마소가 가충賈充을 보내 조모의 죽임을 벼르고 있던 차에, 더욱 큰 위협을 느낀 당시 위의 천자 조모는 사병 300명을 풀어 사마소를 죽일 계책을 펼쳤다. 하지만 이를 눈치 챈 사마소는 조모의 계략을 무마시키고 이를 빌미로 그를 폐위시켰다. 그후 조환曹奐을 앞세워 위의 천자로 옹립함으로써 사실상 사마소는 위의 모든 전권을 잡았다.

그는 자신의 전권을 토대로 자신 스스로를 진왕晉王에 봉한다. 그 후 대륙의 통일을 위해 전쟁을 준비한다. 이때 강유에게 의지하며 총체적 난국에 빠져있는 촉한이 환관 황호黃皓에게 놀아나고 있다는 것을 알자, 곧바로 당대 위의 노장 등애鄧艾와 젊은 장수 종회鍾會에게 촉한을 토벌하라는 명령을 내린다.

등애가 촉의 험난한 산세를 타넘어 정면길을 택했던 종회보다 더 빠른 시간에 촉나라를 항복시키며 그가 내린 토벌령을 수행한다. 후에 후계자로 형에게 입양시킨 아들 사마유司馬攸를 자신을 이을 정권자로 지명하려고 했다. 그러나 가충의 반대로 사마염을 후계자로 지명했다.

사마소가 사마염을 후계자로 지명할 땐 벌써 중풍을 맞고 쓰러져 겨우 손가락질을 할 수 있는 정도였고 얼마 가지 못해 죽었다.

▌사마염의 깊은 총애받은 무원황후

무원황후武元皇后 양씨楊氏(237년~274년)는 위나라와 진나라의 인물이자 서진의 황후이다. 조위의 통사랑通事郎 양병楊炳의 딸로 세조世祖 무황제武皇帝 사마염司馬炎의 첫 번째 황후이고 혜제 사마충司馬衷의 어머니이다. 이름은 양염楊艶이며, 자字는 경지瓊之이다. 무제의 두 번째 황후인 무도황후와는 사촌지간으로 손위 언니이다.

그녀는 어릴 때부터 매우 총명하고 서법에 밝았다. 빼어난 용모로 여인들이 하는 일에도 능숙했다. 유명한 관상가가 그녀의 상을 보고 존귀하게 될 것이라고 하였다. 이 말을 들은 진왕 사마소는 그녀를 아들 사마염과 결혼시켰다.

무원황후는 사마염에게 깊은 총애를 받았다. 제1황자 비릉도왕毗陵悼王 사마궤司馬軌, 제2황자 황태자 사마충司馬衷, 제3황자 진헌왕秦獻王 사마간司馬柬, 제7황녀 평양공주平陽公主, 제8황녀 신풍공주新豐公主, 제9황녀 양평공주陽平公主를 낳았다.

시아버지 태조太祖 문황제文皇帝 사마소司馬昭가 죽고 남편 사마염이 진왕이 되자 그녀는 진왕비가 되었다. 이후 사마염이 진나라를 세우고 무

　　　　　　　　　　　　　제4장 사마의의 진나라

제로 즉위하자 황후가 되었다. 대신들이 한나라의 고사를 따라 무원황후와 태자에게 각각 탕목읍 40현을 식읍으로 주어야 한다고 상주했다. 하지만 무제는 고대의 제도가 아니라며 허락하지 않았다.

무원황후는 외삼촌의 은혜를 추념追念하여 조준을 고관에 현임現任 되도록 하고 조준의 형 조우의 딸 조찬을 후궁으로 들여 부인夫人이 되게 하였다.

무제는 황태자 사마충이 제위를 감당하지 못할 것이라고 여겼다. 그 마음을 은밀히 그녀에게 말했다. 그녀는 "적자를 세우는 것은 나이로 하는 것이지 현명한 정도로 하는 것이 아닙니다. 어찌 바꿀 수 있겠습니까."라며 황태자를 감쌌다.

무원황후는 며느리를 맞이하는 데 훗날 문제를 야기할 실책을 범했다. 당초 가충의 아내 곽씨郭氏가 그녀에게 뇌물을 주고 자신의 딸 가남풍賈南風을 태자비로 삼아 줄 것을 청했다. 태자의 혼사를 상의하던 때에 이르러 무제는 위관衛瓘의 딸을 태자와 결혼시키고 싶어 했다. 그런데 무원황후가 가남풍의 미덕을 높이 칭찬하고 몰래 태자태부太子太傅 순의荀顗로 하여금 가남풍을 선택하도록 말하게 하여 무제의 동의를 얻었다.

265년 태시泰始 연간에 황제가 양가의 규수들을 선발하여 후궁을 채우려고 조서를 내렸다. 백성들의 혼사를 금지하고 사자의 수레를 탄 환관을 보내 각 주군을 빠르게 돌아 선택된 처자들을 황후로 하여금 뽑게 하였다.

무원황후는 이런 무제의 조치를 질투했다. 얼굴이 하얗고 키가 큰 여자만을 뽑고 단아하고 수려한 아가씨는 뽑지 않았다. 당시 변번卞藩의 딸이 아름다웠다. 무제는 부채로 그 처자의 얼굴을 가리면서 무원황후에게 "변씨 집안의 딸이 아름답다."라고 말했다.

무원황후는 "변번은 3대가 모두 그녀의 친족이었는데 그의 딸을 이런 비천한 자리까지 굽힐 수 없습니다."라고 말하니 황제가 곧 그만두었다.

결국 사도 이윤李胤, 진군대장군 호분胡奮, 정위 제갈충諸葛冲, 태복 장권臧權, 시중 풍손馮蓀, 비서랑 좌사左思와 세족들의 딸에 이르기까지 모두 3부인 9빈의 자리를 채웠다. 사司, 기冀, 연兗, 예豫 4주에서 2천 석의 장리 집안 출신은 양인良人 이하의 후궁으로 보충하였다. 이때 유명한 가문의 딸들 중에는 옷을 훼손하여 더럽히고 얼굴에 상처를 입혀 후궁으로 들어가는 것을 피하려고 했다.

무원황후가 병이 났을 때 무제는 호부인胡夫人을 총애했다. 귀빈貴嬪 호씨胡氏 호방胡芳은 제11황녀 무안공주武安公主를 낳았다. 이를 안 그녀는 호부인을 황후로 세우면 태자의 위치가 불안해질까봐 두려워하였다.

무원황후는 임종에 즈음하여 무제의 무릎에 누워 비통하게 눈물을 흘리며 말했다. "숙부 양준楊駿의 딸 남윤男胤은 재모를 겸비하고 있으니 원컨대 폐하께서 그녀를 선발하여 육궁六宮(황후의 침전)을 채우십시오"라고 했다. 무제 또한 눈물로 그렇게 하겠다고 말했다. 274년 그녀는 37세의 나이로 명광전明光殿 무제의 무릎 위에서 죽었다. 무제는 그녀를 준양릉峻陽陵에 장사지냈다.

무원황후武元皇后 양씨楊氏의 남편 서진西晉 세조世祖 무황제武皇帝 사마염司馬炎(236년~290년)은 서진의 초대 황제이다.

사마염의 조부는 위나라의 대신으로 촉한의 제갈량과 결전을 벌이고 노년에는 정권을 잡은 사마의이다. 백부는 사마사이고 부친은 사마소이다.

사마의가 정적인 조상을 물리침으로써 정권을 획득한 사마일족은 조위의 3대 황제 조방과 4대 황제 조모를 폐립했다. 조위의 마지막 황제인 원제 조환의 대에 이르러서는 사마씨의 수장인 사마소가 승상에서 진공晉公을 거쳐 진왕晉王으로 진봉進封되면서 사마염은 왕세자가 되었다. 사마소에게 황위에 오를 기회는 많이 주어졌다. 그러나 그는 주공과 조조의 선례를 따르고자 황좌에 오르지는 않았다.

265년 사마소가 죽자 사마염은 진왕직을 승계하고 조환을 겁박하여 선위를 요구했다. 선위받은 이후에 조환을 진류왕陳留王으로 봉하며 낙양에서 국호를 진晉으로 바꾸고 황좌에 올랐다. 훗날 사마예가 건업에 건설한 동진과 구별하기 위하여 흔히 사마염이 건설한 진을 서진이라고 부른다.

사마염은 280년 명장 두예杜預와 왕준王濬으로 하여금 손호가 다스리고 있던 오나라를 멸망시키면서 60년의 삼국정립의 시대의 막을 내리게 한다.

사마염은 삼국을 통일한 뒤 초기에는 성군聖君의 면모를 보였다. 그러나 말년에는 부패한 정치를 하여 서진은 몰락의 길을 걷게 되었다. 이후 사마염의 뒤를 이은 사마충의 대에 이르러서는 몰락의 징조가 드러나기 시작했다. 사마충의 정실 부인이며 가충의 딸인 가남풍이 정권을 잡고 전횡를 일삼았다. 팔왕의 난이 일어나면서 서진 왕조는 몰락하게 되었다.

사마염은 세 명의 황후와 두 명의 빈 그리고 열 명의 궁인을 두었다.

첫 번째 황후(정후) 무원황후武元皇后 양씨楊氏 양염楊艷과의 사이에서 제1황자 비릉도왕毗陵悼王 사마궤司馬軌, 제2황자 황태자 사마충司馬衷(서진 혜제), 제3황자 진헌왕秦獻王 사마간司馬柬, 제7황녀 평양공주平陽公主, 제8황녀 신풍공주新豊公主, 제9황녀 양평공주陽平公主 등 3남3녀를 두었다.

두 번째 황후(계후) 무도황후武悼皇后 양씨楊氏 양지와의 사이에서는 제

16황자 발해상왕渤海殤王 사마회司馬恢를 낳았다.

세 번째 황후(추존) 효회태후曉懷太后 왕씨王氏 왕원희王媛姬와의 사이에서는 제17황자 예장왕豫章王 사마치司馬熾(서진 회제)를 낳았다.

귀빈貴嬪 좌씨左氏 좌분左芬과의 사이에는 자손이 없고 귀빈貴嬪 호씨胡氏 호방胡芳과의 사이에서는 제11황녀 무안공주武安公主를 낳았다.

궁인 부인夫人 이씨 李氏는 제9황자 회남충장왕淮南忠壯王 사마윤司馬允을, 궁인 부인夫人 제갈씨諸葛氏 제갈완諸葛婉은 제13황자 여음애왕汝陰哀王 사마모司馬謨를, 궁인 미인美人 심씨審氏는 제4황자 성양회왕城陽懷王 사마경司馬景과 제8황자 초은왕楚隱王 사마위司馬瑋, 제12황자 장사여왕長沙厲王 사마예司馬乂를 낳았다.

궁인 미인美人 진씨陳氏는 제11황자 청하강왕淸河康王 사마하司馬遐를, 궁인 미인美人 조씨 趙氏는 제15황자 오효왕吳孝王 사마안司馬晏를 낳았다. 사마안의 아들 황손 사마업은司馬業은 진왕秦王으로서 서진의 민제가 되었다. 제18황자 대애왕代哀王 사마연司馬演도 그의 소생이다.

궁인 재인才人 서씨 徐氏는 제5황자 성양상왕城陽殤王 사마헌司馬憲을, 궁인 재인才人 궤씨匱氏는 제6황자 동해충왕東海沖王 사마지司馬祗를, 궁인 재인才人 조씨 趙氏는 제7황자 시평애왕始平哀王 사마유司馬裕를, 궁인 재인才人 정씨 程氏는 제14황자 성도왕成都王 사마영司馬穎을, 궁인 보림保林 장씨 張氏는 제10황자 신도회왕新都懷王 사마해司馬該를 낳았다.

무원황후武元皇后 양씨楊氏의 아버지 양병楊炳(?~?)은 위나라의 정치가로 자는 문종文宗이다. 사례司隸 홍농군弘農郡 화음현華陰縣 사람이다. 후한의 시중侍中 양중楊衆의 후손이며 서진의 권신 양준楊駿의 형이다.

양병은 통사랑通事郎을 지내고 모정후 작위를 이어 받았다. 그렇지만 일찍 죽었다. 훗날 딸 양염이 서진 무제의 황후가 되었을 때, 황후의 아버지로서 거기장군車騎將軍에 추증되었고 시호를 목穆이라 하였다.

사마염의 여자들

무도황후武悼皇后 양씨楊氏(259년~292년)는 위진남북조시대 서진의 황후이다. 양준의 딸이자 무원황후 양씨와는 사촌지간이다. 무원황후의 뒤를 이어 세조世祖 무황제武皇帝 사마염司馬炎의 두 번째 황후가 되었다. 이름은 양지楊芷이며 자字는 계란季蘭이다. 어릴적 이름은 남윤男胤이다.

양씨는 274년 무원황후의 유언에 따라 황후가 되었다. 그녀는 온순하고 단정하여 황후의 미덕을 갖췄다. 사마회司馬恢를 낳았지만 일찍 죽고 이후에는 아들이 없었다. 288년 무도황후는 조정 안팎의 부인들을 거느리고 서교西郊에 나아가 직접 양잠을 하고 사람들에게 비단을 차등 있게 나눠 주었다.

하지만 어진 그녀에게 며느리 복은 없었다. 태자비였던 가남풍은 투기가 심했다. 혜제 사마충의 다른 후궁들을 잔혹하게 죽였다. 시아버지인 무제는 그 사실을 알고 크게 노해 가남풍을 냉궁에 유폐하려 했다. 이때 시어머니인 무도황후는 나이 어린 태자비의 짓이라며 감싸줬다. 그리고 가남풍에게는 여러 번 경고하고 권면하였다.

그러나 가남풍은 무도황후가 자신을 도우려고 하는 행동인 줄 모르고 어이없게 시어머니에게 원한을 품었다. 무도황후가 무제 앞에서 자신을

제4장 사마의의 진나라

비방했다고 생각하여 원한을 갖게 되었고 그 원한은 날로 깊어갔다.

가남풍은 무제 사후 남편인 혜제가 황제가 되자 황후가 되고 무도황후는 황태후가 되었다. 그녀는 무도황후의 부친 양준이 정권을 쥔 것을 시기하여 양준이 반란을 일으켰다고 무고했다. 초왕楚王 사마위司馬瑋와 동안왕東安王 사마요에게 거짓 조서를 내려 양준을 죽이도록 하였다. 무도황후에게는 궁궐 안팎의 소식을 끊어 고립되게 했다.

무도황후는 고립무원의 상황을 타개하기 위해 비단 위에 글자를 써서 성밖으로 쏴 보냈다. "태부太傅 양준을 구하는 자에게 상을 내릴 것이다"라고 썼다. 그러자 가남풍은 무도황후가 양준과 더불어 반란을 일으켰다고 선포했다.

가남풍은 양준이 죽은 후 조서를 내려 후군장군 순회에게 태후를 영녕궁永寧宮으로 보내라고 명하였다. 황태후의 어머니인 고도군 방씨龐氏만은 목숨을 부지시켜 무도황후와 같이 거처하도록 하였다.

가남풍은 여기서 그치지 않았다. 군공과 관리들에게 태후를 모함하도록 지시하였다. 대부분의 관리들은 가남풍의 말대로 폐위하자고 주장하였다. 그러나 관리들 중 중서감 장화張華와 그를 지지하는 대신들은 반대했다.

하지만 상서령 하비왕 사마황司馬晃 등이 태후를 폐위시켜야 한다고 강력하게 주장했다. 대부분의 관리들도 상주문까지 올려 다시 폐위를 고집하며 청구했다. 결국 혜제는 주청을 승인하여 무도황후는 황태후에서 폐서인이 되었다.

그 뒤 가남풍의 시어머니에 대한 원한 갚음은 계속 되었다. 대신들은 가남풍의 뜻에 따라 혜제에게 무도황후의 어머니 방씨를 사형에 처하라라는 주청을 올렸다. 혜제는 대신들의 주청을 허락했다. 방씨가 사형당하기 전에 무도황후는 어머니 방씨를 안고 통곡했다. 머리카락도 자르고 머리를 땅에 부딪히면서 가남풍에게 표를 올렸다. 자신을 첩이라고 칭하고 어머니의 목숨을 살려달라고 청했다. 하지만 가남풍은 들어주지 않았다.

폐서인이 된 무도황후에게는 10여 명의 시종이 있었다. 그런데 가남풍이 전부 물리쳐 시중을 들 시종이 없게 했다. 결국 그녀는 292년에 음식을 끊고 죽었다. 34세의 나이로 황후에 재위한 지 15년 만이었다. 가남풍의 원한 갚음은 거기서 그치지 않았다. 그녀는 요사한 무당의 말을 들었다. 무도황후가 하늘에서 무제에게 하소연 할까봐 시신을 조정의 반대방향에 눕게 하여 묻고서 그 위에 사악한 것을 제거하는 부적을 붙이고 약물을 뿌렸다.

무도황후는 사후 15년 뒤인 307년 존호를 회복하였다. 별도로 사묘가 세워졌다. 그러나 신위는 무제와 나란히 배치되지 않았다. 341년 성제는 조서를 내려 내외의 대신들로 하여금 이를 상세히 논의하도록 하였다. 위장군 우담虞潭이 무도황후의 억울함을 상세히 말하면서 신위를 무제와 같이 배치할 것을 주장했다. 여러 대신들이 모두 우담의 의견에 찬성하여 무도황후는 무제와 같이 배향되어 제사를 받을 수 있게 되었다.

무도황후武悼皇后 양씨楊氏의 아버지 양준楊駿(?~291년)은 서진의 정치가로 자는 문장文長이다. 사례司隸 홍농군弘農郡 화음현華陰縣 사람이다. 후한의 시중侍中 양중楊衆의 후손이며 조위의 통사랑通事郎 양병楊炳의 동생이고 양요楊珧, 양제楊濟의 형이다.

진군장군을 지내다가 276년에 딸 양씨가 황후가 되면서 거기장군으로 임명되고 임진후에 책봉되었다. 양준은 교만하고 스스로 성공했다고 생각했다가 호분에게 비판을 받았다.

이후 동생 양요, 양제와 함께 높은 관직에 있으면서 그 권력이 대단해 당시 삼양三楊이라 불릴 정도였다.

289년 여남왕 사마량을 꺼려해 조정에서 쫓아냈다. 290년 사마염이 중서에게 조서를 만들게 해 사마량과 함께 보정하게 하자 조서를 빌렸다가 이를 감췄다. 무도황후가 양준에게 보정하도록 하면서 4월 12일에 태위, 태자태부, 도독중외제군사, 시중, 녹상서사로 임명되어 전권을 장악했다.

얼마 후 사마염이 죽자 양준이 태극전에서 살면서 호분무사 100여 명에게 자신을 호위하게 했다. 어떤 사람이 사마량이 병사를 일으켜서 자신을 토벌할 것이라고 고발하자 이를 무도황후에게 얘기하면서 석감과 생질인 장소를 시켜 사마량을 토벌하도록 명령했다.

동생 양제와 하남윤 이빈 등이 사마량을 경사에 머무르게 해야 한다고 했고, 양제가 종실과 외척이 서로 믿어야 편안하다고 했다. 하지만 양준은 이를 무시했다. 양준은 스스로 평판이 좋지 않은 것을 알고 조예가 즉위했던 때에 의거해 모든 관원의 봉작을 높여 환심을 사려고 했다.

모든 신하들은 1등급, 상사에 참여한 사람은 2등급, 2천 석 이상의 관리들에게는 모두 관중후에 책봉해 세금인 조조를 1년간 면해주도록 했다. 산기상시 석숭, 산기시랑 하반 등이 이를 반대하는 상소를 올렸지만 무시했다.

또한 태부, 대도독, 가황월, 녹조정을 맡아 백관들이 모두 알아서 그에게 보고할 정도였다. 부함이 황제가 상을 당한 후에 갖는 복상 기간인 양암을 시행하도록 주장했지만 이를 무시했다. 부함이 자주 간언하자 군수로 내쫓으려다가 이빈의 반대로 중지했다.

가남풍을 꺼려하면서 가남풍의 생질인 단광을 산기상시로 삼았다. 자신의 생질인 장소는 중호군으로 삼았다. 양준이 정사를 처리했지만 괴팍해 대부분의 사람들이 싫어했다. 손초가 양준에게 공명정대하고 순리대로 처리해야 한다면서 종실이 강성한데도 그들과 논의하지 않으니 화가 이르는 것이 얼마 안 남았다고 충고했다. 그러나 이마저 무시했으며 흉노의 동부 지역에 사는 왕창을 등용하려고 했지만 왕창이 기피했다.

291년 맹관과 이조 등이 모반했다고 무고하자 관직을 철폐해 후작의 지위만을 주고 집에 가 있도록 했다.

동안왕 사마요 등이 양준을 토벌하려고 할 때 양준은 조상의 집에 살면서 궁궐 안에서 변고가 일어난 것을 알고 많은 관리를 불러 이를 논의했다.

태부주부 주진이 운용문에 불을 질러 그들을 위협하고 이 일을 만든 사람을 색출하면서 만춘문을 열고 동궁과 밖에 있는 병영의 군사를 이끌고 황태자를 옹호해 궁궐로 들어가서 반대파들의 목을 베어서 보내라고 지시했다.

그러나 양준은 평소에 겁이 많고 나약해 결정을 내리지 못했다. 운용문은 조예가 만든 것이고 그 노력과 비용이 아주 많이 든 것인데 어찌 그것에 불을 지르냐면서 반대했다. 양준은 결국 궁중의 군사들의 공격을 받아 집이 불에 타면서 마구간으로 도망가다가 붙잡혀 참수당했다. 그의 동생들과 삼족이 멸족되었다.

▌키 작고 추한 용모의 폐후 혜문황후 가씨

폐후廢后 가씨賈氏(257년~300년)는 서진 혜제의 황후로 가규의 손녀이자 가충의 딸이다. 이름은 가남풍賈南風이며, 시호는 혜문황후惠文皇后이나 황후의 자리에서 폐위당하였다.

가남풍은 작은 키에 피부가 검고 추한 용모를 가진 여인이었다. 당시 무제 사마염은 아들 사마충의 배필로 위관의 딸을 염두에 두고 있었고 가남풍과 비교해 보아도 위씨가 더 낫다고 생각했다.

하지만 가남풍의 모친 곽씨의 뇌물을 받은 무원황후와 대신들이 하나같이 가남풍을 추천하자 무제도 어쩔 수 없이 가남풍을 며느리로 맞았다.

가충은 본래 딸들 중 가장 외모가 나은 가오賈午를 시집보내려 했지만 가오의 발육이 늦어 혼례복을 입힐 수가 없었기에 열다섯이 된 가남풍을 택했다.

무제는 아들 사마충의 지능이 남보다 못하다는 것을 알고 있었기에 그것을 글로 시험해보고자 하였다. 가남풍은 이를 알고 장홍張泓을 불러 고문들을 이용한 답안을 작성하게 하고 사마충으로 하여금 이 답안을 베껴 쓰게 했다. 무제는 사마충의 답안을 보고 만족하여 후계자를 바꿀 생각을 하지 않았다.

가남풍은 성격이 잔혹하고 질투심이 강해 사마충의 다른 후궁들을 잔혹하게 죽였다. 무제는 이것을 알고 크게 노하여 가남풍을 냉궁에 유폐하려 했다. 하지만 무도황후를 비롯한 측근들이 아직 태자비의 나이가 어려 저지른 짓이라고 감싸 이를 실행에 옮기지 않았다.

한편 가남풍이 후계자를 낳지 못하는 것을 걱정한 무제는 자신의 시녀인 사구를 아들에게 보냈고 사구가 무사히 아들을 낳자 크게 기뻐하며 사마충을 태자에서 폐위할 생각을 하지 않았다.

290년 무제가 죽고 사마충이 혜제로 즉위하자 가남풍은 황후가 되었다. 사구의 아들 사마휼이 태자로 책봉되었다. 가남풍은 그동안 여러 번 자신을 도와준 태후(무도황후)의 부친 양준楊駿을 비롯해 조정의 권력을 장악하고 있던 양씨 일족을 숙청하고 태후를 영녕궁에 유폐시켰다. 그 뒤에는 태후를 서인으로 강등시키고 금용성에 가두어 굶겨 죽였다.

가남풍은 젊은 남자들을 궁 안에 불러들여 부정한 짓을 저질렀다. 하지만 혜제와의 사이에서 아들을 낳지는 못했다. 혜제와 사구 사이에서 태어난 태자 사마휼은 가남풍이 자신을 싫어하는 것을 알고 일부러 정사에 관심이 없는 척했다. 공부를 게을리하고 조회에도 출석하지 않았으며 심지어 궁중에서 노점을 벌이며 장사를 하는 척하기도 했다.

태자의 이러한 행동은 그의 의도와는 달리 사마휼의 평판을 떨어뜨리고 가남풍에게 태자를 폐위시킬 빌미를 제공했다. 가남풍은 여동생 가오와 그 남편 한수韓壽의 아들 한위조韓慰祖를 데려와 자신과 혜제 사이에서 태어난 아들이라고 주장했다.

가남풍의 모친 곽씨는 임종에 앞서 사마휼에게는 해를 끼치지 말라고 타일렀다. 그러나 가남풍은 이를 듣지 않았다. 사마휼을 제거하기 위해 가남풍은 그에게 신경을 마비시키는 술을 먹이고 혜제와 자신을 죽이겠다는 내용의 글을 쓰게 했다.

이 일이 빌미가 되어 사마휼은 폐서인으로 강등당했고 허창으로 압송되었다. 가남풍은 자신의 정부인 태의령 정거에게 독약을 짓게 해 사마휼을 독살하려 들었다. 그러나 실패하자 절굿공이로 때려 죽였다.

이처럼 전횡을 일삼던 가남풍은 무제의 숙부 조왕 사마륜과 손수 등에 의해 실각했다. 혜제는 가남풍을 폐서인으로 강등시켜 유폐시켰고 사마륜은 상서 유홍을 보내 가남풍에게 독이 든 술을 내렸다. 가남풍은 사마륜을 역적이라 비난하고 독주를 마신 뒤 죽었다.

혜문황후惠文皇后 폐후廢后 가씨賈氏의 남편 사마충司馬衷(263년~306년)은 서진西晉 제2대 황제 혜황제惠皇帝로 자는 정도正度이다. 서진을 건국한 사마염의 차남으로 사마염이 290년에 죽자 나이 28세에 즉위하였다.

사마충은 본디 능력이 떨어지고 학문에 뜻이 없어 사마염의 동생이자 사마충의 숙부인 제왕齊王 사마유가 사마충 대신 제위를 이어야 한다는 여론이 있을 정도였다.

그는 즉위한 후에도 황제로서의 능력을 갖추지 못해 국정 운영을 장악하지도 못하고 부인인 가충의 딸 황후 가남풍의 실세만 확대되어 외척의 힘이 거대해졌다. 팔왕의 난까지 벌어져 서진은 통일한 지 반 세기도 되지 않은 기간에 몰락의 길을 걷고 말았다.

306년 광희光熙 원년 11월 떡을 먹고 체하여 현양전顯陽殿에서 붕어하였다. 향년 48세로, 태양릉太陽陵에 안장되었다. 일설에는 사마월司馬越

이 짐살한 것이라고도 한다.

사마충은 두 황후와 한 명의 빈을 두었다. 첫 번째 황후(정후) 혜문황후 가씨 가남풍과의 사이에서는 딸 넷을 두었다. 제1황녀 하동공주河東公主, 제2황녀 청하공주淸河公主, 제3황녀 시평공주始平公主, 제4황녀 애헌공주哀獻公主가 그들이다.

두 번째 황후(계후) 혜헌황후惠獻皇后 양씨羊氏 양헌용羊獻容과의 사이에서는 자녀가 없었다. 빈인 부인夫人 사씨謝氏 사구謝玖와의 사이에서는 제1황자 민회태자愍懷太子 사마휼司馬遹을 낳았다.

혜문황후惠文皇后 폐후廢后 가씨賈氏의 부친 가충賈充(217년~282년)은 중국 삼국시대 위나라와 서진의 신하로 자는 공려公閭이며 평양군平陽郡 양릉현養陵縣 사람이다. 위의 무장이자 정치가인 가규賈逵의 장남으로 늦둥이로 태어났기 때문에 이름을 충充이라 지었다.

일찍부터 사마씨司馬氏의 무리에 가담했다. 258년 사마씨의 반대세력인 제갈탄諸葛誕을 찾아갔다. 그러나 제갈탄이 사마씨에게 반감을 보이자 제갈탄 일행을 제거하였다. 또한 사마소의 명을 받아 성제成濟로 하여금 위의 황제 조모曹髦를 시해하게 하였다. 이때 진태陳泰는 가충을 죽일 것을 요구하였으나 사마소는 가충을 죽이지 않았다.

진왕이 되었던 사마소는 후계자를 결정하지 못하였는데, 가충은 사마염司馬炎을 추천하였고, 사마염이 진왕이 되자 제위를 빼앗아 황제가 될 것을 권유하였다.

사마염이 황제에 오르자, 고관의 직위에 오르고, 딸들을 황태자 사마충司馬衷(후의 효혜제)의 비와 제왕齊王 사마유司馬攸의 비로 보내며 외척으로서의 자리를 굳혔고, 거기장군 상서복야가 되어 두예杜預 등과 함께 진율령晉律令을 편찬하기도 했다.

제4장 사마의의 진나라

280년 양호羊祜와 두예가 오 토벌전을 상주하였을 때 반대하였다. 이 때 장화張華가 이를 꾸짖자 아무런 말도 못하였다. 오吳를 토벌할 때 총 사령관을 맡았다. 손호孫皓가 항복하자 잔학한 행동을 힐책하나, 반대로 조모를 암살한 것을 지적당하였다.

통일 후 노공魯公에 봉해졌으며 시호는 무공武公이다. 282년 65세에 죽었다.

가충의 두 딸은 태자비太子妃와 제왕비濟王妃가 되었다. 태자비는 후에 혜제惠帝의 가황후賈皇后가 되어 극심한 횡포를 부렸다. 이후 팔왕의 난 八王之亂이 일어났고 서진西晉은 멸망의 길을 걸었다.

▎재인 입궁으로 황후가 된 회황후 양씨

```
┌─────────────┐     ┌─────────────┐
│  회향후 양난벽  │  +  │    사마치     │
└─────────────┘     └─────────────┘
```

회황후懷皇后 양씨梁氏(?~?)는 서진의 황후이다. 원래 이름은 양난벽梁蘭璧이고, 서진 회제의 아내이며, 시호는 회황후懷皇后이다.

중국 진서에도 그녀의 생애는 드러나지 않는다. 단 5권 회제기에만 그녀에 대한 이름과 생애에 대해서만 나와 있다.

회제가 307년에 황제가 되자 황후가 되었다. 그러나 전조의 열종 소무제인 유총이 311년에 회제를 사로잡는데 이것을 영가의 난이라고 한다. 그녀도 회제와 같이 잡혀갔으며, 그 이후 어떻게 죽었는지 알 수 없다.

회황후懷皇后 양씨梁氏의 남편 서진西晉 회황제懷皇帝 사마치司馬熾(284년 ~ 313년)는 서진 황조의 제3대 황제이다. 자는 풍도豊度이고 서진의 초대 황제인 무제 사마염의 17번째 아들이다.

290년 사마염이 죽기 직전에 예장왕豫章王에 봉해졌다. 307년 이복형 혜제 사마충이 독살당하자 황위에 올랐다. 그러나 311년 흉노에 의해 세워진 한나라의 열종 소무제 유총에 의해 사로잡혔고 313년 처형되었다.

사마치는 사로잡힌 이후에도 전조(당시 한)의 수도에서 1년 반 동안 굴욕적인 삶을 살았다. 312년 유총에 의해 회계공會稽公에 봉해졌다. 유총은 한 연회에 사마치를 초대했고 사마치가 예장왕이던 시절에 서로 만났던 일을 말했다.

제4장 사마의의 진나라

"공이 예장왕이던 때 왕제王濟와 함께 공을 본 적이 있다. 왕제는 나를 칭찬했고, 공은 '당신의 명성을 들어서 알고 있소.'라고 했다. 그런 후 공은 직접 작곡한 음악을 보여주었으며 왕제와 내게 작사를 부탁했다. 우리는 공을 찬양하는 가사를 썼고, 공은 정말 좋아했다. 또한 화살을 쏘면서 시간을 보냈다. 난 열두 번 명중시켰고 왕제와 당신은 아홉 번씩 명중시켰다. 그리고 뽕나무 활과 은벼루를 선물로 받았다. 기억이 나는가."

사마치가 말했다. "어떻게 그것을 잊겠습니까. 후회스러운 것은 용을 미처 몰라 뵈었다는 것입니다."라고 하자, 칭찬을 들은 유총은 감탄하여 다시 물었다. "일족끼리 살육을 벌인 것에 대해서는 어떻게 생각하는가." 사마치는 유총이 듣기 좋은 말을 했다.

"그건 사람의 의지가 아니고 하늘의 뜻이었습니다. 한나라는 신의 가호를 받으려는 참이었고, 우리 일족은 그래서 한나라를 위해 제거되었습니다. 우리가 무제의 뜻을 받들어 단합된 상태로 있었다면, 어떻게 주군께서 황제가 되었겠습니까."

유총은 기분이 좋아져 밤새도록 이야기를 나누었다. 다음 날 유총은 아끼던 첩을 사마치에게 선물로 주었다. 그 첩은 회계공작부인이 되었다.

그러나 유총과 사마치의 관계는 오래 가지 못했다. 313년 황실의 새해맞이 행사에서 유총은 사마치에게 고급 관리용 포도주를 접대하도록 했다. 서진의 관리였던 유민庾珉과 왕준王儁은 굴욕적인 광경을 보고 감정이 복받쳐 올라 크게 울어 버렸다.

그 광경은 유총의 화를 돋웠다. 유민과 왕준은 물론 서진 시대의 관리들에게 모두 반역과 서진 장수 유곤劉琨에 대한 내통 혐의를 뒤집어씌워 사형에 처했다. 사마치도 독살당하였다.

서진西晉 회황제懷皇帝 사마치司馬熾의 모친 효회태후曉懷太后 왕씨王氏 (?~?)는 위진남북조시대의 인물이자, 서진의 황태후로 추존된 인물이다. 원래 이름은 왕원희王媛姬이고, 사마염의 계비 중 한 명이었다. 시호는 효회태후曉懷太后이며 회황태후懷皇太后라고도 불린다.

중국 진서에도 그녀의 생애는 나와 있지 않다. 당초 무제의 궁에 들어와 재인才人에 임명되었으나 그의 아들인 서진 회제를 낳은 후 일찍 세상을 떠났다. 회제가 즉위한 뒤에 황태후로 추존하여 효회태후孝懷太后로 칭해졌다.

그 밖의 여인들

▌여자는 아들로 귀해진다는 걸 입증한 동태후

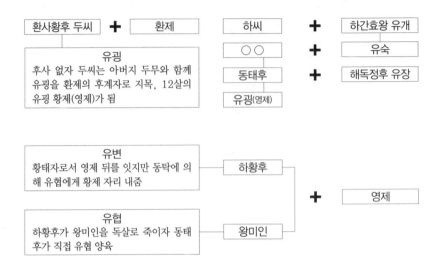

동태후董太后(?~189년)는 후한 영제의 어머니이다. 그녀가 황후였던 적은 없으나 효인황후孝仁皇后 또는 영락황후永樂太后로 전한다. 효인황후 동董씨는 휘를 알 수 없고 출생은 하간국 사람이다.

그녀는 해독정후解瀆亭侯 유장劉萇의 부인이었다. 유장은 하간효왕 유개의 손자인 유숙의 아들이다. 남편 유장의 신분은 귀족이었지만 부자는 아니었다. 156년에 유굉劉宏을 낳았다. 유장은 168년에 죽었는데 해독정후는 아들 유굉이 이어받았다.

167년 영강 원년에 환제가 죽었다. 그런데 후사가 없었다. 환제의 황후인 환사황후 두씨는 아버지 두무竇武와 함께 유굉을 환제의 후계자로 지목했다. 168년 12살의 유굉이 황제(영제)가 되었다. 두씨는 두태후실太后가 되었다. 영제는 조부 유숙劉淑을 효원황孝元皇으로, 조모 하씨夏氏를 효원황후孝元皇后로 추존했다. 부친 유장은 효인황孝仁皇으로 추존하고 묘도 신릉慎陵이라 이름 지었다. 모친 동씨는 진원귀인慎園貴人에 봉했다.

168년 9월에 중상시 조절이 태부 진번, 대장군 두무, 상서령 윤훈尹勳, 시중 유유劉瑜, 둔기교위屯騎校尉 풍술馮述를 죽였다. 두무가 환관들을 몰아내려다가 오히려 환관들에게 죽임을 당했다. 가족들은 유배를 당했다.

신변의 위협을 느낀 영제는 다음해인 169년 중상시를 보내 모친을 궁궐로 모셔 왔다. 뿐만 아니라 외삼촌 동총董寵도 수도로 불러들였다. 동씨는 입궁 후 효인황후孝仁皇后로 불리게 되었다. 거처는 남궁南宮인 가덕전嘉德殿에 정했다. 그곳은 영락궁永樂宮이라고도 불렸다. 이에 따라 동씨를 영락태후永樂太后로 부르기도 했다.

동총은 궁성의 주변을 순시하며 경위와 방화를 맡는 집금오執金吾가 되었다. 하지만 1년 뒤인 170년 영락후永樂后를 사칭하여 청탁한 죄로 하옥되어 죽었다.

영제는 자신을 황제로 만들어 준 두태후(환사황후)도 태후로 모셨다. 그런데 얼마 뒤 두태후가 죽었다. 동태후는 태후로서의 위치가 더욱 더 견고해졌다. 동태후는 차츰 정사에 관여하기 시작했다. 특히 아들 영제에게 매관매직을 크게 장려했다. 이는 한나라가 망국의 길로 접어들게 하는 시초였다. 이즈음 동태후에게 맞서는 여인이 생겨났는데 영제의 황후 하황후였다.

181년 영제의 둘째아들 유협劉協이 왕미인에게서 태어났다. 유협이 태어나자 하황후는 왕미인을 독살해 죽였다. 이후 유협은 동태후가 직

접 길렀다. 그로 인해 유협은 동후董侯로 불리었다. 188년 중평 5년에
는 오빠의 아들인 위의 수후脩侯인 조카 동중董重을 표기장군驃騎將軍에
앉혀 1천 명을 거느리게 했다.

동태후는 하황후 소생인 유변보다 자신이 직접 양육한 왕미인 소생
의 유협을 더 좋아했다. 영제에게 황태자를 유변에서 유협으로 바꾸라
고 말했다. 이를 알게 된 유변의 생모 하황후는 시어머니 동태후를 질
시하기 시작했다. 고부간의 갈등은 점점 깊어졌다.

189년 4월경 영제가 후계자를 지목하지 않고 죽었다. 영제가 신임하
던 환관 건석은 유협을 황제로 만들려고 했다. 그러나 하황후와 그의
오빠 대장군 하진何進은 유변을 황제로 옹립했다. 태후가 된 하씨와 하
진은 권력을 행사하기 시작했다.

태황태후가 된 동태후는 조카인 동중과 함께 궁궐 내에서 이미 작은
세력을 만들었다. 새로운 세력인 하태후와 갈등이 시작됐다. 하태후와
말싸움이 잦았다. 동태후가 정사에 참여하려 할 때마다 번번이 하태후
가 가로 막고 나섰다. 동태후가 화를 내며 꾸짖어 말했다.

동태후는 "네가 지금 제멋대로 횡포를 부리는 것은 네 오빠를 믿고
그러는 것이냐. 당장이라도 표기장군(동중)에게 칙서를 내려 하진의 머
리를 베어오라고 할 수 있노라."라며 동중으로 하여금 하진을 죽이겠
다고 하태후에게 으름장을 놓았다.

하태후로부터 그 말을 들은 하진이 한발 먼저 행동을 개시했다. 삼공
과 동생인 거기장군 하묘와 함께 상주하여 말했다.

"옛 일에 따르면 번후蕃后(제후의 비)는 서울 낙양에 머무를 수 없고, 수
레와 복장도 법도가 있어야 하며, 먹는 음식도 가짓수가 정해져 있습니
다. 청컨대 영락후를 궁에서 옮겨 본국으로 돌아가게 하소서."

번후는 전한의 14대 황제였던 평제의 어머니 위희衛姬의 경우를 말했다. 왕망이 섭정했을 때 그가 정권을 마음대로 휘두르는 것을 두려워하여 위희는 끝내 서울 장안에 머무를 수 없었다.

평제의 본래 휘는 기자箕子였으나 간衎으로 고쳤다. 중산효왕中山孝王 유흥劉興의 아들로 어머니는 위희衛姬이다. 아버지를 일찍 여의고 중산왕이 되었으며 애제의 죽음으로 아홉 살의 나이에 황제가 되었다. 기원후 4년 왕망의 딸을 황후로 맞았고 이듬해에 왕망에 의해 독살당했다.

하진은 동태후를 원래 살던 영지로 유배시켰다. 그리고 군대를 이끌고 동중의 진영을 포위하였다. 동중을 사로잡아 관직을 박탈하자 동중이 스스로 목숨을 끊었다.

동태후는 근심과 두려움 끝에 병을 얻어 갑자기 죽었다. 황후에 오른 지 20년 만이었다. 백성들은 모든 허물을 하태후에게 돌렸다. 동태후의 시신은 하간국으로 돌려보내져 신릉에 합장됐다.

그 후 10월경 동탁이 유변을 폐하고 유협을 황제로 옹립했다. 유협을 황제로 즉위시키려던 동태후의 소원은 이루어졌다. 그러나 유협은 동탁과 왕윤 등으로 인해 평생 황제로서의 실권을 행사하지 못했다. 그들이 죽은 뒤에는 조조의 손아귀에 잡혀 지냈다.

헌제 위해 조조 죽이려다 죽임 당한 복황후

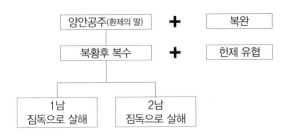

복황후伏皇后(?~214년)는 후한 헌제獻帝의 황후로, 휘는 수壽이며 서주徐州 낭야국琅邪國 동무현東武縣 사람이다. 시호는 폐위되어 없다.

광무제 때 대사도 복담의 팔세손으로 그녀의 아버지는 시중侍中 복완伏完이다. 귀인貴人으로 입궁해 195년 황후로 책봉되었다.

214년 조조가 위왕이 되려 하자 복황후는 친정아버지 복완에게 비밀 편지를 보내 조조를 제거하려 하였다. 그러나 도중에 조조에게 발각되었다. 조조는 어사대부 치려에게 황후의 옥새를 거두게 하고 폐위시켰다. 그 뒤 황후는 끌려가 교수형에 처해져 죽었다. 그녀가 죽은 후에 조조의 딸이 헌목황후로 황후의 자리에 올랐다.

복황후의 아버지 복완伏完은 생각이 깊고 도량이 넓었다. 불기후不其侯의 작위를 세습했으며 환제의 딸인 양안공주陽安公主에게 장가들어 시중이 되었다.

190년 초평 원년 대가를 쫓아 서쪽으로 가서 장안으로 옮겼다. 이 무렵 복수는 액정掖庭(궁중)으로 들어가 귀인이 되었다.

195년 흥평 2년 복귀인은 황후가 되었고 복완은 집금오로 승차했다.

헌제가 고민 끝에 동쪽(낙양)으로 돌아가려고 했다. 이각과 곽사 등이 쫓아와 조양에서 황제의 군대를 패배시켰다. 놀란 헌제는 허겁지겁 밤중에 몰래 황하를 건너 도망쳤다. 육궁 사람들(부인 이하 왕후의 육궁에서 나누어져 사는 사람)도 모두 걸어서 군영을 나왔다.

복황후가 손에 생명주生明紬(생사로 짠 명주) 몇 필을 들고 있었으므로 동승이 부절符節(돌이나 대나무, 옥 따위로 만든 부신)을 주고 손휘孫徽에게 영을 내려 칼을 들고 그것을 빼앗았다. 이때 곁에서 모시던 이들을 살해했는데 피가 복황후의 옷에 튀었다. 그리고 안읍현에 이르렀을 때에는 복황후의 옷이 구멍이 나서 해지고 오직 밤과 대추만으로 양식을 삼을 지경에 이르렀다.

196년 건안 원년 복완을 보국장군에 임명하고, 의례를 삼공과 견주어 대하게 했다. 복완은 조정이 조조의 손에 놓이게 되자 존척尊戚(외척의 존칭)인 것을 스스로 혐오하게 되었다. 이에 인수를 바친 후 중산대부中散大夫가 되고, 다시 둔기교위屯騎校尉로 옮겼다.

209년 건안 14년 복완이 죽자 아들 복전伏典이 작위를 이었다. 헌제는 허현으로 도읍을 옮긴 후로부터 그저 자리를 지키고 있을 뿐이었다. 곁에서 모시는 숙위병宿衛兵(궁궐에서 숙직하면서 지키는 병사)조차도 모두 조조의 사람이었다.

일찍이 의랑 조언趙彦이 황제를 위하여 그에 대한 시책을 진술하여 말했다. 그러나 조조의 미움을 받아 살해당했다. 그 밖에 궁내외의 많은 사람들이 주륙을 당했다. 나중에 조조가 이 일로 인하여 궁궐 안으로 들어오자 헌제가 그 분함을 이기지 못하고 말했다.

"그대가 만약 능히 나를 보좌할 수 있다면 두텁게 대해주고 그렇지 않다면 청컨대 은혜를 베풀어 나를 폐하시오."

조조는 얼굴빛이 하얗게 질려 머리를 조아리면서 바깥으로 나가기를 청했다. 옛 의례에 따르면 삼공이 군대를 거느리고 있는 경우, 황제를 조견할 때에는 호분이 칼을 들고 그 양옆에 서도록 되어 있었다. 조조가 바깥으로 나와서 좌우를 돌아보니 식은땀이 등에 한가득 흘러내리고 있었다. 조조는 그 후 감히 다시 조견을 청하지 않았다.

196년 건안 원년 1월 헌제를 영접하려 한 연주목兗州牧 조조는 종제 조홍曹洪에게 군세를 주어 파견하였다. 당시 위장군衛將軍이었던 동승은 원술袁術의 부장 장노萇奴와 함께 요새를 수비하였고 조홍을 저지하였다.

다음 달 헌제를 모시던 장수들 사이에서 내분이 일어나 한섬이 동승을 공격하였다. 동승은 장양에게 몸을 의탁하였고, 장양의 지시로 낙양으로 가 궁전을 수리하였다.

같은 해 7월 헌제는 낙양에 도착한다. 이때 동승은 한섬과 함께 숙직을 섰다. 그러나 한섬의 전횡을 두려워한 동승은 은밀히 조조를 끌어들였고, 그 위세로 한섬과 양봉, 장양을 쫓아내었다. 같은 해 8월 동승은 열후列侯에 봉해졌다.

199년 건안 4년 3월 동승은 거기장군車騎將軍에 임명되었다. 헌제는 점점 권력이 커지는 조조를 두려워하였고, 이로 인하여 동승에게 조칙을 내려 왕자복王子服, 오석吳碩, 오자란吳子蘭, 충집, 유비劉備 등과 함께 정변을 일으키려 하였다.

그러나 200년 건안 5년 1월, 계획이 누설되었고 동승은 조조에 의하여 본인과 일가족 모두가 처형당하였다. 이른바 동승의 조조 암살 미수 사건으로 황제 헌제의 외척 동승이 유비 등의 한나라 충신들과 함께 199년 연판장을 돌려 조조를 암살하려다가 조조에게 발각되어 모두 처형된 사건이다.

당시 조조는 유비와 함께 여포를 무찌르고 서주를 점령한다. 유비는 허도에 도착해 헌제를 만나 중상정왕 유승의 후손이라는 사실을 알려 유황숙이라는 칭호를 얻게 된다.

그러다가 조조가 헌제와 함께 사냥 도중 조조가 황제의 앞을 가로막고 대신 인사를 받았다. 모욕감을 느낀 헌제는 복황후의 아버지 복완과 모의하여 외척 동승을 시켜 조조를 제거하기로 한다.

이튿날 헌제는 외척 동승에게 편지를 숨긴 금포와 옥대를 내린다. 동승은 조조에게 발각되지 않고 금포와 옥대를 집으로 가져가는데 옥대에 불이 붙으면서 황제가 내린 편지를 읽게 된다. 동승은 믿을 만한 사람들을 모아 계획을 세우기 시작하고 이에 오자란, 오석, 충집, 왕자복, 서량 태수 마등 등이 가담하고 마등이 예주목사 유비도 추천하여 연판장에 서명을 한다.

그 뒤 유비는 199년 원술을 치기 위해 서주로 떠나고 서량 태수 마등도 서량에서 반란이 일어나자 서량으로 떠난다.

그런데 유비가 서주에서 조조의 부하이자 서주 자사 차주를 죽이고 조조의 부하 유대와 왕충을 격파하는 등 세력을 넓히자 서로 적이 되고 만다. 한편 동승은 유비가 떠난 뒤에도 계속 조조를 없앨 계획을 꾸미고 있었다.

동승의 의원이던 길평도 조조의 암살에 가담한다. 길평은 조조가 두통에 걸린 틈을 타 독약을 먹여 죽일 음모를 꾸미지만 동승의 하인 경공이 그 계획을 듣고 조조에게 밀고하면서 발각되고 만다.

길평은 계획이 발각되자 자결하고 조조는 동승의 집에서 연판장과 옥대와 조서를 찾아내 유비와 마등을 제외한 동승과 오자란, 오석, 충집, 왕자복과 동승의 누이동생 동귀비 등 5명의 일가와 연관된 사람

제5장 그 밖의 여인들

700명을 처형한다.

헌제는 동귀인이 임신한 것을 들어 몇 차례 부탁했으나 끝내 살릴 수 없었다.

이후 조조는 유비가 있는 서주를 공격해 서주 함락으로 서주를 평정하고 마등도 211년 불러내 처형한다. 이후 조조는 군사들을 시켜 철저하게 궁궐을 봉쇄했는데 황제가 외부의 사람과 결탁하지 못하도록 했다.

214년 후한 14대 황제 헌제의 황후 복황후가 조조를 암살하려다가 발각되어 복황후와 그 일가가 처형된다. 이 사건을 빌미로 조조는 자신의 딸을 황후로 내세웠다. 이 사건은 이른바 복황후의 조조 암살 미수 사건으로 사건 경위는 다음과 같다.

200년 동승의 조조 암살 미수 사건 이후 조조는 세력을 확대하며 212년 위공에 자리에 올라 황제 헌제를 무시하고 맘대로 국정을 처리하기 시작했다. 이에 헌제의 황후 복황후가 편지를 써서 사람에게 보내 조조를 암살하려는 계획을 세운다. 복황후는 부하 목순穆順에게 편지를 주어 아버지 복완에게 전달한다.

복완은 유비와 손권 등의 제후들을 모아 조조를 암살하라는 편지를 써서 목순에게 보낸다. 그러나 214년 건안 19년 끝내 일이 발각되었다. 조조가 목순穆順을 조사하여 편지를 발견했다.

이에 조조가 크게 성을 내며 쫓아왔고 황후를 폐위하라고 황제를 핍박한 끝에 거짓으로 책서를 내린다.

황후 복수는 비천한 몸으로 지극히 존귀한 자리에 올라 스스로 초방전椒房殿에 거하기를 20년이 지났다.

한관의에 의하면 "황후를 초방전이라 칭하는 것은 산초나무 열매가 번성한 데서 뜻을 취한 것이다." 시경에 "산초나무 열매, 무성히 열려

뒷박에 가득(椒聊之實초류지실, 蕃衍盈昇번연찰승)"이라는 구절이 있다.

조조는 부하 어림장군 치려에게 군사 500명과 재판 권한을 주어 복황후의 옥새를 거두게 했다. 이어 상서령 화흠을 치려의 부관으로 삼아 복황후를 끌어내게 했다.

복황후는 문을 닫아걸고 벽 사이에 숨었다. 화흠의 병사들이 황후를 잡아끌고 밖으로 나왔다. 이때 헌제가 전각 바깥에 있었으나 치려가 잡아당기자 자리에 앉아 있을 수밖에 없었다. 복황후는 산발한 머리에 맨발로 끌려가는 와중에 크게 흐느끼면서 끌려가다가 헌제에게 자신을 구할 수 없느냐 물었다.

헌제는 "나 또한 내가 언제까지 살지 모르오."라고 대답했다.

복황후는 이별하며 말했다.

"이제 살아서는 다시 볼 수 없겠지요."

헌제가 답했다.

"나 역시 어느 때에 명이 다할지 알지 못하겠소."

그러고는 돌아보면서 치려에게 말했다.

"치공, 천하에 어찌 이런 일이 있단 말인가."

복황후는 황자 둘을 낳았으나 모두 짐독으로 살해당했다. 황후의 자리에 오른 지 20년 만이었다. 형제와 종족들이 죽었고, 어머니 영盈 등 열아홉 명은 탁군으로 유배당했다.

복황후의 아버지 복완과 환관 목순 및 양쪽 일가 등 남녀노소 가릴 것 없어 모두 처형당했는데 복씨의 일족 중에 피살된 자가 1백 명이 넘었다. 목순를 합치면 200명이 몰살당했다.

조조는 이 사건이 있기 1년 전부터 헌제의 후궁이 되어 있던 자신의 딸 조절曹節을 황후로 앉혔다.

▌백정 출신으로 권력 휘두른 영사황후 하씨

영사황후靈思皇后 하씨何氏(?~189년)는 후한 영제의 황후로 소제 유변의 어머니이다. 휘는 알 수 없으며 남양군 완현 사람이다. 백정 하진何真의 딸이다. 형제로는 어머니가 다른 형제 하진何進과 아버지가 다른 형제 하묘何苗 등이 있다.

중국의 사서인 풍속통風俗通에 의하면 한나라에서는 8월에 백성들의 호구 수를 조사했다. 하황후의 집안에서는 이때 황금과 비단을 뇌물로 써서 황후를 궁중에 들여보냈다.

하씨는 백정의 딸로 미천한 신분 출신이었다. 하지만 후궁으로 들어와 영제의 총애를 받았다. 귀인이 되었을 때 총애가 특히 두터웠다. 그러나 그녀는 성품이 억세고 투기가 심했으므로 후궁들 중에서 두려워 떨지 않는 사람이 없었다. 176년 아들 유변劉辯을 낳았다. 유변은 사도인史道人(도술을 쓰는 사람)의 집에서 길렀으므로 사후史侯라고 했다.

헌제춘추에 의하면 "영제는 몇 차례나 아들을 잃었으므로 두려워 올바른 이름을 붙이지 못했다. 도인 사자묘史子眇의 집안에서 길렀으므로 사후라고 불렀다."

영제의 첫 번째 황후인 송씨宋氏가 무고로 죽은 뒤 180년 광화 3년

12월 5일 황후로 책봉되었다. 효령황후孝靈皇后 송씨 또는 송황후宋皇后(?~178년)는 장제의 비妃 송귀인宋貴人의 종손 송풍宋酆의 딸이었다. 송씨는 영제가 태자로 있을 때 그와 혼인했다. 그러나 태자의 총애를 받지 못했다.

172년 발해왕 유회가 자신의 봉국을 찾기 위해 왕보에게 뇌물을 주려 했다. 그런데 마침 환제가 봉국을 돌려주었다. 유회는 왕보에게 사례금을 주지 않았다. 왕보 등은 유회에게 역모죄를 씌워 거짓으로 고했다. 유회는 자살하고 그의 처첩과 자녀들도 모두 옥사했다.

유회의 첩 중에는 송황후의 고모도 있었다. 왕보의 무리는 송씨가 자신들을 원망할까 두려워 송황후를 죽이기로 작정했다. 송황후가 주술로 영제를 저주했다고 무고誣告해 송황후는 178년 폐위되었다. 송황후는 자진해서 감옥에 들어간 뒤 그 안에서 죽었다. 아버지를 비롯한 일족도 죽음을 당했다.

송황후가 죽은 뒤 황후에 오른 하황후의 아버지 하진何眞에게는 거기장군 및 무양선덕후舞陽宣德侯가 추증되었고 어머니 흥興은 무양군舞陽君에 봉해졌다. 하황후는 투기가 심했다. 영제의 총애를 받은 왕미인이 회임했을 때 왕미인은 하황후를 두려워 한 끝에 약을 먹고 아기를 없애려 했다. 그러나 아이는 지워지지 않았다.

왕미인은 황자 유협을 낳았는데 하황후는 끝내 짐독(독주)으로 왕미인을 살해했다. 영제의 분노는 하늘을 치솟았고 하황후를 폐위시키려까지 했다. 그런데 환관들의 만류로 뜻을 이루지 못했다. 그 후 동태후董太后가 몸소 유협을 길렀고 사람들이 유협을 동후董侯라고 불렀다.

왕미인은 조국 사람이다. 할아버지 왕포王苞는 오관중랑장이었다. 자태와 얼굴이 후덕했고, 총명하고 영리하여 재주와 지혜가 있었으며,

제5장 그 밖의 여인들

글을 쓰고 회계會計를 할 수 있었다.

왕미인은 양갓집의 딸로서 용모가 법도에 어긋나지 않아 궁중에 들어왔다. 영제는 유협이 어린 나이에 어머니를 잃은 것을 불쌍히 여긴데다 또 왕미인을 사모한 끝에 추덕부追德賦와 영의송令儀頌을 지었다.

189년 중평 6년 후한 영제가 34세의 젊은 나이로 죽었다. 아들 유변이 14세의 나이에 소제로 즉위했다. 하황후는 하태후가 되어 어린 아들을 대신하여 임조칭제臨朝稱制 했다.

그 후 하태후는 영제의 생모인 동태후가 정사에 관여하려 할 때마다이를 막고 그 일족을 핍박했다. 동태후의 조카 동중을 파직시켜 자살로죽게 하고 동태후 또한 마음의 병을 얻어 죽는다. 이런 일로 인해 하태후와 그 일가는 민심을 크게 잃었다.

하태후 때는 십상시로 불리는 환관들이 정권을 잡고 있었다. 하진이하태후에게 그들을 제거하자고 말했다. 그런데 하태후의 어머니 무양군과 그 동생 하묘가 환관들로부터 뇌물을 받고서 하진을 막아 달라는부탁을 한 터라 하태후는 하진의 말을 듣지 않았다. 그러나 때를 놓치면 변고가 생길 것이라는 원소의 재촉에 하진은 원소를 사례교위로 삼고 환관들을 감시할 수 있게 했다.

결국 하태후는 십상시를 파면시켜 낙향하도록 조치했다. 원소는 후환이 생기지 않도록 모두 잡아들이라고 권했다. 하지만 하진은 망설였다. 그 사이 십상시의 우두머리 장양(하태후 여동생의 시아버지)이 며느리에게 부탁해 하태후를 만날 수 있게 해달라고 청했다. 며느리는 이를어머니인 무양군에게 전했다. 무양군을 통해 이야기를 들은 하태후는십상시를 복직시켰다.

하진은 다시 하태후에게 십상시를 처단할 수 있게 해달라고 말했다.

그러나 하진은 환관들을 주살하려다가 도리어 해를 입었다. 장양을 비롯한 환관들이 하진을 죽였다. 그 결과 십상시의 대부분은 하진의 부하인 원소, 원술, 오광 등에게 죽임을 당했고 환관의 편이었던 하묘도 오광과 그 병사들에게 살해당했다.

동탁은 하진이 환관들을 제거하기 위해 전국의 제후들을 소집할 때 병주목으로서 부름을 받아 병사들을 거느리고 낙양에 들어와 조정을 능멸하고 억압했다. 권세를 잡은 동탁은 소제를 폐하여 홍농왕으로 삼고 진류왕 유협을 황제로 옹립하여 즉위시켰다. 그가 바로 헌제獻帝이다.

홍농왕(소제 유변)이 부축을 받은 채 전각 아래에서 북면(신하로서 임금을 섬김)하여 신하를 칭했다. 이때 황태후가 흐느껴 울었고 신하들도 비통함을 감추지 못했지만 아무도 감히 말을 꺼내지 못했다.

190년 초평 원년 산동 지역에서 의병이 크게 일어났다. 동탁이 난을 토벌하고자 했다. 동탁이 홍농왕을 누각 위에 머물게 한 후 낭중령 이유李儒에게 짐독을 올리게 하면서 말했다.

"이 약을 드시면 나쁜 것을 물리칠 수 있습니다."

홍농왕이 말했다.

"나는 병이 없다. 이것은 나를 죽이는 것일 뿐이다."

홍농왕이 끝내 마시기를 거부했다. 그래서 강제로 마시게 했다. 어쩔 수 없었던 홍농왕은 아내 당희唐姬와 궁인들을 불러 술을 마시면서 이별 연회를 열었다. 술이 한 바퀴 돌자 홍농왕이 슬프게 노래하면서 말했다.

"하늘의 도가 바뀜이여, 어찌 나를 힘들게 하는가. 만승의 자리를 버림이여, 물러나 번을 지켰노라. 역적의 핍박을 당함이여, 목숨을 잇기 어렵구나. 떠나서 그대와 헤어짐이여, 저승으로 가리라."

제5장 그 밖의 여인들

홍농왕이 당희에게 일어나 춤추게 하니, 당희가 소매를 들고 일어나 노래를 불렀다.

"하늘이 무너짐이여, 땅이 꺼짐이여. 몸은 황제가 됨이여, 목숨이 일찍 꺾임이여. 죽음과 삶의 길이 다름이여, 이를 따라 어그러짐이여. 어찌하여 나 홀로 외롭게 됨이여, 마음에 슬픔이 가득함이여."

노래를 부른 당희가 엎어져 눈물을 흘리면서 흐느껴 우니 앉은 사람들이 모두 같이 울었다. 홍농왕이 당희에게 말했다.

"그대는 황제의 비였으니, 다시 관리나 백성의 아내가 될 수 없소. 스스로를 사랑한다면 이 몸을 따라 죽어 주오."

홍농왕은 이 말을 끝으로 마침내 약을 마시고 죽었다. 이때 나이가 열여덟 살이었다.

중상시 조충은 죽은 홍농왕을 미리 마련해 둔 묘혈成壙에 장사 지내고 시호를 회왕懷王이라 했다.

당희는 영천군 사람이다. 홍농왕이 죽자 고향 마을로 돌아왔다. 아버지 회계태수會稽太守 당모唐瑁는 그녀를 다시 시집보내려 했지만 당희는 결코 그것을 허락하지 않았다.

나중에 이각이 장안을 함락한 후 군대를 보내 관동지역을 노략질했을 때 당희를 사로잡았다. 이각이 그녀를 아내로 취하려고 했다. 하지만 당희는 끝까지 이각의 마음을 받아들이지 않았으며 자신의 이름을 밝히지 않았다.

원굉의 한기에 의하면 "이각이 욕을 보였으나 감히 스스로 입을 열어 밝히지 않았다."고 했다. 상서 가후賈詡가 그 사실을 알고 상소를 올려 헌제에게 고했다.

헌제가 그 말을 듣고 크게 슬퍼하면서 조서를 내렸다. 당희를 맞아들이고 능원을 설치해 주며 시중에게 지절을 주어 보내 홍농왕의 비로 임명했다.

하태후에게는 시어머니인 동태후를 핍박했다는 죄를 물어 영안궁에 유폐시키고 사위인 이유를 시켜 짐살鴆殺했다. 황후에 오른 지 10년 만이었다. 동탁이 황제로 하여금 봉상정奉常亭에 나가서 애도하게 하고, 공경들에게는 모두 흰 옷을 입고 조회하게 했지만 끝내 상을 치러 주지 않았다. 하묘의 시신은 파내 절단된 뒤 길가에 내버려졌다. 하태후의 어머니 무양군도 살해당해 시신이 버려졌다.

원제가 어머니 왕미인의 오빠 왕빈王斌을 찾았다. 왕빈이 아내와 자식들을 거느리고 장안으로 오자 저택과 농지를 하사하고 봉거도위로 임명했다.

194년 흥평 원년 헌제가 원복을 입었다. 담당관리들이 상주하여 장추궁을 세우자고 했다. 이에 원제가 조서를 내렸다.

"짐은 타고난 바가 크지 않은 데다 재난과 난리를 만나서 아직 선조들을 이을 수 없었으니 기껏해야 옛 법을 밝힐 수 있을 뿐이다. 내 어머니께서 일찍이 돌아가셨는데, 아직 묻힐 곳을 점치지 못했고 예의와 규범도 제대로 다하지 않아서 마음에 맺힌 바가 있다. 이를 세 해 동안이나 근심했는데도 모두 길하다는 말이 없으니 또 얼마나 기다려야 하는가."

이에 담당관리들이 상주하여 왕미인을 영회황후로 추존하고 문소릉에 다시 장사지냈는데, 의례는 경릉과 공릉 두 능의 예를 따랐다. 경릉은 장제의 능이고, 공릉은 안제의 능이다.

광록대부에게 지절을 주어 보내면서 사공을 대행하여 옥새와 인수를 받들게 했다. 왕빈은 하남윤 낙업駱業과 더불어 흙을 덮었다.

왕빈이 돌아오자 집금오로 승차시키고 도정후都亭侯로 봉했다. 도정은 낙양성 안에 있는 정亭을 말한다. 한나라의 법에 따르면, 큰 현의 후侯는 지위를 삼공으로 보고, 작은 현의 후는 상경上卿으로 보았으며, 향후와 정후는 중 이천 석으로 보았다. 식읍은 500호였다. 왕빈이 병들어 죽자 전장군으로 추증하고 인끈을 내렸다. 알자를 보내 장례를 살펴 치르게 했다. 큰아들 왕단王端이 작위를 이었다.

하태후와 하진은 어머니가 다르지만 권력 관계에서 떼어 놓을 수 없는 사이다.

하진(?~189년)은 중국 후한 말의 정치가로 자는 수고遂高이며 형주荊州 남양군南陽郡 완현宛縣 사람이다. 후한 영제의 황후인 영사황후 하씨의 오빠이다.

하진은 원래 백정이었다. 그런데 173년 무렵 여동생이 영제의 후궁으로 들어가 총애를 받자 낭중郞中(군대에 파견된 문관)에 임명되었다. 이후 점차 승진하여 영천태수潁川太守까지 이르렀고 180년 누이동생이 황후에 임명되자 중앙으로 진출하여 시중侍中(황제의 비서역)이 되었다가 다시 승진해 하남윤河南尹(수도 낙양을 다스리는 행정관)에 임명되었다.

184년 광화 7년 거록鉅鹿 사람 장각이 황건적의 난을 일으키자 대장군에 임명되어 반란 진압을 총지휘 하였다. 이때 하진은 장각의 제자 마원의馬元義가 낙양에서 봉기하려는 계획을 간파한 공으로 후侯에 봉해졌다.

그 해 12월 왕윤이 십상시의 우두머리 장양이 황건적과 밀통한 것을 알아차렸다. 그러나 장양은 도리어 왕윤을 모함하여 처형당하게 만들었다. 이때 하진은 영제에게 상소를 올려 왕윤이 죽음을 면하게 하였다.

황건적의 난이 진압된 뒤 188년 중평 5년 하진은 영제에게 진언하여 서원삼군西園三軍을 만들고, 대장군의 상급 작위로 군의 최고 작위인 무상장군無上將軍을 제수받았다.

영제의 죽음 이후 황제 계승 문제로 시어머니와 며느리 사이에 갈등이 생겼다. 하황후는 아들 유변劉辯을 지지하고 동태후는 왕미인의 소생 유협劉協을 지지했다. 상군교위上軍校尉이며 십상시 중 하나인 건석은 동태후와 함께 유협을 지지하고 있었고, 중군교위中軍校尉인 원소는 하진의 적극적인 지지자였기 때문에 건석과 대립하고 있었다.

189년 중평 6년 4월 영제의 죽음이 다가오자 건석은 후계자로 유협을 지목했다는 영제의 유조遺詔를 갖고 있다고 말했다. 그 후 하진을 죽이려는 음모를 꾸미고 하진을 궁안으로 불러 들였다.

사마司馬(삼공의 하나. 사도司徒, 사공司空과 함께 국가의 대사를 결정하는 최고 관직으로서 주로 군사 방면을 담당)인 반은潘隱이 하진과 친했기 때문에 건석의 음모를 하진에게 고해 하진은 자기 진영으로 돌아가고 병이 났다는 핑계로 입궁하지 않아 건석의 음모는 실패했다.

189년 5월 유변이 황제로 즉위했다. 유변의 외삼촌인 하진과 하진의 부하인 원소는 곧 황제를 보위하게 되었다. 이에 불안해진 건석은 십상시인 조충 등에게 편지를 보내 다시 한 번 하진을 죽일 계획을 꾸몄다.

십상시의 한 사람인 곽승은 하진 세력과 친했다. 하진과 고향이 같아 하황후가 황후가 되고, 하진이 대장군이 되는 데 많은 도움을 주었다. 그러므로 곽승은 조충과 의논하여 건석의 계획을 따르지 않기로 하고 건석의 편지를 하진에게 보여주었다. 하진은 건석을 잡아들여 죽이고 그의 병사들을 자기 휘하로 편제했다.

원소는 평소 십상시를 주살할 계획을 꾸미고 있었다. 하진이 정권을 잡자 하진에게 십상시를 죽일 계책을 바쳤다. 하진은 원소의 계획에 따라 십상시들을 모두 제거하고자 했다. 그런데 혈연적으로는 아무런 관계가 없는 남동생 하묘가 하태후에게 십상시를 죽이지 못하도록 미리 말해 두었기 때문에 하태후의 허락을 얻지 못하였다.

이에 원소가 외부의 군사를 불러들여 그들로 하여금 십상시를 처단할 것을 제안하였다. 주부主簿(삼공부三公府에서 군郡에 이르기까지 각 관청에 두었던 문서, 장부, 인감을 담당했던 관리) 진림이 외부병력을 끌어들이는 원소의 계획을 강력히 반대하였다. 그러나 하진은 원소의 계획을 받아들이기로 하였다.

원소는 이 계획의 지휘를 맡아 동탁, 왕광, 교모, 정원 등 몇몇 장군들을 낙양 근처로 불러들였다. 태후와 환관과 탁류 관료들을 압박하는 형세를 취했다. 이에 모두 겁에 질려 환관들을 주살하자고 말했으나 유독 하태후만이 듣지 않았다.

본래 원소는 십상시를 모조리 주살하고 궁정에 환관을 두는 제도를 완전히 폐지해 국정을 개혁해야 한다는 급진적인 주장을 내세웠다. 반면 하진은 정권의 안정적인 유지에 관심이 있었다. 환관들과 결탁하여 정권을 잡았기 때문에 환관들을 은근히 두둔하는 마음이 있었다.

그런 연유로 하진은 원소의 계책에 우유부단한 태도를 취했다. 이 무렵에도 역시 주저하는 등 기민한 결단을 내리지 못했다.

원소는 하진이 전에도 그랬던 것처럼 계획을 바꿀 것이 두려웠다. "계획은 이미 완성되었고, 형세는 모두 드러났는데 더 이상 지체한다면 반드시 변고가 생길 것"이라며 하진을 압박했다. 이에 하진은 왕윤을 하남윤으로, 원소를 사례교위司隸校尉로 삼고 가절을 내리는 등 원소를 필두로 한 청류사대부에게 강력한 권한을 내주었다.

원소의 계획은 탄력을 받았다. 외부의 장군들을 도성 근처로 더욱 가까이 주둔하게 했다. 자파의 무인들을 금군으로 배치해 환관들을 철저히 감시했다. 공포에 질린 태후는 마침내 굴복하여 십상시 이하를 모두 파면시키고 낙향하게 했다. 원소는 하진에게 그들을 모두 처단할 것을 세 번이나 거듭하여 권했다. 하지만 결단을 주저한 하진은 끝내 원소의 말을 듣지 않았다.

이에 원소는 하진의 명령을 위조하여 모든 주군에 중관의 친속들을 잡아들여 심문하도록 하는 등 하진의 결단을 촉구했다. 그런데도 하진은 계속 머뭇거렸다. 그 사이 십상시의 수장 장양은 다시 하태후의 환심을 샀고 그 결과 십상시들은 모두 복직되었다.

이를 본 하진은 마침내 하태후를 찾아가 십상시를 죽일 것을 청했다. 후한서 하진전에 따르면 189년 8월 하진이 장락궁에 들어가 하태후를 만났다. 모든 상시常侍 이하를 모조리 죽이고 삼서三署의 랑郞들을 뽑아 이들로 하여금 환관들의 거처를 포위하게 해달라고 하였다.

환관들도 가만히 있지 않았다. 여러 환관들이 모여 의논했다. "대장군 하진이 병이 났다면서 상喪에도 나오지 않고, 장례에도 나오지 않았는데 왜 느닷없이 입궁을 한다는 겁니까. 무슨 뜻이 있는 것 아닙니까." "예전에 두무竇武가 환관들을 죽일 때처럼 또 다시 그렇게 하려는 것 아닐까요."

장양張讓 등이 사람을 시켜서 엿듣게 했다. 엿들은 말을 전해 듣고 상시常侍인 단규段珪와 필람畢嵐 등 수십 명이 무기를 들고 궁궐 측면의 작은 문 주위에 매복하도록 했다. 하태후의 조서詔書라고 속이고 하진을 불렀다. 하진이 작은 문 안으로 들어오자 장양이 그를 꾸짖었다. "천하가 어지러운 것은 우리들 잘못 때문만은 아니오. 예전에 영제가 하태후랑 사이가 안 좋아 하태후를 황후에서 폐하려고 했을 때 우리들이 울면서 겨우 구해 주기도 했고 각각의 집안에서 천만금을 각출하여 공을 기쁘게 해드렸던 것은 모두 공의 집안에 의탁하려고 그랬던 것이오. 그런데도 이제 공이 우리들을 모조리 죽이려 드니 이것은 너무 심한 것 아니오. 공은 우리들이 더러운 놈이라는데 그렇다면 공의 사람들 중에 그렇게 충성스럽고 깨끗한 사람이 있다면 그게 누구요." 하진이 머뭇거리자 상방감尙方監 거목渠穆이 가덕전嘉德殿 앞에서 하진을 칼로 베었다.

하진 사망 후 궁궐은 며칠 동안 혼란했다. 원소는 장양이 구성한 내각의 관료들을 살해했다. 협박과 질책을 통해 수습시킨 군사들을 데리고 궁궐에 난입했다. 내시와 탁류 관료로 보이는 2,000여 명을 죽였다. 이때 하진의 동생 하묘는 하진을 죽인 것으로 오해를 받아 오광과 동탁의 부하 동민에 의해 죽임을 당했다.

한편 원소는 자신이 불러들였던 동탁에게 밀려나 정권을 잡지 못하고 중앙권력에서 실각했다. 정권을 잡은 동탁은 황제 유변을 폐위시켰다. 그러고는 유협을 황제로 만들었다. 이어 하태후와 폐위된 유변을 감금했는데 하태후는 감금 이틀 후 독살시켜 죽이고 유변은 수개월 후에 죽었다. 몇 개월 후에는 하묘의 무덤을 파헤쳐 시체를 꺼내 마디마디 찢어 길에다 버렸다. 하태후의 어머니이고 하묘의 어머니인 무양군舞陽君도 죽여 시체를 내버렸다. 하진의 며느리 윤씨尹氏는 이후 조조에게 재가하였고 손자 하안도 어머니가 조조에게 재가함에 따라 자연스럽게 조조의 양자가 되었다.

한편 원소는 동탁의 포악한 통치에 반발한 여론을 결집했다. 반동탁 연합군을 결성하여 동탁과 헌제를 정통성 없는 정권으로 공격하기 시작했는데 이로써 군웅할거의 시대가 시작되었다.

삼국지연의의 하진 암살에 대한 묘사는 다음과 같다. 원소와 조조가 칼을 차고 하진을 호위해 장락궁長樂宮 앞에 당도하자 문지기가 의지懿旨

(황태후의 뜻)를 알렸다. "태후께서 대장군만 들라시니 다른 사람들은 들어올 수 없소." 원소, 조조 모두 궁문 밖에 멈추고 하진이 들어가 가덕전嘉德殿 밖에 당도하자 장양, 단규 등이 나와서 하진의 좌우를 둘러쌌다. 하진이 크게 놀라는데 장양이 성난 목소리로 하진을 꾸짖었다. "동태후께 무슨 죄가 있어 함부로 독살하였느냐. 국모의 장례에도 병을 핑계로 나오지 않다니. 네 본래 돼지 잡던 천한 놈인데 우리들이 천자께 천거하여 부귀를 누렸다. 그런데 은혜를 갚을 생각 않고 해칠 궁리만 하다니. 당신은 우리들이 그렇게 더럽다고 지껄이는데, 그렇다면 깨끗한 놈이 도대체 누구더냐." 하진이 허겁지겁 달아날 길 찾았으나 궁문들은 모두 닫혔고 매복한 병사가 일제히 뛰쳐나와 순식간에 하진을 베어 두 동강냈다.

▎유일하게 전투에 참가한 조앙 부인 왕이

| 왕이 | ✚ | 조앙 |

| 조월 | 조영 |

왕이王異(?~?)는 후한 말의 인물로서 조앙의 아내이다. 옹주雍州 천수군天水郡 출신으로 조앙과의 사이에서 아들 조월趙月과 딸 조영趙英을 낳았다. 삼국지에서 등장하는 여성 중 유일하게 전투에 참가한 여성이다. 그런데 삼국지연의에서 이름 없이 왕씨王氏라고만 언급되었다.

남편 조앙이 강도 현령이 되었을 때 왕이는 서현에 살고 있었다. 이때 같은 동네의 양쌍梁双이 반란을 일으켜 조앙과 왕이의 아들을 죽였다. 왕이는 처음에는 자살하려 했다. 그러나 딸 조영(당시 6세)을 보고 마음을 고쳐먹었다. 오물을 넣은 삼베옷을 입고 곡기를 끊어 깡마르게 되었다. 이후에 양쌍이 군 장관과 화해해 포로로 잡혀 있던 왕이와 조영은 풀려났다.

조앙趙昂(?~219년?)은 후한말의 정치가로 자는 위장偉章이며 옹주雍州 천수군天水郡 사람이다. 젊어서는 동향 양부楊阜, 윤봉尹奉과 함께 명성이 있었고, 함께 양주종사凉州從事가 되었다. 강도현령羌道縣令을 역임했다.

조앙은 건안建安 연간(헌제 196년~220년) 중반에 삼군사參軍事가 되어 식솔들을 기성으로 이주시켰다. 건안建安 17년(212년) 마초馬超가 동관전투에서 패주한 후 강羌 등 서융西戎의 지지를 바탕으로 세력을 재건하여 농상으로 쳐들어 왔다. 기冀를 제외한 모든 군현이 마초에게 호응했고, 주와 군의 지방관리들은 기성에서 농성하며 마초와 싸웠다.

다음해 마초가 기를 공격하자 왕이는 궁수용 팔찌를 끼고 나서 몸소 싸웠다. 장신구나 사치품을 병사들에게 상으로 나눠주어 사기를 높였다. 8개월에 이르는 마초의 맹공에 성 안은 굶주림에 시달렸다. 자사 위강은 마초에게 화의를 청했다. 조앙과 양부가 위강에게 항복하지 말라고 청했으나 받아들여지지 않았다.

조앙은 귀가하여 왕이에게 항복에 대한 일을 말했다. 그러자 왕이는 "구원이 가까이 오지 않았다고 할 수 없습니다. 병사를 고무해서 절개를 다하고 죽어야지 항복은 안 됩니다."라고 하였다. 이에 조앙은 위강을 다시 만류하러 갔다. 하지만 이미 위강이 마초에게 항복한 뒤였다.

마초는 위강의 항복을 받아들인 뒤 약속을 어기고 위강을 죽였다. 동시에 조앙의 아들 조월을 인질로 잡아갔다. 마초는 조앙을 기용하고 싶었으나 신뢰하지는 않았다. 때마침 마초의 아내가 왕이의 평판을 듣고는 왕이를 연회에 초대했다. 왕이는 마초의 아내와 친해졌고 그 후 마초는 조앙을 신뢰하게 되었다.

후에 양부가 외형(고종형) 강서姜敍와 함께 마초를 치기로 계획하고 조앙, 윤봉 등에게 사람을 보냈다. 이들은 모두 양부의 계획에 참여했다. 조앙은 윤봉과 함께 기산을 지켰고, 강서는 양부와 함께 노성에서 거병하였다. 마초가 양부의 반란을 진압하러 출진했다.

조앙은 양부에게 내응하기로 하고는 왕이에게 인질로 잡혀간 조월은 어떻게 해야 할지 물었다. 왕이는 "충의를 세우고 군부의 치욕을 씻기 위해서는 자신의 목을 잃어도 별 것이 아닐진대 아들 하나쯤이 무엇입니까."라고 말했다.

이에 조앙은 양관 등과 함께 마초의 처자식들을 도륙 내었다. 갈 곳을 잃은 마초는 일단 한중으로 달아나 장로에게 의지하게 되었다.

이후 장로의 지원을 얻은 마초가 복수를 하기 위해 돌아왔다. 왕이는 남편 조앙과 함께 기산에 틀어박혀 싸웠다. 마초가 기산을 30여 일간 포위했으나 조앙, 윤봉 등은 하후연夏侯淵이 보낸 원군이 올 때까지 버텨냈다. 마초는 원군이 오자 달아나면서 조월을 죽였다.

후한서에 의하면 유씨劉氏는 원소의 후처로 원상의 어머니이다. 후한 말 원소와 원술 형제는 강력한 군벌이었다. 둘은 형제였지만 화합하지 못하고 서로 싸웠다. 이복 형제로서 적자와 서자라는 관계가 서로 다른 길을 가게 했다. 원소는 서자로서 형이고 원술은 적자로서 동생이었다.

원소에게는 아들 셋이 있었다. 첫째 원담과 둘째 원희는 적자이고 막내 원상은 서자였다. 이중 원담과 원상은 원소를 잇는 후계자 선정에서 일찍부터 앙숙으로 등을 돌리게 된다. 마치 아버지 원소와 숙부 원술이 원수가 되어 싸웠듯이 칼끝을 서로에게 겨눴다.

유씨는 원소의 후계자 선정에 개입했고 원담과 원상이 싸우게 되는 불씨를 지폈다. 유씨는 원상을 심하게 편애했다. 원상은 형들에 비해 크게 나이가 어렸지만 원소를 닮은 풍모가 있었고 또한 용모가 아름다운 미소년이었다. 또 원상은 대담하고 강인한 성품이었다. 원상을 따르던 심배審配의 평가에 의하면 효심이 극진하고 진중한 성격으로 생활은 검소하고 일을 행함에 있어서는 기민하며 사물의 이치에 널리 통달해 있었고 서체가 뛰어나 유년기 무렵부터 신동으로 알려졌다고 한다. 하지만 원소와 마찬가지로 점잖고 온화한 모습 이면에는 다소 모질고 냉엄한 면모가 있었던 것 같다.

원소는 평소 원상의 재능과 용모를 아끼며 총애했다. 그러나 연령 등의 문제로 후계자로 거론하지는 않았다. 하지만 당시 원소의 총애를 받고 있었던 유씨는 원소에게 원상을 거듭 칭찬했다. 마침내 원소는 원상이 장성하면 후계자로 세울 뜻을 품었다.

원소는 적자이자 장자인 원담을 죽은 형의 양자로 입적시켜 자신의 호적에서 폐출시켰다. 또한 청주의 자사로 내보내 권력에서 소외시켰다. 장자인 원담을 후계 구도에서 일찌감치 제거함으로써 어린 원상의 승계에 최대 장애물을 제거하려고 한 것이다. 저수沮授는 이에 대해 원소에게 간했다. 그러나 원소는 "다른 자식들도 각 주로 내보내 그 역량을 살펴보겠다."라고 말하며 듣지 않았다. 둘째 아들 원희袁熙와 조카 고간高幹도 각각 유주자사와 병주목으로 삼아 보냈다. 반면 원상은 본진인 기주를 지키게 했다.

원소의 이런 결정에는 유씨의 역할이 컸다. 상황 판단이 빠르고 객관적이던 원소도 후계문제에서는 베갯머리 송사인 유씨의 영향에서 벗어나지 못했다.

한편 유씨는 원소의 후계문제 뿐만 아니라 혹독한 질투심으로 원소의 후처들을 잔인하게 죽였다.

200년 건안 5년 관도대전에서 조조에게 패한 원소는 이후 병을 얻었고, 202년 건안 7년 5월 경술일庚戌日에 피를 토하며 죽었다. 원소가 병으로 급사함에 따라 나이가 어렸던 원상은 그 지지기반이 극히 취약한 상태에서 집권하게 되었다.

이에 권력을 쥐게 된 유부인은 원소 생전에 짓눌려졌던 질투심을 쏟아내기 시작 했다. 원소는 생전에 아름다운 시첩 다섯 명을 총애했다. 유부인은 원소가 죽자 그의 시신이 관에 들어가기도 전에 시첩 다섯 명을 모두 죽였다. 뿐만 아니다. 그들의 시신까지 훼손하였다. 저승에서 원소가 다섯 명의 시첩들에게 빠져 살지 모른다는 망상에서 시체의 머리를 깎고 얼굴에 먹을 칠하며 글자를 새겨 넣는 등 그 형상을 훼손시켰고 아들 원상으로 하여금 죽은 자의 일가족을 모두 죽이게 하였다.

유부인의 질투심은 귀신도 놀랄 정도 였다. 전근대적인 사회에서 권력자의 그늘에서 온갖 시기와 질투심을 발휘하던 악랄하고 잔혹한 악녀도 많았다. 그러나 유부인처럼 한 이는 없었다. 지아비의 시신이 식기도 전에 생전에 총애하던 시첩을 죽이는 것도 쉽지 않는데 시신 훼손도 모자라 가문까지 몰살시킨 사람은 삼국시대 유부인이 유일하다.

한편 원소의 후계자 선정에서 유부인의 개입은 원소의 몰락을 재촉하는 결과를 가져 왔다. 원소가 세상을 뜨자 원담과 원상은 각자 세력을 조직해 후계자 자리를 두고 본격적으로 대치하기 시작했다. 당시 최대 군벌이던 원씨 집안이 순식간에 내부 분열의 혼란에 빠져 들었다.

원담은 원소 생전에 폐출되었다. 원상은 호적상 원소의 적자가 되었음에도 원소의 죽음을 두고 "후사를 정함에 미치지 못했다."라고 기록되어 있다. 백성은 나이가 많은 원담을 지지했다고 한다. 원상의 나이가 너무 어린데다 원소의 갑작스러운 사망으로 후계자 문제에 혼선이 생겼기 때문에 원소의 부하들이 갈라지게 되었다.

원담은 원상에 비해 나이와 경력 면에서 앞섰다. 곽도郭圖, 신평辛評을 중심으로 원담을 지지하는 의견이 다수를 차지했다. 마침내 원담은 군사를 이끌고 업鄴으로 향했다. 그런데 평소 원담과 사이가 나빴던 심배審配와 봉기逢紀는 원담이 집권하면 해를 입을 것을 염려하여 먼저 정권을 장악하고 원상을 옹립했다.

이 과정에서 심배는 존재하지도 않는 원소의 유명遺命을 만들어내기까지 했다. 원담은 뒤늦게 당도했으나 이미 후계자가 원상으로 결정된 후였다. 원담은 불복했다. 스스로 거기장군車騎將軍으로 자칭하며 원상에 맞섰다.

원상은 중재역으로 봉기를 파견했다. 마침 조조의 북상 움직임이 포착되었으므로 원담은 원상에게 원군을 청했다. 그러나 심배 등은 원상에게 원군을 보내지 말 것을 거듭 진언했고 원상은 지원군을 보내지 않았다.

이에 분노한 원담은 봉기를 죽였다. 봉기가 죽자 원상은 직접 나서서 원담을 돕는다. 한진춘추에 의하면 중재역으로 파견된 봉기가 오히려 원담을 부추기며 원상과의 불화를 조장했기 때문에 원상이 원군을 보내지 않았으며, 마침내 원담이 봉기를 죽이고 정통 후계자가 원상임을 인정함으로써 원상과 화해가 이루어진다.

202년 9월부터 원상은 수개월에 걸쳐 조조와의 전투를 치르는데 전황은 일진일퇴를 거듭했다. 조조가 북상해 여양의 원담을 공격해 오자 마침내 원담은 원상의 정통성을 승인하며 원상과 화해했고, 원상은 원담을 도와 직접 군대를 이끌고 조조와 맞선 것이다.

또한 원상은 조조의 배후 습격을 시도하여 마등馬騰을 비롯한 관서의 여러 제장들과 연합하고 흉노 선우 호주천을 움직여 하동河東을 공격하게 했으며, 부하 장수 곽원郭援을 보내 관서를 공략하게 했다. 곽원은 지나는 성마다 모두 함락시켜 관서 일대를 진동시키며 대단한 위세를 떨쳤으나, 종요鍾繇 등의 활약으로 마등이 배신하여 조조군에게 돌아서자 결국 마등이 파견한 마초馬超, 방덕龐德 등과 합류한 조조군에게 패하여 전사하는 바람에 최종적으로 관서 공략은 실패로 돌아갔다.

한편 원상은 여양 교외에서 조조와 약 반년에 걸친 대전을 벌였다. 전황은 일진일퇴를 거듭했으나 203년 3월, 조조군의 총공세에 마침내 패하여 여양성에서 농성하게 된다. 원담과 원상은 조조가 포위망을 형성하자 이를 저지하려고 하나 실패했다. 결국 원담과 원상은 여양黎陽을 포기한 후 밤중에 포위를 뚫고 업으로 귀환했다.

조조는 계속 군대를 진군시켰으나 원상은 오히려 반격을 가해 조조를 격파했다. 결국 조조는 허도로 퇴각하게 된다. 이때 원담은 패주하는 조조군을 추격해 습격하면 완전히 궤멸시킬 수 있다고 진언했다. 그러나 원상은 이를 의심하여 응하지 않았다.

조조가 퇴각한 이후 원상은 청주로 돌아가지 않고 있던 원담군에게 무기와 병력의 보충을 중단했다. 후계에 미련을 버리지 못하고 있던 원담은 원상의 이런 조치에 크게 분노했다.

이때 곽도와 신평은 원담을 부추기며 원소 생전에 원담이 폐출된 일역시 모두 심배가 뒤에서 꾸민 일이라고 모함했다. 근거 없는 말이었지만 원담은 이를 그럴듯하게 여겼다. 결국 군사를 끌어 모아 원상을 습격하다 도리어 대패하여 남피南皮로 달아났다.

별가別駕 왕수王修는 의친간을 이간질하며 영달을 노리는 간신인 곽도, 신평을 죽이고 화해할 것을 간했다. 하지만 원담은 응하지 않았다.

이미 정통성과 세력에서 크게 밀리고 있던 원담은 원상과 화해하자는 청주 내부의 반대 여론까지 묵살하고 전쟁수행을 위해 백성들을 노략질하며 도적떼와 이민족 무리까지 끌어들여 무리하게 내전을 진행시켰다. 하지만 다시 원상에게 참패하는데, 이때 원담군의 흐르는 피와 쌓인 시체는 헤아리는 것이 불가능할 정도였다고 한다.

한편 유표劉表는 원담과 원상에게 각기 편지를 보내 골육상쟁을 말렸으나 원담과 원상 모두가 이를 따르지 않았다. 원상은 원담의 근거지인 평원平原까지 포위하여 원담을 궁지에 몰아넣었다. 다급해진 원담이 조조에게 항복하고 조조도 이를 받아들여 여양으로 북상해 오자 원상은 결국 군사를 물려 조조와 대치해야 했다.

조조는 기주로 진군해 원담을 구원했다. 원상은 조조와 대치하기 위해 포위를 풀 수밖에 없었다. 조조는 원담의 딸을 자신의 아들 조정曹整과 결혼시켰다. 유표는 원담과 원상에게 각기 서신을 보내 화해를 권했다. 그러나 양쪽 모두 이를 듣지 않았다.

한편 원상 진영에서도 모든 문제의 원흉인 곽도를 베고 화해하자는 서신을 보냈다. 이때 원담은 서신을 읽고 눈물을 흘렸으나 곽도에게 겁박당하고 있었기에 태도를 바꿀 수 없었다.

결국 원상은 조조와 원담 양쪽으로부터 포위당하는 형국이 되어 참패하고 그 세력이 극도로 약해졌다. 반면 원담은 조조에게 항복은 했지만 본심이 아니었기 때문에 204년 세력 확대에 매진했다. 여러 군현을 공격해 점령했다. 재차 원상을 공격해 기주에서 완전히 내쫓고 그 잔병을 흡수하면서 조조에게 반기를 들었다.

조조는 원담의 딸을 돌려보내고 직접 원담을 공격했다. 원담은 남피에서 항전하면서 한 번은 조조를 물리쳤다. 그러나 이어진 전투에서는 결국 격전 끝에 패하여 달아나다 죽었다.

원담은 조조에게 패하자 재빨리 달아나 추격을 대부분 따돌렸다. 그런데 집요하게 추격하는 자가 있었다. 결국 낙마하여 땅에 떨어졌다. 원담은 추격자를 향해 목숨을 구걸했다. 그러나 살려 달라는 말이 채 끝나기도 전에 목이 잘려 땅에 떨어졌다. 원담의 시체는 왕수가 거두어 장사 지냈다.

204년 1월 조조는 황하를 건너 철수했다. 심배와 원상은 원담에게 화해를 요청했다. 그러나 원담은 받아들이지 않았다. 이에 원상은 심배에게 업을 지키게 하고 직접 군사를 이끌고 원담을 공격했는데 조조는 원상의 부재를 틈타 재차 기주를 공격했다. 업을 포위해 심배를 궁지에 몰아넣었다.

204년 7월 심배의 위급함을 전해들은 원상은 그를 구원하기 위해 기주로 황급히 귀환했다. 안팎에서 협공하여 조조를 물리치려 했으나 도리어 크게 패했다. 더구나 부장들의 배신까지 겹쳐 거느린 군사의 대부분을 잃고 단기로 도망쳤다.

원상은 중산中山으로 가서 세력을 수습했다. 하지만 병주의 고간은 원상에게 형세가 불리하게 돌아가는 것을 보고 원상을 배신하고 독립했다. 재차 원담과 조조의 공격까지 받았으므로 원상의 세력은 완전히 궤멸되었다. 원상은 하는 수 없이 유주의 원희에게로 피신했다. 이후 원상은 거듭된 망명과 재기를 모색했다. 한편 심배는 조조에게 성을 빼앗긴 후 처형되었다.

205년 1월 원희의 부하장수 초촉焦触과 장남張南이 원희를 배반하고 습격해 주를 장악했다. 원상은 원소에게 우호적이었던 오환족의 왕 답돈蹋頓에게로 달아났다.

조조 진영에서는 완전히 세력을 잃어 망명자에 불과한 원상을 더 이상 염려할 필요가 없다는 시각이 지배적이었다. 그러나 원상은 답돈의 원조를 받으며 재기할 기회를 노렸다. 기회가 생길 때마다 조조에 대한 반란을 사주하며 오환족을 이끌고 유주 일대를 공격해 피해를 입히는 등 조조의 신경을 건드렸다. 유주는 격파되어 수십만의 백성들이 오환으로 끌려가게 되고 조조가 임명한 자사와 태수들은 차례로 살해되기에 이른다.

당시 군벌들의 세력은 조조가 가장 막강했고 대적할 만한 세력은 형주의 유표 뿐이었다. 그러나 조조 진영의 곽가郭嘉 등은 거듭된 피해를 생각해 원상을 유표 이상의 제거 대상으로 평가했다. 좌시하다가는 유주는 물론 기주와 청주까지 원상이 되찾을 위험성이 크다고 봤다.

207년 조조는 곽가의 진언을 받아들였다. 원상의 재기를 막기 위해 오환을 공격했다. 원상은 오환족과 함께 조조에게 맞섰다. 당시 조조군은 무종無終을 통해 오환을 공격했다. 그러나 큰 길은 비로 인해 끊겼고 여러 샛길들은 원상과 답돈이 철저히 지키고 있어 고전하고 있었다.

하지만 우군이 나타났다. 평소 오환에게 원한을 품고 있으면서 독자적인 세력을 이끌며 오랫동안 재야의 명사로 지냈던 전주는 조조에게 합류했다. 그는 2백 년 동안 이용이 끊겨 있었던 고로를 안내하며 진군할 것을 권했다. 조조는 이를 받아들여 철수하는 것으로 위장한 뒤 노룡盧龍 방면의 길을 통해 오환의 본거지를 향해 잠행했다.

원상과 답돈은 노룡을 통한 샛길의 존재를 전혀 모르고 있었다. 조조군이 사라지자 몇 차례의 척후 끝에 조조가 정말로 철수한 것으로 믿었다. 그러나 총사령부인 유성柳城에서 불과 2백 리 지점에서 조조의 대군이 포착되자 깜짝 놀란다.

오환은 황급히 군사를 모아 조조와 맞섰다. 그러나 마침 답돈은 백랑산白狼山에 올랐다가 우연히 조조와 마주쳐 교전하다 죽는다. 생각지도 못한 습격을 받은 데다 지도자까지 허무하게 잃어버린 오환족은 순식간에 와해되기 시작했다.

원상은 기병 수천 기를 이끌고 오환의 지도부를 규합해 요동의 군벌 공손강公孫康에게로 달아났다. 한번 싸움에 오환족을 철저히 붕괴시켜

버린 예상 외의 결과에 고무된 조조 진영에서는 여세를 몰아 요동까지 진군하자는 의견도 있었다. 그러나 조조는 여러가지 무리수를 안고 시작한 오환 원정이 성공으로 끝난 것은 사실상 철저히 행운이 따른 결과로 여겼다. 또한 공손강이 원상을 두려워하고 있음을 간파하고 있었으므로 요동으로 도망간 원상 형제를 더 이상 추격하지 않고 군사를 물렸다.

본래 한미한 가문인 요동의 공손씨 정권은 강압적이고 잔혹한 통치로 강력한 권력을 형성했다. 중원에서 멀리 떨어져 있는 지리적 이점을 활용하여 중앙정부에 불복하면서 왕과 다름없는 위세를 누리고 있었다.

원상은 이를 믿고 공손씨에게 망명을 요청했다. 그러나 조조가 굳이 요동으로 침공해 오지 않는 이상 오히려 원소의 후광을 입고 있던 원상이 더 두려운 상대였다. 이런 상황으로 위험을 감지한 원상 역시 공손강을 만나러 가는 첫 회견 자리에서 선수를 칠 생각이었다. 원상은 직접 공손강 등을 죽인 뒤 요동을 점거하고 재기해 중원으로 진출할 계획을 세웠다. 그런데 공손강도 같은 생각 이었다. 그 자리에서 원상을 죽일 계획을 세워 많은 복병을 배치해 두었다. 결국 원상은 살해되었고, 목은 조조에게 보내져 업의 저자에 내걸렸다. 이때 원상의 머리 앞에서 곡을 하는 자는 참수한다는 조조의 엄명이 있었으나 전주田疇와 견초牽招 등은 죽음을 무릅쓰고 원상의 제사를 지냈다.

원담과 원상의 분열이 아니었다면 원소의 세력은 조조와 장기간 자웅을 겨루었을 것이다. 그러나 유부인의 후계자 선정 개입은 자식들의 우애를 헤치고 나라를 망치는 결과를 초래했다.

유부인은 자신의 편애와 고집으로 만든 원상이 조조와 연전연패 하다 요동으로 도망치고 공손강에게 목이 잘리는 상황을 지켜 봐야 했다.
뿐만 아니다. 조조가 기주성을 공격했을 때 원소의 관저에 숨어 며느리
인 견희의 미모 덕에 겨우 목숨을 부지할 수 있었다.

삼국지의 저자 진수는 원술을 호색한으로 평가했다. "원술은 사치스럽고 방자하고 음탕하였으므로 자신의 영화를 지킬 수 없었던 것은 자업자득이다."

또한 후한서(후한의 역사를 남북조 시대 송나라의 범엽(398년~445년)이 정리한 책)에 의하면 "원술이 남양에 있을 때 그 호구가 수백만이었으나 법도를 세우지 않고 약탈을 일삼았다. 그는 사치스럽고 방자하였으므로 영지에 편안할 날이 없었다. 백성들은 항상 고통을 받았다. 원술은 자신이 명문가의 자제로 유명하다는 것을 자랑스럽게 여겼지만 그 천성이 교만하고 사치스러워 자신만이 고귀하다고 여기며 모든 것을 깔봤다."

원술은 위의 평가처럼 많은 부인을 두었다. 백성들은 굶어 죽어도 처첩들은 비단으로 몸을 치장했다. 수많은 원술의 후궁들은 원술의 사랑을 독차지하기 위해 암투를 그치지 않았다. 원술의 부인들 중 기록에 남아 있는 사람은 풍부인이다.

풍부인은 구주춘추九州春秋에 의하면 사례교위司隸校尉 풍방馮方의 딸로서 천하의 절색國色이었다. 전란을 피해 양주揚州로 왔는데 원술이 성에 올랐다가 그녀의 미색에 반해 후궁으로 들여 총애했다.

여러 부인들이 그 총애를 시기하고 훼방했다. 그들은 모의하여 풍부인에게 말했다. "장군의 귀인貴人이면 지조와 절개가 있어야 하는데, 때가 되면 그때마다 울고 근심스러워하여 필히 오랫동안 원대인이 풍부인의 경중(敬重)을 보도록 해야 하오."라고 했다.

풍부인은 그 말을 옳다는 조언으로 받아들였다. 이후 그녀는 원술을 볼 때마다 눈물을 흘렸다. 원술은 풍부인의 눈물을 심지心志가 있다고 여겼고 더욱 가련히 여겨 더욱 더 총애했다.

여러 부인들은 원술의 반응이 당초의 목적과 다르게 나타나자 다시 모의했다. 풍부인을 죽이기로 작당했다. 풍부인을 목 졸라 죽이고는 시체를 측간廁의 들보에 매달아 두었다. 스스로 자결한 듯 위장한 것이다. 원술은 평소 눈물을 달고 살았던 풍부인을 떠올리며 상심하다 끝내 자결했다고 생각했다. 원술은 풍부인의 불행한 죽음을 애통해했다. 풍부인이 뜻을 얻지 못하고 죽었다며 매우 후하게 장사 지내 주었다.

원술의 후궁들이 풍부인에게 눈물을 흘리도록 한 것은 정수의 계략을 따라 한 것이다. 전국시대 초나라 회왕의 애첩 정수는 먼저 상대방에게 해괴한 행동을 하도록 꼬여낸 뒤 기회를 틈타 고발하여 회왕에게 눈의 가시 같은 다른 후궁의 코를 베도록 유도했다. 유명한 악녀였다.

풍부인이 죽은 얼마 후 원술은 황제의 자리에 올랐다. 원술은 패전을 거듭했고 재기하지 못하고 죽었다. 이후 그의 처첩들은 전리품으로 전락했다. 공을 세운 장수들이나 병사들에게 지급되는 물건 취급을 받았다.

원술의 부하와 처자식들은 원술의 옛 부장 노강태수 유훈에게 의탁했다. 훗날 유훈이 손책에게 패하면서 손책의 수하가 되었다.

원술과 손책은 보통 인연이 아니었다. 반동탁연합군 형성 당시 손책의 아버지 손견은 자원하여 원술의 지휘를 따랐다. 손견이 전사한 뒤 아들인 손책은 원술의 수하가 되었다. 훗날 손책이 원술을 떠나 강동의 패권을 장악하고 원술 또한 황제의 자리에 오르면서 두 가문의 갈등은 심화되었지만 둘 사이에는 끈끈한 정이 흘렀다.

그런 연유로 원술의 처첩들은 손책으로부터 보살핌을 받을 수 있었다. 원술의 딸은 손권의 후궁이 되었고 아들 원요는 손권 휘하에서 관직을 받았다. 또한 원술의 아들 원요의 딸은 손권의 아들 손분에게 시집을 갔다.

┃ 손권과 주유의 부인 대교와 소교 미인 자매

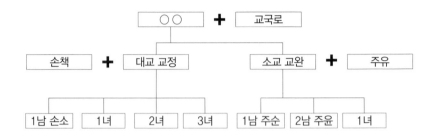

대교大喬와 소교小喬는 교국로의 딸들이다. 미색이 출중하여 당대 최고
의 미인 자매로 꼽혔다.

　교국로는 오나라 여강廬江 환皖 사람이다. 헌제獻帝 건안建安 초에 손책
孫策이 환을 공격하여 교공의 두 딸 대교와 소교를 얻었다. 언니 대교는
오의 장사환왕長沙桓王 손책孫策과 결혼했다. 본명은 교정喬靜이다. 동생
소교는 오의 장수 주유周瑜와 결혼했다.

　교국로는 손책과 주유라는 당대의 걸출한 인물을 사위로 두었다. 하
지만 삼국지에서 그의 활동은 이렇다 할 기록이 없다. 중국인명대사전
에 의하면 유비劉備가 손부인孫夫人과 결혼할 당시 유비에게 협력했다고
기록된 정도이다.

　대교는 손책이 일찍 죽는 바람에 과부로 살다 죽은 것으로 짐작된다.
그러나 단언할 수는 없다. 당시 여인에 대한 기록은 거의 없었고 대교
에 대한 기록도 없기 때문이다.

　대교는 손책과의 사이에서 1남3녀를 두었다. 아들 손소孫紹(?~?)는

손책孫策의 장남이며 손봉孫奉의 아버지이다.

200년 건안 4년 손책이 26세로 급사할 당시 손소의 나이는 어렸다. 그로 인해 손책은 후사를 동생인 손권孫權에게 부탁했다. 숙부인 손권이 제위에 오르자 손소는 오후吳侯에 봉해졌고 이후 상우후上虞侯로 다시 봉해졌다. 손소가 죽자 그의 아들 손봉孫奉이 뒤를 이었다.

주유의 부인 소교의 본명은 교완喬婉이다. 소교 또한 생사의 기록이 없다. 삼국지연의의 묘사는 적벽대전이 있기 전 제갈량에 의해 등장한다. 제갈량은 손권의 참전을 유도하기 위해 주유의 분노를 살 필요가 있었다. 조조가 지은 동작대부에 조조가 대교와 소교를 탐한다는 내용을 집어넣어 불렀다.

소교와 대교는 조조와는 직접적 관계는 없는 여인들이다. 그런데도 제갈량이 동작대의 시를 개작해서 끌어들였다. 성질이 급한 주유의 분노를 유도하기 위한 것이었다.

제갈량은 조식이 지은 동작대의 "두 개의 다리橋를 동서로 놓아"라는 시구를 주유에게 "두 교녀橋女를 데려와"로 고치고 "아침 저녁으로 즐기리라"라는 시구까지 지어내서 주유를 격분시켰다.

또한 적벽전투 바로 이전 조조가 창을 들고 노래할 때 조조 자신이 "교공(소교와 대교의 아버지)의 두 딸을 마음에 두고 있었는데 각각 손책과 주유에게 가버렸다"라고 언급하는 장면이 나온다.

삼국지연의에 나오는 이야기다. 제갈량이 주유에게 말하길, 조조는 강동의 이교二喬를 빼앗아와 동작대銅雀臺에 두고 만년을 즐기려는 꿈을 꾸고 있다고 했다.

제갈량은 이처럼 자신이 꾸민 이야기로 주유를 격분케 하고 조조와 목숨을 걸고 끝까지 싸우도록 부추기려고 했다. 주유가 반신반의하자 주유로 하여금 의심할 여지가 없음을 확신시키기 위하여 다시 조식曹植이 지은 동작대부銅雀臺賦를 암송해 준다. 시 가운데 "두 교씨를 동남에서 잡아와 날마다 그들과 함께 즐기리라."라는 두 구절은 주유의 노여움을 촉발시킨다. 마침내 주유는 조조에 대해 "내 이 늙은 역적과는 맹세코 한 하늘 아래 살 수 없다"라며 심한 욕설을 퍼붓는다.

하지만 제갈량이 지혜로 주유를 격분시키는 이 흥미진진한 이야기는 순전히 허구에 속한다. 조조가 동작대를 건립한 시기는 적벽대전 후 3년째 되는 해였다. 조식이 동작대부를 지은 시기는 다시 동작대를 지은 후 2년째 되는 해였다.

제갈량이 읊은 '한 쌍의 누대를 좌우에 세움이여(立雙臺于左右兮립쌍대우좌우혜)'에서 "주 문왕 길몽 꾸고 현신 얻은 일이로다(協飛熊之吉夢협비웅지길몽)"에 이르는 여덟 구와 '용 깃발 꽂힌 어가 타고 유유히 노닒이여(御龍旗以遨游兮어룡기이오유혜)'에서 "이 즐거움도 영원하여 다함이 없으라(樂終古而未央락종고이미앙)"에 이르는 여섯 구는 조식의 문집 등대부에는 없는 것이다. 문장도 원래의 부와는 조화가 되지 않으니 삼국지연의의 허구인 것이다.

성씨로 삼은 교喬도 옛날에는 본래 교橋였다. 이교二喬의 교喬는 삼국지 주유전과 배송지 주에서 인용한 강표전 등에는 모두가 교橋로 되어있다.

교喬와 교橋 두 글자는 뜻은 다르지만 소리는 같기 때문에 본래의 성씨로 쓰인 교橋를 후에 와서 교喬로 쓰기도 했다. 삼국지연의에 나오는 '두 교씨를 잡아오다'의 교喬는 두 가지의 뜻을 포함한 쌍관어雙關語로 동작대에 세운 두 개의 구름다리라는 뜻과 함께 다시 교공의 두 딸을 의미한다.

이는 조조가 스스로 두 교씨를 취하겠다는 말을 함으로써 그 사실을 더욱 확고하게 만든다. 삼국지연의에서 제갈량은 교喬와 교橋의 이런 관계를 교묘하게 이용하여, 교량을 의미하는 교橋를 교씨의 교喬로 해석토록 함으로써 주유를 격분시킨다는 목적을 달성했다. 얻기 어려운 묘한 문장이 아닐 수 없다.

역사적 사실을 고증해보면 허구이지만 이치로써 검증해 보면 사실이 되는 것을 문장가들은 잘 맞춰 낸다.

당나라 시인 두목杜牧은 적벽赤壁이란 시에서 다음과 같이 읊었다.

折戟沈沙鐵未銷 절극심사철미소
부러진 창 모래에 묻힌 채 아직 삭지 않아
自將磨洗認前朝 자장마세인전조
주워 들고 닦아 보니 옛 왕조 것임을 알겠네
東風不與周郞便 동풍부여주랑편
동풍이 만약 주랑 편을 들어주지 않았다면
銅雀春深銷二喬 동작춘심소이교
봄 깊은 동작대에 대교와 소교는 갇혔으리라

이 시는 이교二喬가 동오 손·주의 나라를 대신함을 가리킨다. 전쟁에서 패하면 강동이 파괴되고 백성들이 도탄에 빠진다는 것을 표시한다. 하지만 조조가 오를 친 것이 정말로 두 교씨를 차지하여 동작대에 두고 즐기기 위해서인지는 알 수 없다.

그러나 일찍이 삼국지평화에서는 두목의 시를 곡해한 흔적이 있다. "그대는 조조가 장안에 동작대를 짓고 천하의 아름다운 부녀자들을 잡아들이는 것을 알아야 한다. 지금 조 승상은 강동의 오를 빼앗고 교공의 두 딸을 포로로 잡으려하니, 어찌 원수元帥의 깨끗한 명성이 욕되지 않겠는가."라는 부분이다.

나관중이 두목의 시에서 촉발된 영감과 삼국지평화의 영향을 받아 "공명은 지혜로 주유를 격동시키다."라는 희극적인 줄거리를 만든 것 같다. 독자들로 하여금 경탄을 금치 못하게 하는 걸출한 문학적 재능이다.

만약 조식의 부에 정말로 이교를 잡아온다는 구절이 있거나 제갈량이 정말로 이 구절을 조식의 부에 섞어 넣어 주유를 격분하게 했다면 이교는 당연히 이교二橋로 씌어졌어야 한다.

당시에는 성씨가 교橋로 통용되었고, 대략 당나라 시대를 전후해서 교喬로 간략히 쓰였기 때문이다. 그러나 두목의 시와 삼국지평화에서 이미 교喬로 쓰임으로 말미암아 삼국지연의에서도 한위漢魏 때의 습관을 고려하지 않고 곧바로 교喬로 개작해버린 것이다.

옛 사람들 중 두목의 시 적벽을 주석하면서 삼국지연의에서 제갈량이 주유를 격분시킨 일을 증거로 삼는 사람이 있는데, 이는 허구를 역사적 사실로 오인한 예이다.

소교는 주유와의 사이에서 아들 주순周脣과 주윤周胤 그리고 딸 하나를 낳았다. 주순은 손권의 딸 손노반과 결혼했지만 일찍이 죽었다. 손노반은 주순 요절 후 전종과 재혼하여 전공주全公主로 불리게 되었다.

한편 대교와 소교는 한나라의 태위太尉 교현喬玄의 딸들이라는 설도 있다. 교현橋玄(109년~183년)은 중국 후한 말의 정치가로 자는 공조公祖이며 예주豫州 양국梁國 수양현睢陽縣 사람이다.

∎ 형주의 유표 후처로 수렴청정 꿈꾼 채부인

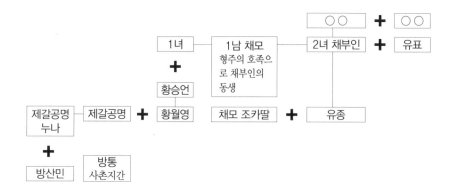

채부인蔡夫人(?~?)은 후한말 형주를 차지한 유표의 후처로서 호족 채모
蔡瑁의 누나이다. 정사 삼국지에서는 유표가 조조의 사자로 나선 한숭
을 처형하려는 것을 만류한 것으로 나온다.

삼국지연의에서는 동생 채모와 함께 유종劉琮을 후계자로 세우기 위
해 유비의 암살과 유서 위조 등을 기도한다.

채부인은 유표가 죽자 채모와 함께 유종을 세워 유표의 뒤를 잇게 했
다. 하지만 조조가 남정南征하자 유종이 조조에게 투항했다. 조조가 유
종을 청주자사靑州刺史로 임명하여 함께 청주로 가던 중 조조가 우금于禁
을 시켜 쫓아가 죽이게 했다. 그러나 정사 삼국지에는 채부인이 우금에
게 죽었다는 사실은 없다.

채부인의 동생 채모蔡瑁(?~?)의 자는 덕규德珪이며 형주荊州 양양군襄陽
郡 사람이다. 말재주가 뛰어났고 일찍이 동향인 괴월蒯越과 함께 군사로

써 형주자사 유표를 섬겼다. 또한 조조와는 오래전부터 친분이 있었다.

채모의 고모는 후한의 태위 장온에게, 큰누나는 황승언에게, 작은누나는 유표의 후처로 각각 시집을 갔다. 또한 채모의 조카딸은 유표의 아들 유종에게 시집을 갔기 때문에 세력이 더욱 커졌으며, 유표의 측근으로 중용되었다.

채모는 제갈량이 황승언의 사위인 관계로 제갈량과도 친인척이다. 또한 제갈량의 누나가 방덕공의 아들 방산민과 결혼했는데 방산민이 방통과 사촌형제인 관계로 방통과도 먼 친척이었다.

촉서蜀書 선주전先主傳에 인용된 위진세어魏晉世語에 따르면 괴월과 함께 유비의 목숨을 노렸다고 하나 사실 여부는 불분명하다.

유표 사후, 친족 장윤과 공모하여 유종의 배다른 형 유기와 그를 지지하는 유비를 쫓아내어 유종이 뒤를 잇게 하였다. 조조가 침략하자 유종은 싸우지도 않고 항복하였고, 채모는 조조 휘하의 장군이 되었다.

조조의 밑에서 채모는 종사중랑과 사마를 거쳐 장수교위를 역임하였으며, 이윽고 한양정후에 봉해지는 등 높은 관직에 올랐다. 그러나 사람들은 채모를 경멸하였고, 오직 조조만 그를 벗으로서 대하였다.

훗날 그의 후손들은 크게 번창하여 채주라는 섬에 모여 살았다. 그러나 211년에 도적 왕여王如의 침입을 받아 모두 목숨을 잃었고, 이로써 가문이 멸족당하였다.

삼국지연의에서 채모는 정사의 내용과 같이 유비와 유기를 채부인과 같이 음해하며 유표가 죽은 후 조조에게 항복하는 것으로 나온다. 그러나 208년 건안 13년 조조가 손권을 정벌할 때 수군 도독으로서 지휘를 맡지만 주유周瑜의 이간책에 넘어간 장간蔣幹의 보고로 장윤과 함께 처형당하는데 이는 사실과 다르다.

▌뛰어난 미모의 천재 여류 시인 채염

채염蔡琰(177년~239년)은 후한 말의 여류 시인이다. 자는 문희文姬이며 채문희라는 이름으로 더 유명하다. 진류(허난성 치현) 출신으로 후한의 중신인 채옹의 딸이다. 채옹은 저명한 학자였다. 그를 따르는 문객이 문전성시를 이뤘다. 그 문객 중에는 조조도 있었다. 채옹의 인생이 굴곡지면서 딸 채염의 인생도 불운의 연속이었다.

그녀가 태어날 당시 채옹은 황제의 호위를 담당하는 의랑議郞에 있었는데 환관들에 몰려 북쪽으로 귀양 가는 신세가 되었다. 당시 정계는 환관들이 실권을 장악하고 황제를 조종하는 혼란한 정국이었다. 채옹은 이런 환관의 횡포와 탐관오리의 비리를 바로 잡으려다 환관들의 모함을 받아 억울하게 처형될 지경에 이르렀다. 다행히 중상시 여강의 도움으로 사형은 면했다. 그러나 변방에서 귀양살이를 하게 되었다.

채염은 어려서부터 시재와 음율에 능했다. 세설신어에는 끊어진 현을 맞춘 일화와 채옹의 저술을 복원한 것에 대한 일화가 기록되어 있다.

유소劉昭의 유동전幼童伝에는 다음과 같은 이야기가 실려 있다. 채염이 여섯 살 때부터 아버지 채옹과 밤에 금을 탔다. 하루는 현이 끊어지자, 채염이 두 번째 현이라고 말했다. 놀란 채옹이 다시 일부러 현 하나를 끊어놓고 물었다. 채염이 네 번째 현이라고 말했다. 틀린 곳이 전혀 없었다. 채옹은 우연히 맞혔을 뿐이라고 했다.

그러자 채염은 "오나라의 계찰이 여러 나라의 노래를 관람하고 흥성할 나라와 망할 나라를 알았으며, 사광이 율관을 불어 남쪽 노래가 상대가 되지 못함을 알았습니다. 이로써 살펴보건대 어찌 족히 알지 못하겠습니까."라고 말했다.

채염은 16세에 하동의 세족世族 위중도衛仲道의 아내가 되지만 사별하였다. 부부의 금슬은 좋았지만 위중도는 각혈을 하면서 죽었다. 시댁에서 남편의 죽음을 채염의 책임으로 돌렸다. 채옹의 반대에도 불구하고 자식이 없던 그는 친정으로 돌아왔다.

195년 흥평 2년 동탁의 잔당에 의한 난이 일어났다. 채염은 23세 되던 해 전란 중 흉노의 기마병에게 납치되었다. 빼어난 미모의 그녀는 흉노의 좌현왕 유표에게 강제로 바쳐져 측실이 되었다. 좌현왕은 오랑캐 흉노족 추장인 선우의 태자이다. 채염은 좌현왕과 12년 동안 살면서 쌍둥이를 낳았다.

그러나 채염은 두고 온 고향산천이 몹시 그리웠다. 또한 풍속이 다른 흉노족과의 삶도 행복하지 않았다. 삶의 고통과 불우한 자신의 처지를 절절이 노래한 호가십팔박胡笳十八拍을 작곡했다.

호가십팔박은 악부樂府 십팔 곡의 이름이다. 채염 자신이 난리가 일어났을 때 붙잡혀서 호왕胡王 유표의 부인이 되고 아이까지 낳은 후 조조의 도움으로 돌아오는 사이에 겪은 사실을 운문韻文으로 써서 호가로 노래 부른 것이다.

호가십팔박은 널리 중원에까지 전해졌다. 207년 북방을 통일한 조조는 이 노래를 들으면서 감동하여 눈물을 흘렸다. 문객으로 드나들던 때의 스승 채옹과 아름답던 딸 채염이 생각났다. 채옹의 후계자가 없는 것을 안타까워했다. 조조는 가엾은 채염을 구출하기로 결심한다.

조조는 먼저 사신을 보내 흉노의 사정을 알아보게 했다. 이후 몸값으로 천금을 주고 데려 왔다. 귀국할 때 채염의 두 아이는 흉노에 남게 되어 헤어졌다.

채염은 그 후 조조의 주선에 의해 동향 출신인 동사董祀에게 시집갔다. 하지만 세 번째 남편인 동사와의 결혼 생활도 순탄하지 않았다. 동사는 조조가 각별한 관심을 가졌던 둔전제屯田制를 지휘 감독하는 둔전도위 직책에 있었다. 그런데 동사가 법을 어겨 사형을 선고받았다.

채염은 세 번째 남편마저 잃을까 두려워했다. 조조에게 필사적으로 매달렸다. 머리를 풀어헤치고 맨발로 조조 앞에 나가 남편을 살려 달라고 눈물로 호소했다. 그때 조조의 방에는 공경들과 명사 그리고 먼 곳에서 온 사자로 사람들이 가득했다. 조조는 빈객에게 말했다.

"채백개(채옹)의 딸이 밖에 와있다. 지금 여러분에게 보이겠다."

채염은 자리에 나와 맨발로 머리를 풀어 고두하고 남편의 죄를 사과했는데 목소리는 맑고 말은 명석했으며, 내용은 매우 비통했다. 같이 있던 사람들은 모두 태도를 바꿔 숙연했다. 조조가 말했다.

"정말 딱하게 생각한다. 그러나 사형 집행의 문서를 보내버렸다. 이제 어쩌겠는가."

채염은 "명공의 마굿간에는 말이 만 마리가 있고 범 같은 병사가 숲처럼 늘어져 있거늘. 죽으려는 목숨을 구하는 데 발 빠른 기병을 아끼실 겁니까."라고 말했다.

조조는 그 말에 감동했다. 동사의 사형 집행을 중단시키기 위해 사자를 보내 달리게 했다.

남편을 살리려는 채염의 비통한 모습은 조조를 감동시켰다. 시인 채염의 눈물에 시인 조조가 처형 중지로 대답한 셈이다.

그때는 새벽이라 추웠다. 조조는 채염에게 두건과 신발을 하사했다. 그러면서 조조에게 물었다.

"부인의 집에는 이전, 고서가 많이 있다고 들었다. 아직 암기하고 있는가."

채염이 말했다.

"예전에 망부께 4천여 권의 책을 받았지만 난리를 만나 유랑하는 가운데 모든 것을 잃었습니다. 지금 기억하여 암송할 수 있는 것은 겨우 400편 남짓입니다."

조조가 말했다.

"그렇다면 10명의 관인에게 명하여 부인과 함께 이것을 찍게 하겠다."

채염이 말했다.

"남녀의 구별은 엄연하여야 한다고 들었고 예법에도 남녀는 가깝게 주고받는 것은 안 된다고 했습니다. 종이와 붓을 내려 주시면 해서든 초서든 명하는 대로 쓰겠습니다."

그 후 채염은 기억하는 4백여 편을 써서 조조에게 보냈다. 그런데 오자가 하나도 없었다. 이후 채염은 전란으로 유랑했던 비통한 기억을 생각하여 비분시悲憤詩 2수首를 지었다.

채염은 이처럼 대단한 능력의 소유자인데 난세를 만나 기구한 운명을 산 여자이다. 왕이, 장춘화, 보연사와 함께 이름이 정확히 역사서에 기재된 몇 안 되는 삼국시대 여성이다.

채염은 문학과 음악 그리고 서법書法에 능했다. 저서로 채문희집蔡文姬集이 있었으나 실전失傳되었다. 현재는 작품 비분시悲憤詩 2수首와 호가십팔박胡笳十八拍이 전해지고 있다. 비분시는 자식과 이별하는 장면을 슬프게 노래하고 있는데 하나는 오언시五言詩이고 또 하나는 초사체楚辭體 호가십팔박이다.

훗날 채염의 인생을 소재로 한 북경 이화원의 장랑에 그려진 문희귀한도와 곽말약의 희곡 등이 있다.

삼국지연의에서의 채염은 채옹의 딸로 좌현왕 유표에게 붙잡혀가 측실로 가게 되었다. 이에 조조가 좌현왕 유표를 공격해 채염을 구출하고 동향 출신의 동사에게 시집을 보냈다. 그 후 219년 조조가 한중으로 가는 도중 채염의 집을 방문한다. 이때 채옹이 썼던 유언장의 수수께끼를 풀기도 하였다.

채염의 아버지 채옹蔡邕(132년~192년)은 후한 말기의 학자이다. 자는 백개伯喈 연주兗州 진류군陳留郡 어현圉縣 사람이다. 학문과 글씨에 뛰어난 재주를 가져 명성이 높았다. 서예의 기법인 영자팔법의 고안자라고도 알려져 있다. 훗날 서진 초의 명장 양호羊祜의 외할아버지이기도 하다. 또 방계 증손자로 채표蔡豹 등이 있다.

175년 3월 영제靈帝는 유학자들에게 5경의 문자를 바로잡고 그 내용을 의랑議郎이었던 채옹에게 고문古文, 전서篆書, 예서隸書 세 가지 글씨로 옮겨 쓰게 했다. 그 다음 석공에게 그 글씨를 새긴 비석을 세우도록 했다. 비석이 처음 세워졌을 때 채옹의 글씨를 보기 위해 몰려든 사람들이 거리에 가득했다고 한다.

178년 7월 푸른 무지개가 궁궐에 나타났다. 조정에서는 불길하게 여겼다. 같은 일이 또 일어나지 않게 신하들에게 대책을 물었다. 이때 채옹은 환관인 중상시中常侍 정황程璜과 태후궁의 곽옥霍玉 등을 물리치고 어진 인재를 등용할 것을 건의하였다.

그런데 다른 환관인 조절曹節이 채옹의 글을 보고 정황에게 내용을 알려 주었다. 정황은 채옹에게 앙심을 품었고 채옹을 모함하여 내쫓을 궁리를 하면서 시기를 보고 있었다.

마침 채옹의 숙부인 위위衛尉 채질蔡質이 정황의 양녀 양구陽球와 결혼했다. 그런데 두 사람의 부부 사이가 나빴다. 정황은 이를 계기로 채질과 채옹을 한꺼번에 모함하여 옥에 갇히게 했다. 뿐만 아니라 계속 영제에게 말해 처형하려 했다.

그러나 또 다른 중상시 여강呂強이 채옹의 구명을 위해 애썼기 때문에 머리를 깎인 채 삭방朔方에 귀양 가는 것으로 그쳤다.

정황은 채옹에 대한 분이 풀리지 않았다. 정황의 양녀 양구는 자객을 보냈다. 또한 현지 관리에게 뇌물을 주어 채옹을 암살하려 했다. 하지만 자객과 관리가 모두 거절하는 바람에 무사할 수 있었다.

한편 채옹에게 우호적인 여강은 179년에 상소를 올려 채옹을 다시 등용할 것을 청했다. 하지만 영제는 받아들이지 않았다. 이후 사면령이 내려져 귀양살이를 마쳤다.

그런데 오원五原 태수 왕지王智가 채옹이 조정을 비방했다고 모함했다. 그런 연유로 채옹은 동탁董卓이 부를 때까지 계속 거주지를 옮기며 도망 다녔다.

동탁은 189년 하진何進이 죽은 후 무력으로 정권을 잡았다. 그는 채옹의 높은 명성을 듣고 조정으로 불러들였다. 그런데 채옹은 병을 핑계로 응하지 않았다. 화가 난 동탁이 채옹의 집안을 멸족시키겠다고 협박했다. 채옹은 일가를 살리기 위해 어쩔 수 없이 관직에 나갔다.

동탁은 채옹을 극진히 대접하면서 3일 동안 수차례의 고속 승진을 시켜 시중侍中으로 임명하였다. 이후 좌중랑장左中郎將이 되고 고양후高陽侯에 봉해졌다. 동탁은 소제少帝를 폐하고 진류왕陳留王 헌제獻帝을 세울 뜻을 내비쳤다.

노식이 면전에서 반대했다. 그러자 동탁은 노식을 죽이려 했다. 그러나 당시 갓 등용되어 동탁의 신임을 받고 있던 채옹이 노식의 서찰을 받고 곧바로 입조하여 말한 덕분에 벼슬에서 쫓겨나는 것으로 그쳤다.

190년 채옹은 화제和帝의 묘호인 목종穆宗, 안제安帝의 묘호 공종恭宗, 순제順帝의 묘호 경종敬宗, 환제桓帝의 묘호 위종威宗을 모두 없애자고 건의하였고 모두 받아들여져 그대로 시행되었다.

191년 동탁의 부하들이 동탁을 태공망太公望 여상呂尙에 비하며 상보尙父로 추대하려 했다. 하지만 채옹이 반동탁연합군이 진압되고 낙양으로 환도한 후에 실행할 것을 건의하여 이 일은 중단되었다. 그만큼 채옹에 대한 동탁의 신임은 대단했다.

192년 왕윤王允이 여포를 시켜 동탁을 죽였다. 이때 왕윤과 같은 자리에 있던 채옹은 동탁의 죽음을 탄식하였다. 왕윤은 그런 채옹의 태도를 불쾌하게 생각하고 죽이려 했다. 채옹은 자신의 잘못에 대한 선처를 구하면서 한나라 역사를 저술할 것을 원했다. 상서복야 사손서와 태위大尉 마일제馬日磾를 비롯한 대부분의 신하들이 채옹을 구제하려 했다. 그러나 왕윤은 끝내 듣지 않고 채옹을 죽였다.

삼국지연의에서는 동탁이 채옹을 등용한 것은 책사 이유李儒의 건의에 의한 것으로 서술했다. 왕윤이 동탁과 그 일족들을 죽이고 재산을 몰수한 다음 시체를 저자에 버린 후 동탁의 시체 앞에서 곡하여 잡혀왔고, 왕윤의 명령에 의해 감옥에서 목이 졸려 죽었다.

제5장 그 밖의 여인들

호가는 갈대로 만든 고대 피리로 원조는 서역西域 또는 북적北狄이다. 호가십팔박은 208년 전후하여 채염이 호가의 소리를 참고하여 쓴 금곡이다. 내용은 208년 이전 채염 자신의 경험과 관련이 있다.

이 가사는 채염의 말투로 먼저 자신이 난세에 처하여 얼마나 불행했으며 다른 민족의 포로가 되어 고향을 얼마나 그리워 했고, 흉노의 생활이 얼마나 힘들었는지를 서술하였다. 그리고 두 아이를 낳아서 얼마나 애지중지하였는지를 말했다. 고향으로 돌아갈 희망이 보이자 반가우면서도 한편 사랑하는 자식을 떼어놓을 수 없었음도 말했다. 돌아온 후 자식들이 꿈에도 그리워 새롭고 깊은 원한이 생겼음을 노래했다.

〈胡笳十八拍 호가십팔박〉

第一拍 제1박, 寫被擄遭辱 사피로조욕。
제일박, 끌려가서 욕을 당하다

我生之初尚無為 아생지초상무위,
내가 태어날 때엔 별 일이 없더니
我生之後漢祚衰 아생지후한조쇠。
내가 태어난 후 한 나라가 쇠하였네.
天不仁兮降亂離 천불인혜강란리,
하늘이 불인하여 난리를 내리더니
地不仁兮使我逢此時 지불인혜사아봉차시!
땅이 불인하매 나로 하여금 이런 시기를 만나게 하였네.

干戈日尋兮道路危 간과일심혜도로위,

방패와 창이 날마다 찾음이여, 길은 위험하고

民卒流亡兮共哀悲 민졸류망혜공애비。

백성들이 흘러 죽음이여, 함께 슬퍼하네.

煙塵蔽野兮胡虜盛 연진폐야혜호로성,

연기와 먼지가 땅을 가림이여, 오랑캐 무리가 성하고

志意乖兮節義虧 지의괴혜절의휴。

의로운 뜻이 허물어짐이여, 절개가 이지러지네.

對殊俗兮非我宜 대수속혜비아의,

죽음과 속됨을 대함이여, 내가 뜻한 바가 아니요

遭惡辱兮當告誰 조악욕혜당고수?

나쁜 욕을 만남이여, 나는 누구에게 호소하리오.

笳一會兮琴一拍 가일회혜금일박,

호가를 한번 불음이여, 거문고를 한번 치니

心憤怨兮無人知 심궤사혜무인지!

괴롭고 원한 맺힌 마음이여, 아무도 몰라주네.

第二拍 제2박, 寫被逼成婚 사피핍성혼。

강제로 결혼을 하다

戎羯逼我兮為室家 융갈핍아혜위실가

융갈 만족이 나를 핍박함이여, 강제로 결혼시키니

將我行兮向天涯 장아행혜향천애。

장차 내가 갈 길이여, 하늘 벼랑가로 향하네.

雲山萬重兮歸路遐 운산만중혜귀로하,

구름 산이 만 번 겹침이여, 돌아갈 길은 멀어지니

疾風千里兮揚塵沙 질풍천리혜양진사。

질풍이 천리를 불음이여, 모래와 먼지가 날리네.

人多暴猛兮如虺蛇 인다폭맹혜여훼사,

사람들의 사나움이여, 살모사와 같고

控弦被甲兮為驕奢 공현피갑혜위교사。

화살을 당기고 갑옷을 입음이여, 교만하고 사치스럽구나.

兩拍張絃兮絃欲絕 양박장현혜현욕절,

두 번 박자를 벌려 달음이여, 줄이 끊어지려는 듯하고

志摧心折兮自悲嗟 지최심절혜자비차。

뜻이 꺾이고 마음이 부러짐이여, 스스로 슬퍼서 탄식하네.

第三拍 제3박, 寫離漢入胡 사리한입호。

제삼박, 한나라를 떠나 오랑캐 나라에 들다

越漢國兮入胡城 월한국혜입호성,

한나라를 떠남이여, 오랑캐성으로 들어가니

亡家失身兮不如無生 망가실신혜불여무생!

집은 망하고 신세를 잃음이여, 태어나지 않음만도 못하도다.

氈裘為裳兮骨肉震驚 전구위상혜골육진경,

가죽으로 치마를 만듦이여, 뼈와 살이 떨리고 놀라니

羈羶爲味兮枉遏我情 갈전위미혜왕알아정。

갈전(양고기)으로 맛을 만듦이여, 나의 정을 굽히고 막았네.

鼕鼓喧兮從夜達明 비고훤혜종야달명,

북을 두드려 소리를 냄이여, 밤을 새고 새벽까지 이르니

胡風浩浩兮暗塞營 호풍호호혜암새혼영。

호풍이 호호히 불음이여, 변방영채는 어두워지네.

傷今感昔兮三拍成 상금감석혜삼박성,

지금을 슬퍼하고 옛날을 그리워함이여, 세 박자를 이루니

銜悲畜恨兮何時平 함비축한혜하시평?

슬픔을 머금고 한을 쌓음이여, 그 어느 때 화평하리오.

第四拍 제4박, 寫思鄕土 사의향토, 嘆薄命 탄박명。

제사박, 고향을 그리며 기구한 운명을 한탄하다

無日無夜兮不思我鄕土 무일무야혜불사아향토

매일 낮과 밤이 교차됨이여, 고향을 그리지 않은 적이 없으니

稟氣含生兮莫過我最苦 품기함생혜막과아최고

성품과 목숨을 가진 이들이여, 이 고통을 지나치지 못할 것을

天災國亂兮人無主 천재국란혜인무주

천재와 국난이여, 사람에겐 주인이 없나니

唯我薄命兮沒戎虜 유아박명혜몰융로오로지

나의 박명함이여, 오랑캐의 포로가 되었구나.

殊俗心異兮身難處 수속심이혜신난처

풍속과 마음이 다름이여, 몸을 두기가 힘이 드니

嗜欲不同兮誰可與語 기욕불동혜수가여어?

기호가 같지 않음이여, 누구와 더불어 말해야 하나?

尋思涉歷兮多艱阻 심사섭력혜다간저,

깊게 생각하고 뒤를 돌아보아도, 어찌 이다지 막히는가?

四拍成兮益悽楚 사박성혜익처초。

네 박자가 어우러짐이여, 박자가 맞으니 더욱 애달프구나.

第五拍 제5박, 見雁遐思 견안하사。

기러기에 실어 보내는 마음

雁南征兮欲寄邊聲 안남정혜욕의변성,

기러기 남쪽으로 떠남이여, 변방 소식을 실어 보내고자 하고

雁北歸兮欲得漢音 안북귀혜욕득한음。

기러기 북으로 돌아옴이여, 한나라 소식을 얻고자 하네.

雁高飛兮邈難尋 안고비혜막난심,

기러기 높이 날음이여, 가물가물 찾기가 힘이 드니

空斷腸兮思愔愔 공단장혜사음음。

텅 빈 단장의 슬픔이여, 생각하면 할수록 착잡하구나.

攢眉向月兮撫雅琴 찬미향월혜무아금,

눈썹을 모아 달을 향함이여, 거문고를 쓰다듬고

五拍泠泠兮意彌深 오박냉냉혜의미심。

다섯 박자가 냉랭하니, 뜻은 가이없고 깊구나.

第六拍 제6박 寫胡地苦寒 사호지고한, 飢不能餐 기불능찬。

호지의 추운 겨울과 굶주림

冰霜凜凜兮身苦寒 빙상늠름혜신고한,

차디찬 얼음 서리여, 몸이 괴롭고 추우니

飢對肉酪兮不能餐 기대육락혜불능찬

고기와 우유만을 먹음이여, 끼니를 때울 수 없도다!

夜聞隴水兮聲嗚咽 야문롱수혜성명인

밤마다 고향의 물소리를 들음이여, 그 소리에 흐느껴 울도다!

朝見長城兮路杳漫 조견장성혜로묘만。

아침마다 만리장성을 쳐다봄이여, 길은 멀어 아득하도다!

追思往日兮行李難 추사왕일혜행리난,

지난날을 추억함이여, 여행 짐을 꾸리기가 힘드니

六拍悲來兮欲罷彈 육박비래혜욕파탄。

여섯 박자에 몰려드는 슬픔이요, 거문고 뜯기를 마치도다!

第七拍 제7박, 寫胡地景象 사호지경상。

호지의 풍경

日暮風悲兮邊聲四起 일모풍비혜변성사기,

날은 저물고 바람은 슬픔이여, 변방의 소리가 사방에서 일어나니

不知愁心兮說向誰是 부지수심혜설향수시?

수심을 알지 못함이여, 누구를 향하여 하소연하리오.

제5장 그 밖의 여인들

原野蕭條兮烽戍萬里 원야소조혜봉수만리

초원의 황막함이여, 오랑캐의 봉화가 만리를 가누나

俗賤老弱兮少壯爲美 속천노약혜소장위미

풍속은 천하고 노약함이여, 젊고 당당함이 아름답다네.

逐有水草兮安家茸壘 축유수초혜안가용루

물풀을 쫓아 얻음이여, 편안한 집을 첩첩이 쌓고

牛羊滿野兮聚如蜂蟻 우양만야혜취여봉의

소와 양이 땅 위에 가득함이여, 벌과 개미 떼 같도다!

草盡水竭兮羊馬皆徙 초진수갈혜양마개사,

풀이 다하고 물이 마르니 양과 말이 모두 떠나네.

七拍流恨兮惡居於此 칠박유한혜악거어차。

일곱 박자에 한을 흘려보냄이여, 호지에 살기가 싫어지도다!

第八拍 제8박, 寫怨天尤神的激動情緒 사원천우신적격동정서。
원한에 싸여 격동하는 마음으로 울부짖다.

爲天有眼兮 위천유안혜

하늘에 눈이 있다면

何不見我獨漂流 하불견아독표류

내가 표류함을 어찌 보지 못하는가?

爲神有靈兮 위신유령혜

신에게 령이 있다면

何事處我天南海北頭 하사처아천남해북두

어찌하여 하늘은 나를 남해북두에 두는가?

我不負天兮 _{아불부천혜}

내가 하늘을 버리지 않았음이여

天何使我殊配儔 _{천하사아수배주}

하늘은 어찌 나로 하여금 이렇듯 큰 시련을 주는가?

我不負神兮 _{아불부신혜}

내가 신을 버리지 않았음이여

神何殛我越荒州 _{신하극아월황주}

신은 어찌하여 나를 황량한 땅으로 보내 죽이려 하는가?

製斯八拍擬俳優 _{제사팔박의배우}

이에 팔박을 지어 수심을 지우려 하나니

何知曲成兮心轉愁 _{하지곡성혜심전수}

어찌 곡이 이루어짐을 알겠음이여, 마음만 슬퍼지네!

第九拍 _{제9박}, 寫愁緒無邊 _{사수저무변}, 問天不語 _{문천불어}。
제구박 수심은 끝 간 데 없고 하늘에 물어도 대답이 없다

天無涯兮地無邊 _{천무애혜지무변}

끝 간 데 없는 하늘이여, 땅도 끝이 없구나!

我愁兮亦復然 _{아수혜역부연}

내 마음의 근심이여, 변함이 없네

人生倏忽兮如白駒之過隙 _{인생숙홀혜여백구지과극}

인생의 홀연함이 마치 흰 망아지가 틈 사이를 지나는 것과 같고!

然不得歡樂兮 연부득환락혜

그럼에도 즐거움을 얻지 못함이여

當我之盛年 당아지성년

내 나이 벌써 장년이로다!

怨兮欲問天 원혜욕문천

원망하는 마음이여, 하늘에 물으려고 했으나

天蒼蒼兮上無緣 천창창혜상무연

하늘은 창창하여 위로 닿을 수 없다네.

舉頭仰望兮空雲煙 거두앙망혜공운연

머리 들어 바라보니 다만 구름과 연기뿐이니

九拍懷情兮誰與傳? 구박회정혜수여전?

아홉 번째 박자에 정을 실음이여, 누가 전해줄까나?

第十拍 제10박, 頗有怨戰的含義 파유원전적함의。

제십박 원한 맺힌 전쟁에 품은 뜻

城頭烽火不曾滅 성두봉화부증멸

성머리의 봉화불 아직 꺼지지 않으니

疆場征戰何時歇 강장정전하시헐

변강의 전쟁은 언제나 끝이 날까?

殺氣朝朝衝塞門 살기조조충색문

살기는 아침마다 요새의 관문에 부딪치고

胡風夜夜吹邊月 호풍야야취변월

오랑캐바람은 밤마다 변방의 달을 부른다.

故鄕隔兮音塵絶 고향격혜음진절

고향길이 막혔음이여, 소식이 끊어지니

哭無聲兮氣將咽 곡무성혜기장인

울음소리도 내지 못함이여, 기가 막힐 노릇이라.

一生辛苦兮緣別離 일생신고혜연별리

일생의 고단함이여, 인연이 기구하도다!

十拍悲深兮淚成血 십박비심혜루성혈

열 번째 박자에 깊어지는 슬픔이여, 피눈물이 흐르도다!

第十一拍 제11박, 而是希望能歸故鄕 이시희망능귀고향, 以及爲了兩個孩子 이급위료양개해자。

제십일박 고향 가기를 원했으나 두 아들만 얻었구나!

我非貪生而惡死 아비탐생이오사

삶을 탐하지도 죽음을 꺼려하지도 않았으나

不能捐身兮心有以 불능연신혜심유이

몸을 버릴 수 없었음이여, 마음도 또한 이와 같았도다.

生仍冀得兮歸桑梓 생잉기득혜귀상재

다행히 살아 얻은 목숨이여, 고향으로 돌아가리라!

死當埋骨兮長已矣 사당매골혜장이의

이미 죽어 묻힌 해골이여, 이미 오래 전에 끝인 것을…

日居月諸兮在戎壘 일거월제혜재융루

해가 있고 달이 있음이여, 오랑캐 보루에 있었더니

胡人寵我兮有二子 호인총아혜유이자

호인이 나를 사랑함이여, 두 아들을 얻었네!

鞠之育之兮不羞恥 국지육지혜불수치

돌보고 양육함이여, 부끄러워 하지 않았으니

愍之念之兮生長邊鄙 민지념지예장변비

사랑하고 염려함이여, 변방에서 생장하네.

十有一拍兮因該起 십유일박혜인해기

열한 박자가 이리하여 일어나니

哀響纏綿兮徹心髓 애향전면혜철심수

슬픈 소리가 일어 마음 속을 꿰뚫는구나.

第十二拍 제12박, 寫漢使贖回她 사한사속회타 而必須離別稚子時 이필수이별치자시 兩難的矛盾心情 양난적모순심정。

한나라가 사자를 보내 나를 대속하여 데려가려 했으나

두 아이들과 이별해야 하는 어려움에 희비가 엇갈리는 모순된 심정

東風應律兮暖氣多 동풍응율혜난기다

동풍이 마침내 바르게 불음이여, 따뜻한 기운이 많더니

知是漢家天子兮布陽和 지시한가천자혜포양화

한나라 천자가 알게 되었음이여, 화창한 빛을 비추었도다.

羌胡蹈舞兮共謳歌 강호도무혜공구가

강족과 호족이 춤을 춤이여, 함께 노래를 부르니

兩國交懽兮罷兵戎 _{양국교환혜파병용}

두 나라가 서로 기뻐함이여, 전쟁을 끝냈도다!

忽遇漢使兮稱近詔 _{홀우한사혜칭근조}

홀연히 한나라 사자를 만남이여, 조서가 있다고 하네.

遺千金兮贖妾身 _{유천금혜속첩신}

천금을 보냄이여, 나의 몸값을 치렀도다.

喜得生還兮逢聖君 _{희득생환혜봉성군}

살아서 돌아올 즐거움을 얻음이여, 성군을 만났도다!

嗟別稚子兮會無因 _{차별치자혜회무인}

탄식하며 두 자식과 이별함이여, 다시 만날 도리가 없구나!

十有二拍兮哀樂均 _{십유이박혜애락균}

열두 박자여, 슬픔과 즐거움이 같으니,

去住兩情兮難具陳 _{거주양정혜난구진}

떠나고 남는 두 가지 정이여, 진퇴가 양난이로다!

第十三拍 _{제13박,} 寫離胡別子時 _{사이호별자시} 痛哭的悽慘場面 _{통곡적처참장면.}
호지에 남겨진 아이와 이별하니 처참한 심정에 통곡하다

不謂殘生兮欲得旋歸 _{불위잔생혜욕득선귀}

남은 삶을 일컫지 않음이여, 문득 돌아옴을 얻었으니

撫抱胡兒兮泣下沾衣 _{무포호아혜읍하첨의}

오랑캐 아이를 부둥켜안음이여, 눈물이 떨어져 옷을 적시네.

漢使迎我兮四牡騑騑 _{한사영아혜사모비비}

한나라 사자가 나를 맞음이여, 네 필 말이 쉬지 않고 달린다.

號失聲兮誰得知 호실성혜수득지

그 아이가 지어미를 찾은들 누가 알 것인가?

與我生死兮逢此時 여아생사혜봉차시

나에게 삶과 죽음을 안겨 줌이여, 그때를 만나니

愁爲子兮日無光輝 수위자혜일무광휘

자식을 위하여 근심함이여, 해에 광채가 없구나.

焉得羽翼兮將汝歸 언득우익혜장여귀

어찌 날개를 얻을 수 있음이여, 너에게 돌아갈 수 있을까?

一步一還兮足難移 일보일환혜족난이

한 발짝에 한 번씩 멀어짐이여, 발길을 옮기기 힘이 드는구나.

魂消影絕兮恩愛遺 혼소영절혜은애유

혼은 사라지고 그림자가 끊어짐이여, 은혜와 사랑만 남기나니

十有三拍兮絃急調悲 십유삼박혜현급조비

열세 박자여, 현은 급하고 곡조는 슬퍼지니

肝腸攪刺兮人莫我知 간장교자혜인막아지

간장이 흔들리고 찌름이여, 사람들이 어찌 내 마음을 알 것인가?

第十四拍 제14박, 寫歸漢在夢魂中 牽掛著胡地的孩子 사귀한재몽혼중 견봉저호지적해 。

한나라에 돌아와 겨우 꿈속으로만 자신의 아이들의 손을 잡아 볼 수밖에 없는 심정

身歸國兮兒莫之隨 신귀국혜아막지수

몸은 고국에 돌아왔음이여, 아이는 따르는 않았도다.

心懸懸兮長如飢 심현현혜장여기

마음이 현현함이여, 오랫동안 굶은 듯하다.

四時萬物兮有盛衰 사시만물혜유성쇠

사계절의 만물이여, 성쇠가 있음이니

唯我愁苦兮不暫移 유아수고혜불잠이

오로지 근심과 괴로움이 있음이여, 잠시도 떠나지 않는구나.

山高地闊兮見汝無期 산고지활혜견여무기

산은 높고 땅은 넓음이여, 너를 볼 기약이 없으니

更深夜闌兮夢汝來斯 경심야란혜몽여래사

다시 깊은 밤이 늦어짐이여, 네가 여기 오는 꿈을 꾸었구나.

夢中執手兮一喜一悲 몽중집수혜일희일비

꿈에서 손을 잡음이여, 한번 기쁘고 한번은 슬프나니

覺後痛吾心兮無休歇時 각후통오심혜무휴헐시

깨어나 마음이 아픔을 얻음이여, 쉴 틈이 없구나!

十有四拍兮涕淚交垂 십유사박혜제루교수

열네 박자여, 하염없이 눈물이 흘러내리니,

河水東流兮心是思。 하수동류혜심시사。

하수가 동으로 흐름이여, 내 마음과 같아라.

第十五拍 제15박, 寫仍然牽掛孩子 사급연견봉해자。

항상 마음에 걸리는 아이

十五拍兮節調促 십오박혜절조촉

열다섯 박자여, 절조를 재촉하니

氣填胸兮誰識曲 기전흉혜수식곡

기가 가슴을 막음이여, 누구라서 이 곡을 알리오?

處穹廬兮偶殊俗 처궁려혜우수속

궁한 오두막에 처했음이여, 다른 풍속을 만났고

願得歸來兮天從欲 원득귀래혜천종욕

돌아오기를 원함이여, 하늘이 바람을 들어주었네.

再還漢國兮懽心足 재환한국혜환심족

다시 한나라로 돌아옴이여, 마음을 심히 즐겁지만,

心有懷兮愁轉深 심유회혜수전심

마음은 잊지 않고 있음이여, 근심은 점차 깊어만 가네.

日月無私兮曾不照臨 일월무사혜증부조임

내 사정을 모르는 해와 달이여, 일찍이 나와 비추지 않으니

子母分離兮意難任 자모분리혜의난임

모자가 헤어짐이여, 뜻을 두기에 힘이 들도다.

同天隔越兮如商參 동천격월혜여상삼

같은 하늘 아래서 막힘이여, 상성과 삼성같이 만날 수 없으니

生死不相知兮何處尋 생사불상지혜하처심

생사를 서로 알지 못해 어느 곳에서 찾아야 하는가?

第十六拍 제16박, 還是思念孩子 환시사념해자

환국하여 아이를 생각함

十六拍兮思茫茫 십유박혜사망망

열여섯 박자여 생각이 망망하니

我與兒各一方 아여아각일방

나와 아들이 각각 세상 한쪽 끝에 있도다.

日東月西兮徒相望 일동월서혜도상망

해는 동쪽에 달은 서쪽에 있음이여, 오로지 서로 바라보도다.

不得相隨兮空斷腸 부득상수혜공단장

서로 따를 수 없음이여, 하릴없이 애만 끊누나!

對萱草兮憂不忘 대훤초혜우불망

원추리풀을 대함이여, 근심을 잊으려 함이도다.

彈鳴琴兮情何傷 탄명금혜정하상

거문고를 타고 울림이여, 정은 어찌 마음을 상하게 하는가?

今別子兮歸故鄉 금별자혜귀고향

이제 아이를 이별함이여, 고향으로 돌아오니

舊怨平兮新怨長 구원평혜신원장

옛 원한은 스러짐이여, 새 원한이 자라난다네.

泣血仰頭兮訴蒼蒼 읍혈앙두혜소창창

피눈물을 흘려 머리를 우러름이여, 푸른 하늘에 호소하나니

胡爲生我兮獨罹此殃 호위생아혜독리차앙

나를 낳음으로써, 홀로 이 재앙을 받고자 함인가?

第十七拍 제17박, 寫去時懷土來時別子 사거시회토래시별자

이별할 때 남겨둔 아이들 생각함

十七拍兮心鼻酸 십칠박혜심비산

열일곱 박자여, 마음과 코가 시리니

關山阻修兮行路難 관산저수혜행로난

관산이 막혔음이여, 길 가기 힘이 드누나.

去時懷土兮心無緒 거시회토심혜무서

떠날 때 살던 곳을 생각함이여, 마음에 흔적이 없어라.

來時別兒兮思漫漫 래시별아혜사만만

떠날 때 아이와 이별함이여, 생각이 어지럽구나!

塞上黃蒿兮枝枯葉乾 색상황호혜지고엽건

성채 위로 누런 향기가 날아 오름이여, 바싹 마른 나뭇잎이라

沙場白骨兮刀痕箭瘢 사장백골혜도흔전반

모래 벌판의 백골이여, 칼자국과 화살 상처가 있도다.

風霜凜凜兮春夏寒 풍상름름혜춘하한

바람과 서리가 차디참이여, 봄과 여름도 춥도다!

人馬飢魃兮筋力單 인마기훼혜근력단

사람과 말이 굶주림이여, 뼈와 살이 야위었구나.

豈知重得兮入長安 기지중득혜입장안

어찌 다시 돌아올 줄 알았음이여, 장안성에 들어왔도다.

嘆息欲絶兮淚闌干 탄식욕절혜루란간

즐거움이 끝나니 탄식만 절로 나옴이여, 눈물만 하염없이 흐르도다.

第十八拍 제18박,　結束 결속。

胡笳本自出胡中 호가본자출호중

호가는 본래부터 오랑캐 속에서 있으며

綠琴翻出音律同 녹금번출음율동

녹금이 뒤집혀 나와 음율이 같으니

十八拍兮曲雖終 십팔박혜곡수종

열여덟 박자여, 곡을 마치기 힘이 드누나!

響有餘兮思無窮 향유여혜사무궁

여운은 남음이여, 생각은 다하질 않네.

是知絲竹微妙兮均造化之功 시지사죽미묘혜균조화지공

사죽의 미묘함을 앎이여, 조화지공이로다.

哀樂各隨心兮有變則通 애락각수심혜유변즉통

슬픔과 즐거움은 각기 사람의 마음을 따름이여, 마음이 변하면 통하는 바라!

胡與漢兮異域殊風 호여한혜이역수풍

호와 한이 더불어 살아감이여, 이역 땅은 풍속이 다르도다!

天與地隔兮子西母東 천여지격혜자서모동

하늘과 땅이 막혔음이여, 아들은 서쪽에 어미는 동쪽에 있으니

苦我怨氣兮浩于長空 고아원기혜호우장공

나의 마음을 괴롭히는 원한이여, 저 하늘보다 넓어라.

六合雖廣兮受之應不容 육합수광혜수지응불용

세상이 비록 넓다함이여, 보답을 받을지언정 용납하진 않으리.

　제5장 그 밖의 여인들

한편 채염의 비분시는 후한서後漢書 권74 열녀전동사처전列女傳董祀妻傳에 채염에 관한 기록과 함께 전문이 기록되어 있다.

悲憤詩 비분시

漢季失權柄 한계실권병

한나라 권세 잃고

董卓亂天常 동탁난천상

동탁이 천상을 흐렸다.

志欲圖纂弑 지욕도찬시

임금을 찬시코자 하여

先害諸賢良 선해제현량

먼저 어진 신하들 죽였다.

逼迫遷舊邦 핍박천구방

억지로 나를 몰아 옮기고

擁主以自强 옹주이자강

헌제를 세워 세도를 부렸다.

海內興義師 해내흥의사

해내에 의병이 일어나

欲共討不祥 욕공토부상

모두 역적을 치고자 하였다.

卓衆來東下 탁중래동하

동탁의 무리 동로로 내려오니

金甲耀日光 금갑요일광

무장한 갑옷이 햇빛에 빛난다.

平土人脆弱 평토인취약

중원의 백성들 힘이 약하고

來兵皆胡羌 래병개호강

몰려온 군사들은 다 오랑캐인지라

獵野圍城邑 엽야위성읍

들을 달려 성읍을 둘러싸는구나.

所向悉破亡 소향실파망

가는 곳마다 쳐부수어 없애고

斬截無孑遺 참절무혈유

목 베고 죽여서 남은 이 하나 없고

屍骸相撑拒 시해상탱거

시체는 서로 달라붙었구나.

馬邊懸男頭 마변현남두

군마 옆에는 남자들의 목을 매달고

馬后載婦女 마후재부녀

말 뒤에는 부녀를 태웠도다.

長驅西入關 장구서입관

길이 휘몰아 서관에 드니

迥路險且阻 형노험차조

길은 험악하고 막히었도다.

還顧邈冥冥 환고막명명

다시 뒤돌아보니 멀고 아득하기만 하고

肝脾爲爛腐 간비위난부

간과 비위가 썩어가는구나.

所略有萬計 소략유만계

계략은 만 가지나 있으나

不得令屯聚 부득령둔취

군사를 모을 길이 없도다.

或有骨肉俱 혹유골육구

혹 골육이 함께 있어서

欲言不敢語 욕언부감어

말하고자 하나 감히 말도 못한다.

失意幾微間 실의궤미간

얼마동안 실의하여

輒言斃降虜 첩언폐강노

문득 하는 말이 쓰러져 포로 되니

要當以亭刃 요당이정인

차라리 칼을 받아야지

我曹不活汝 아조부활여

우리들이 너희들을 살리지 못하리라.

豈敢惜性命 개감석성명

그 어찌 생명을 아끼리오만

不堪其罹罵 부감기리매

그 욕됨을 견딜 수 없도다.

或便加捶杖 혹변가추장

어떤 사람 지팡이 짚고

毒痛參幷下 독통참병하

쓰라림을 머금고

旦則號泣行 단칙호읍항

아침이면 울며 가다가

夜則悲吟坐 야칙비음좌

밤이면 슬피 울며 앉아있노라.

欲死不能得 욕사부능득

죽고자 하여도 죽지 못하고

欲生無一可 욕생무일가

살려고 하여도 살 수가 없구나.

彼蒼者何辜 피창자하고

저 많은 사람들 무슨 죄 있어

乃遭此厄禍 내조차액화

이 재앙을 만나는가.

邊荒與華異 변황여화리

변경 들판은 우리 중국과 달라

人俗少義理 인속소의리

사람의 풍속이 의리가 적도다.

處所多霜雪 처소다상설

가는 곳마다 서리와 눈 쌓이고

胡風春夏起 호풍춘하기

북풍은 봄과 여름에도 일어난다.

翩翩吹我衣 편편취아의

바람은 편편히 내 옷에 불어

蕭蕭入我耳 숙숙입아이

내 귓속으로 쓸쓸히 불어든다.

感時念父母 감시념부모

계절이 느껴져 부모님 생각하니

哀嘆無窮已 애탄무궁이

슬프고 탄식하는 마음 끝이 없도다.

有客從外來 유객종외래

손님이 찾아와

聞之常歡喜 문지상환희

듣고서 반가워 한다.

迎問其消息 영문기소식

환영하며 그에게 소식을 물으니

輒復非鄕里 첩복비향리

문득 다시 고향 사람 아니로구나.

邂逅徼時願 해후요시원

우연히 원하는 이 만나니

骨肉來迎己 골육래영기

육친이 찾아와 나를 맞는다.

己得自解免 기득자해면

내 몸은 이미 풀려나왔으나

當復棄兒子 당복기아자

다시 자식을 버려두는 처지로다.

天屬綴人心 천속철인심

하늘은 인심을 묶었으니

念別無會期 염별무회기

이별을 생각하니 만날 길 없도다.

存亡永乖隔 존망영괴격

삶과 죽음으로 영원히 갈리는가.

不忍與之辭 부인여지사

차마 그에게 줄 말이 없도다.

兒前抱我頸 아전포아경

자식이 나와서 내 목을 껴안고

問母欲何之 문모욕하지

묻기를 어머니 어디로 가시나요 하니

人言母當去 인언모당거

사람들 말하기를 어머니는 떠나야 한다 하나

豈復有還時 개복유환시

어찌 다시 돌아올 수 있으리오.

阿母常仁惻 아모상인측

어머니야 항상 어질었지만

今何更不慈 금하갱부자

어찌 이제 다시 어질지 않으리오.

我尙未成人 아상미성인

나는 아직 성인이 아니라

奈何不顧思 나하부고사

어찌 돌아보며 생각지 않으리오.

見此崩五內 견차붕오내

이 말을 들으니 오장이 무너지고

恍惚生狂癡 황홀생광치

멍하여 미친 기운 생겨나는구나.

號泣手撫摩 호읍수무마

울면서 손 잡아 매만지니

當發復回疑 당발복회의

떠나려 함에 다시 망설여지는구나.

兼有同時輩 겸유동시배

동년배들 모두 와 있어

相送告離別 상송고리별

서로 이별을 고하는구나.

慕我獨得歸 모아독득귀

그들은 내가 혼자 감을 부러워 하여

哀叫聲摧裂 애규성최렬

애처로이 부르는 소리 가슴을 찢는구나.

馬爲立踟躕 마위립지주

말은 선 채로 머뭇거리고

車爲不轉轍 거위부전철

수레는 바퀴가 구르지도 못하는구나.

觀者皆噓唏 관자개허희

보는 사람 모두가 흐느끼고

行路亦嗚咽 행로역오열

가늘 길손도 오열하여 우는구나.

去去割情戀 거거할정련

가고 가니 그리운 정 갈라지고

天征日逾邁 천정일하매

어느덧 날이 멀어져 가는구나.

悠悠三千里 유유삼천리

아득한 삼천리 길

何時復交會 하시복교회

어느 때에 다시 서로 만나려나.

念我出腹子 염아출복자

내 배로 나은 자식 생각하니

胸臆爲摧敗 흉억위최패

가슴이 미어지고 찢어지는구나.

旣至家人盡 기지가인진

이미 집에 와 보니 집안 식구 아무도 없고

又復無中外 우복무중외

또 다시 안이나 밖을 가리지 못하도다.

城廓爲山林 성곽위산림

성벽은 산림이 되고

庭宇生荊艾 정우생형애

마당은 가시 덤불 덮이었다.

白骨不知誰 백골부지수

백골은 누군지도 알지 못하고

縱橫莫覆蓋 종횡막복개

이리저리 널리어 덮여 있도다.

出門無人聲 출문무인성

문 밖에 나가도 사람의 소리 하나 없고

豺狼號且吠 시낭호차폐

시랑이 울고 짖는 소리뿐이로다.

煢煢對孤景 경경대고경

처량히 외로운 경물을 바라보며

怛咤糜肝肺 달타미간폐

애달피 간과 폐를 녹일 뿐이로다.

登高遠眺望 등고원조망

높이 올라 멀리 바라보니

魂神忽飛逝 혼신홀비서

넋이나 혼이 갑자기 날아 떠나버린 듯

奄若壽命盡 엄야수명진

문득 목숨이 다한 듯하여라.

旁人相寬大 방인상관대

이웃 사람 서로 너그럽고 관대하여

爲復强視息 위복강시식

다시 나보고 굳이 살라 하는구나.

雖生何聊賴 수생하료뢰

살아본들 무엇을 의지하리오.

托命于新人 탁명우신인

새 사람에게 목숨을 의탁하여

竭心自勖勵 갈심자욱려

진심으로 스스로 부지런히 살았도다.

流離成鄙賤 유리성비천

흩어져 떠돌다가 비루하게 되어

常恐復捐廢 상공복연폐

항상 다시 버려질까 두려워하노라.

人生幾何時 인생기하시

인생이 얼마나 된다고

懷憂終年歲 회우종년세

죽을 해를 근심하며 살리오.

제5장 그 밖의 여인들

▌팔자 드센 삼국지 최고의 미인 초선

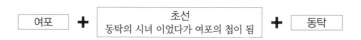

| 여포 | + | 초선
동탁의 시녀 이었다가 여포의 첩이 됨 | + | 동탁 |

초선貂蟬(175년~199년, 소설 상 나이)은 서시, 왕소군, 양귀비와 함께 중국
의 4대 미인 가운데 한 사람이다. 서시와 양귀비, 왕소군은 실존인물이
지만 초선은 중국 사대 미녀 가운데 실존 여부가 불투명하다.

소설 삼국지에서는 우둔하고 힘만 센 것으로 묘사된 여포에 비견하
여 그 미색이 워낙 강조돼 실존여부도 불투명한 채로 중국 사대 미녀에
끼어드는 행운을 얻은 사람이다.

삼국지의 여자들 중 초선처럼 의문과 관심을 받는 인물도 드물다. 첫
번째는 그의 실존성이다. 삼국지에서 초선은 가공의 인물이다. 하지만
이에 해당되는 실존인물은 있었다. 삼국지 여포전에는 "동탁은 성격이
강하면서도 편협해서 한번 화를 내면 물불을 가리지 않았다. 일찍이 사
소한 불만으로 수극手戟을 뽑아 여포에게 던졌는데, 여포가 잽싸게 피
했다. (중략) 동탁은 종종 여포를 시켜서 중각中閣(중문)을 지키도록 했는
데, 여포가 동탁의 시비侍婢와 사통을 했다. 이 사실이 발각될까 겁이
나서 여포는 마음이 절로 불안했다. 그 이전에 사도司徒 왕윤王允은 여
포가 주리州里(보통 동향이나 동향인을 가리키는데 왕윤은 태원군 기현 사람이니 군
현이 서로 같지는 않고, 다만 같은 병주 출신이라는 의미로 쓰인다) 사람으로 장건
壯健하다 하여 그를 두텁게 대우했다."는 기록이 있다.

위 내용에서는 포여탁시비사통布與卓侍婢私通 즉 여포가 동탁의 시비와

사사로이 정을 통했다고 기술되었을 뿐 초선이라는 이름은 나오지 않는다. 그저 동탁의 시비라고만 밝히고 있다.

삼국지 동탁전 여포전에 의하면 여포는 본디 정원丁原의 부장이었다. 하지만 동탁이 여포를 유혹하여 정원을 죽이게 하고 기도위騎都尉로 삼아 매우 친애하며 부자父子가 되기로 맹세했다. 동탁은 남들이 자신을 해할까봐 겁이 나서 거동하거나 집에 있을 때를 막론하고 늘 여포로 하여금 호위하도록 했다고 한다.

한편 동탁의 악행이 날로 심해지자 동탁을 제거하기로 결심한 사도 왕윤 등은 여포를 설복시켜 내응하도록 했다.

하루는 천자의 병이 새로 나아서 미앙전未央殿에서 큰 모임이 벌어졌다. 여포가 동군同郡의 기도위 이숙李肅 등을 시켜 친위병 10여 명을 데리고 위사복衛士服으로 위장한 뒤 액문掖門을 지키도록 하고 스스로는 조서詔書를 품고 동탁을 기다렸다. 동탁이 도착하고 이숙 등이 동탁을 가로막자, 동탁이 놀라 여포를 찾는데 여포가 "조서가 있다." 하고는 동탁을 죽이고 그 삼족을 멸했다.

위에 등장하는 왕윤과 시비는 아무런 상관이 없으며 여포를 꼬여낼 미인계로서 등장하는 인물도 아니다.

초선이란 이름과 가공성은 삼국지연의의 나관중이 만들어 냈다. 나관중은 삼국지연의를 집필할 때 동탁의 시녀를 왕윤의 양녀로 설정하고 이름을 초선이라고 했다.

초선은 삼국지연의에서 왕윤의 수양딸로 등장하여 동탁과 여포 사이를 이간질한다. 여포가 동탁의 시녀와 사통했다는 정사의 기록과 왕윤이 여포를 부추겨 동탁을 죽이게 했다는 사실을 조합하여 각색한 것이다.

초선貂蟬이란 이름은 담비의 꼬리와 매미의 날개로 만든 당상관 전용

관모인 초선관貂蟬冠을 관리하는 시녀의 관직명이다. 동탁이 상국에 올랐기 때문에 그에 따라 동탁의 초선관을 관리하는 시녀가 있었다.

2000년 6월 서천西川 기자역 근처에서 한나라 시대의 무덤이 발굴되었다. 그 안에는 사람의 다리뼈와 머리카락 이외 글이 새겨진 묘비가 있었다. "여인은 초선의 장녀로 어미를 따라 촉으로 들어갔다." "초선은 왕윤의 가기家妓로 염제를 따라 촉으로 들어왔다."라는 글이다. 고고학자들은 이 무덤이 초선의 것인지 아직 밝혀내지 못하고 있다. 하지만 묘비에 새겨진 글을 통해 무덤의 주인공이 초선일 것으로 보고 있다. 이 무덤이 삼국지에서 말하는 초선의 무덤인지의 여부는 초선의 존재와 그 역할을 밝히는 데 매우 중요한 단서이다.

초선은 삼국지연의에 처음 등장하는 인물이 아니며 그 이전에도 다른 작품에서 등장하였다. 원나라 때의 잡극인 연환계에서 초선은 흔주 목이촌 임앙의 딸인 임홍창林紅昌으로 영제 때 궁녀로 선발되었다가 정건양丁建陽(정원)에게 하사된 것으로 나온다.

그때 여포를 만나 그 아내가 되었다. 이후 황건적의 난이 일어나 헤어졌다가 나중에 왕윤으로 말미암아 여포와 재회한다. 또한 이 잡극에서는 초선의 뜻을 '담비의 꼬리와 매미의 날개'라고 풀고 있다.

원나라 때의 소설인 삼국지평화에서 초선은 본래 임씨이고, 어릴 때의 이름이 초선이며, 남편은 여포라고 하였다. 초선은 임조부에 있을 때부터 여포와 떨어지게 되었는데 왕윤이 동탁을 청해 초선을 바치겠다고 한 뒤 여포를 초대하여 부부를 만나게 하여 갈등을 일으킨다.

삼국지연의 이전의 작품에서는 이처럼 초선은 동탁이나 왕윤을 만나기 이전부터 이미 여포의 아내였다는 설정이 주류를 이룬다.

그런데 삼국지연의에서 초선은 다음과 같이 언급된다. 사도司徒 왕윤王允

의 가기로 등장하지만 일설에는 양녀라고도 한다. 동탁의 폭정이 치달을 때 왕윤은 조조에게 칠성검七星劍을 주며 동탁 암살을 꾀하나 실패하였다. 이후 왕윤은 동탁과 여포를 이간질하는 연환계를 펼쳐 동탁을 죽인다.

초선은 16세 때 왕윤이 획책한 연환계에 협력하여 동탁과 여포의 앞에서 가무를 펼쳐 두 사람의 마음을 빼앗는다. 초선은 동탁의 저택에 들어가지만 여포에게 동탁 살해를 재촉해 마침내 여포가 동탁을 토벌하게 했다. 그 후 여포의 측실이 된다.

이때 초선의 모습은 크게 두 가지로 나타난다. 하나는 대의명분을 위해 목숨까지 바치는 충의지사이고 다른 하나는 남편의 앞길을 가로막는 여자이다.

충의지사인 초선의 모습에는 유약한 여인의 모습과 마음이 강직한 지사의 모습이 함께 나타난다.

왕윤이 동탁을 제거하지 못해 애를 태울 때 초선은 소용이 된다면 "만 번 죽어도 사양하지 않겠습니다."라고 말한다.

반면 남편의 큰 일을 그르치는 여자로도 등장한다. 삼국지연의에서 여포가 조조의 공격을 받고 성에 고립되었을 때 성을 사수할 것을 고집하자, 진궁이 나서서 고립되면 더욱 위험하니 성 밖에 나가서 지친 조조군을 공격해야 한다고 주장한다. 이 일을 여포가 엄씨와 초선에게 말하자, 초선이 "우리를 버리고 함부로 군사를 일으키는 일이 없도록 해달라."라고 애원한다. 결국 여포가 전쟁에 패해서 죽자 그 가족과 함께 허창에 보내졌다.

하지만 초선의 문제로 보기보다는 여포가 여자의 치마폭에 싸여 대사를 그르치는 사람이라고 해석하는 사람이 많다.

한편 초선은 여러 작품과 야사에서 새롭게 다뤄지고 있다. 동탁이 죽은 직후 곧바로 자살했다는 이야기도 있다. 이 때문에 삼국지연의에서는 초선이라는 이름과 외모가 똑같은 다른 여인을 여포의 부인으로 다시 등장시켰다는 것이다.

여포가 죽은 뒤 초선은 비구니가 되었다가 이전에 본 관우에게 반하여 관우를 끝까지 모셨다는 얘기도 있다. 또는 관우의 연인이 되었지만 관우의 손에 죽었다고 하기도 한다.

고우영 삼국지에서는 초선이 아닌 여포를 좋지 않은 쪽으로 몰고 갔다. 초선을 여포가 아닌 왕윤과 사랑하는 사이로 묘사하고 초선이 자결한 후 여포가 그 시체를 강간하는 것으로 묘사했다.

삼국지연의 이전에 나온 원나라의 잡극 연환기連環記와 삼국지평화에서 초선의 성은 임任씨요 여포의 아내로 등장한다. 삼국지연의에서 초선이 여포의 처로 등장했다면 후에 연환계를 실시하기 어려웠을 것이다.

그렇기 때문에 나관중은 그녀가 어릴 때부터 왕윤의 부중에서 양육되었고 먼저 여포에게 바쳐졌다가 후에 동탁에게 헌납되는 줄거리를 만든다. 두 사람 사이에 위치한 그녀는 갖은 수단을 부린 끝에 마침내 여포의 손을 빌려 동탁을 죽이는 식으로 묘사했다.

초선과 연환계는 결코 역사적 진실이 아니다. 동탁 살해 사건의 줄거리를 좀 더 생동적이고 다채로우며 흡인력이 있도록 하기 위해 창작한 것이다.

▌비도飛刀의 명수 여중호걸 축융부인

| 축융부인 | ＋ | 맹획 |

축융부인祝融婦人은 정사 삼국지에는 등장하지 않는다. 그녀는 나관중의 삼국지연의에서 나오는 가공인물이다. 삼국지연의에서 그녀는 남만왕 맹획孟獲의 아내로 등장한다. 대래동주의 언니, 비도의 명수, 중국 신화의 불의 신이자 남쪽의 신인 축융祝融의 후예이다.

축융은 흔히 갑옷을 입고 칼을 휘두르며 커다란 호랑이를 탄 자신감이 넘치는 모습으로 묘사된다. 하늘과 땅을 분리하고 전 세계의 질서를 세우는 것을 도운 신 중 하나다. 축융은 자신의 아들인 물의 악령으로 대홍수를 일으킨 공공과의 전투로 유명하다.

축융은 자신의 아들이 하늘의 왕좌를 찬탈하려 한다는 소식을 듣고 이를 제지하러 갔다. 둘은 하늘에서 며칠 동안 싸우다가 땅으로 떨어졌다. 결국에 공공은 패하였고 축융은 승전고를 울리며 하늘로 돌아왔다.

고대 중국의 전설에 따르면, 초나라의 선조 전욱의 후손인 중려重黎가 제곡이 즉위한 뒤에 화정火正(불을 관리하는 벼슬)을 맡았다. 중려는 불빛으로 천하를 밝게 비추어 큰 공을 세웠으므로 제곡이 그를 축융祝融이라 부르도록 명하였다. 축융祝融의 후손이 기己씨라고 전하기도 하는데, 주나라 시대 소蘇가 되었다.

축융부인은 초선, 대교, 소교, 견희, 손부인, 조절, 채염과 더불어 삼국지의 8대 미녀로 등장한다. 8대 미녀 중에서는 여섯 번째 미녀이다. 삼국지 8대 미녀는 나관중이 삼국지연의를 지은 이후에 민간에서 만들어졌을 뿐 누가 정했는지는 알려지지 않고 있다.

삼국지연의에서의 축융부인은 다음과 묘사된다. 225년 촉나라의 승상 제갈량이 남만南蠻을 공략했다. 축융부인의 남편 맹획은 군사를 이끌고 맞서지만 전투에서 여러 번 패한다. 그러자 축융부인이 직접 나섰다. 축융부인은 무예가 출중하고 비도飛刀의 명수로 여중호걸女中豪傑이다. 그녀는 촉나라의 군대와 맞서 촉장 장억張嶷과 마충馬忠을 사로잡았다.

제갈량은 조운趙雲과 위연魏延을 불렀다. 그러고는 그들에게 축융부인을 생포할 계책을 알려주었다. 다음날 조운과 위연은 일부러 축융부인을 화나게 한 뒤 퇴각하였다. 축융부인은 추격하다 매복에 걸려 사로잡히게 되었다. 제갈량은 축융부인을 장억, 마충과 교환했다.

제갈량은 맹획을 일곱 번 풀어주고 일곱 번 사로잡는데 결국 맹획은 제갈량에게 항복했다. 축융부인도 남편을 따라 제갈량에게 항복하였다.

맹획孟獲(?~?)은 삼국시대의 남만족의 지도자로 남만왕이라 불렸다. 사료에 따라 그 실존 여부가 다르다.

225년 제갈량이 남만을 정벌할 때 맹획은 촉한에 굴복한다. 삼국지 촉서 제갈량전의 배송지주에 인용된 한진춘추의 기록에 의하면 제갈량이 남중에 도착했을 때 한족과 이민족이 맹획에게 복종한다는 말을 듣고 맹획을 생포하라는 명령을 내렸다고 되어 있다.

맹획을 생포하자 제갈량은 맹획에게 촉군이 어떠하냐고 물었다. 맹획은 "이전에는 허실을 몰라서 패했소. 지금 허락받고 영진營陳을 살펴보니 다만 이 정도라면 쉽게 이기겠소."라며 말했다. 제갈량은 그후로도 여섯 번을 풀어주고 여섯 번을 사로잡았다. 일곱 번째 생포했을 때도 제갈량은 맹획을 풀어주려고 했다. 그러나 맹획은 떠나지 않고 "공은 천위를 지닌 분이니 우리 남인들은 다시는 배반하지 않겠다."라고 귀순의 뜻을 전했다.

화양국지의 기록에 따르면 맹획은 익주 건녕 사람으로 관직을 받아 어사중승까지 승진했다는 기록이 있다. 그리고 가설에는 맹획이 미얀마 북부 후베이성에 속하는 민족인 와족이라는 설도 있다. 와족은 20세기까지 인간 사냥의 습성을 가지고 있던 포악한 민족이다.

삼국지연의에서 맹획은 위나라 조비의 권유에 응하여 촉한에 침공하는데 제갈량의 계략으로 위연의 미끼에 걸려 패배하여 남만으로 퇴각한다. 그 후 건녕태수 옹개와 모의하여 반란을 일으키지만 제갈량에 의해 평정된다. 그뒤부터 제갈량의 남만정벌이 시작된다. 일곱 번 풀어주고 일곱 번 사로잡힌 뒤에(칠종칠금) 맹획은 제갈량에게 항복 한다. 그리고 제갈량의 남만정벌과 칠종칠금, 만두 이야기, 등갑군 등은 삼국지연의의 허구이며, 그의 아내 축융, 아우 맹우, 처남 대래동주, 남만 수령 금환삼결, 동도나, 아회남, 수하 장수 망아장, 동맹군 타사대왕, 목록대왕, 등 삼국지연의 내 남만 정벌에 등장하는 인물 역시 허구이다.

제5장 그 밖의 여인들

┃ 삼국지 여류 경세가 양수의 어머니 신헌영

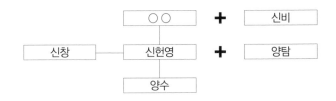

신헌영辛憲英(191년~269년)은 동한 191년 초평(유협) 2년에 태어났다. 동탁 제거를 목적으로 모였던 관동 제후들의 반통탁연합군이 막 해체되던 시기였다. 원소는 한복에게서 기주를 빼앗고 손견은 유표에 의해 죽는 등 삼국시대의 혼란이 시작되었다. 신헌영의 아버지 신비는 이때부터 원소 휘하로 들어갔다.

원소가 죽은 뒤 그의 아들 원담과 원상 사이에 내분이 일어났다. 신비는 원담의 명으로 조조에게 구원하러 갔다가 투항했다.

신씨辛氏의 자는 헌영憲英이며 농서隴西 사람으로 위나라 시중 신비辛毗의 여식이다. 총명하고 사리에 밝았으며 사태를 분석하고 정리하는 재주가 있었다. 신창辛敞의 누이이고 양탐羊耽의 아내이며 양수의 어머니이고 양호의 숙모이다.

신비는 딸이 남다른 지혜와 출중한 재주를 지녔다고 생각해 종종 딸에게 조정에서 일어난 일을 들려주며 의견을 물었다.

조비가 태자의 자리에 오르자 신비를 껴앉으며 "신군은 내가 얼마나 기쁜지 아십니까."라고 말했다. 신비도 울먹이며 기쁨을 함께 나눴다. 신비는 이 사실을 딸 신헌영에게 알렸다.

신헌영은 "태자는 군주를 대신해 종묘사직을 지키는 자이니 태자는 우선 근심을 해야 하고, 국가도 두려워해야 합니다. 걱정을 해야 마땅한데 기뻐하는 것을 보니 위나라는 크지 못할 것입니다."라고 말했다. 스물일곱 살의 신헌영은 조비가 취임하기도 전에 그의 향후 운명을 예측하고 있었다. 훗날의 사실은 그의 예측이 정확했음을 말해 준다.

239년 경초 3년 명제 조예가 서른여섯이라는 젊은 나이로 죽었다. 여덟 살에 불과한 조방이 그 뒤를 이었다. 조상과 사마의는 고명대신으로서 명제로부터 조방의 보좌를 부탁받았다. 초기에 두 사람은 힘을 모아 국정운영에 최선을 다했으나 얼마 못 가 권력다툼이 시작되었다.

아우 신창이 대장군 조상의 참군이 되었을 때다. 249년 조상, 曹義 형제가 천자 조방을 수행하여 고평릉高平陵(위 명제의 묘)에 성묘하러 갔다. 그 사이에 사마의는 정변을 일으켜 낙양의 성문을 봉쇄했다. 조상의 사마 노지魯芝는 병사들을 거느리고 조상이 있는 곳으로 탈출하려 했다. 그는 신창을 불러 같이 가자고 했다. 신창은 두려워했다. 어떻게 하는 게 좋은 것인지를 누이인 신헌영에게 물었다.

"천자가 밖에 계시는데 태부 사마의는 성문을 닫았고, 사람들은 국가에 변란이 온다고 하는데 어찌하면 좋을까요?"

신헌영이 말했다. "국가에는 알지 못하는 일이 많다. 하지만 내가 보건대 태부의 행동은 분명히 법도에 가까울 것이다. 명황제가 붕어할 때 태부의 팔뚝을 잡고 후사를 부탁했다. 그 말을 조신들이 기억하고 있다. 또한 조상도 태부와 함께 부탁을 받았는데 혼자서 권세를 쥐었다. 이는 왕실에 대한 불충이며 사람의 도리로 옳지 않은 것이다. 이번에 일어난 일은 조상을 베어 그 세력을 견제하려는 것이다."

신창이 거듭 신헌영에게 "그렇다면 제가 나가지 말까요?"라고 물었다. 이에 신헌영은 "나가지 않는 것도 한 방법이겠지만 직무는 사람의 대의이다. 위험이 닥쳐와도 대의를 잊어서는 안 된다. 조상 휘하에서 직무를 본다면 그 일을 방관하는 것은 옳지 못하다. 그 직무를 다하다 죽는 것도 중요한 일이니 성을 나가는 방법이 좋겠다. 사마의가 쿠데타를 일으킨다면 성공할 것이다. 사마의의 거사는 반역이 아니라 조상을 제거하는 데 있다. 그 결과 조상은 처형될 것이다. 그러나 너는 조상의 부하이니 성내에 있으면 주군을 위해 의리를 수행했다고 말할 수 없다. 성에서 나와 조상의 곁으로 가야 한다."

신창은 신헌영의 말을 따랐다. 그 결과 조상은 처형되었지만 신창은 주군에 충실에 인물로 충의의 명성을 보존함과 동시에 목숨도 잃지 않게 되었다.

신창은 일이 정리된 후에 탄식하며 "누이의 계책이 아니었다면 내가 의를 저버릴 뻔하였구나."라고 말했다.

영특한 신헌영은 사마의의 속내를 미리 읽고 신창에게 현명한 조언을 해주었다. 사마의는 조상이 권력을 행사할 때 본분에 충실하기 위해 묵묵히 따른 이들을 죽이지 않았다. 그들을 용서해 자신의 관대함을 알리면서 향후 정치적 입지를 단단히 다졌다.

사마의가 권력을 잡은 뒤 그의 아들 사마사와 사마소는 위나라 정권을 찬탈하기 위한 작업을 시작했다. 위나라에 충성을 맹세한 문무백관을 탄압하고 학살했다.

신헌영이 속한 영천 신씨 집안은 자포자기하며 최후의 순간이 오기를 기다렸다. 하지만 신헌영은 달랐다. 평소처럼 행동하며 예리한 정국 분석력으로 혈육들에게 닥칠 수 있는 탄압을 피하기 위해 현명한 조언을 아끼지 않았다.

조카 양호羊祜(221년~278년) 역시 숙모인 신헌영을 찾아와 자주 국가 대소사에 대해 의견을 나눴다.

262년 원제 조환 경원 3년 종회가 사마소에 의해 진서장군에 임명됐다. 신헌영은 양호에게 말했다. "종사계鍾士季(종회의 자)는 어떤 이유로 서쪽으로 나가는가."

양호가 "사마소가 장차 촉나라를 칠 준비를 하고 있기 때문입니다."라고 말하자 신헌영은 걱정하며 말했다. "종회는 업무를 독단적으로 처리하고 제 멋대로 행동하는 사람이니 분명 다른 사람 밑에서 오랫동안 가만히 있지 못할 사람이다. 다른 야심을 갖고 있지 않은지 걱정이다."

평소 종회는 양호가 총애받는 것을 시기했다. 양호 역시 종회를 꺼렸다. 신헌영의 눈에는 종회의 진서장군 임명이 상당히 위험하다는 것을 짐작했다.

그 다음해 종회가 촉나라를 치기 위해 군대를 일으켰다. 이때 종회는 신헌영의 아들 양수를 불러들여 참군으로 삼았다. 신헌영은 걱정하며 말했다.

"작년에 종회가 관서에 부임하는 것을 보고 걱정이 컸는데 이제는 그 걱정이 우리 집안에 떨어질 줄이야." 신헌영의 깊은 걱정에 아들 양수의 시름도 깊어 갔다.

양수는 완고하게 문제에게 참군 임명 철회를 요청했다. 그러나 양수의 청은 받아들여지지 않았다.

신헌영이 마음을 가다듬고 양수에게 말했다. "예부터 군자는 집에서는 부모에게 효도하고 밖에서는 나라에 충성을 다하며 관직에서는 그 소임을 다해야 한다. 또한 대의를 실천하는 데 있어서는 입장을 고수하여 부모에게 걱정을 끼치지 않을 것을 유의해야 한다. 군무에서는 자비

349   제5장 그 밖의 여인들

심이 깊고 마음을 어질고 후하게 써야 한다.”

양수는 불안한 마음을 진정시키며 종회가 이끄는 대군을 향해 갔다. 양수는 원정길에서 일어난 온갖 혼란과 학살 속에서도 진심으로 대하며 실수를 용서해 주는 등 자비를 베풀어 주변으로부터 존경을 받았다.

종회는 촉나라에 이르러 끝내 반역했다. 위나라 군대 내부에서 서로 죽이는 처참한 살육전이 벌어졌다. 당시 양수는 종회에게 대신이 어떻게 반란을 일으킬수 있느냐며 자중할 것을 여러 번 권했다.

종회는 양수를 죽이고 싶었지만 두터운 군심을 받고 있어 죽이지는 못했다. 결국 종회의 반란은 진압되고 양수는 무사히 돌아왔다. 양수는 어미인 신헌영의 충고대로 처신하여 반란사건에서 몸을 온전히 보전할 수 있었다. 또한 사마소는 종회에게 여러 번 간했다는공로를 인정해 양수를 진작으로 임명했다.

양호는 숙모인 신헌영을 존경하는 마음에서 일찍이 비단옷을 보낸 적이 있다. 그러나 신헌영은 아름다운 것을 싫어하여 돌려보내 검소함의 본보기가 되었다. 신헌영은 전란의 와중에서 관찰자의 시점으로 정국을 예의 주시하며 분석했다. 일을 예측하는 능력이 뛰어나 여러 번 적중시켰다. 여자의 몸으로 무엇을 할 수 없던 시대적 상황에서 그는 자기 일족의 안위에 많은 조언을 하는 것으로 일상의 행복에 만족했다. 269년 무제 진시 5년에 79세로 생을 마감했다.

부 록

▌삼국지 관직

- **황제**: 주공=군주=주군
- **삼공三公**: 중국, 한국, 일본 등의 동아시아 국가에서 근대 이전에 3개의 최고위 대신大臣의 직위를 나타냈던 말로 삼태三台, 삼괴三槐 등으로도 부른다.

  중국의 주周에서 태사太師, 태부太傅, 태보太保의 관직官職을 삼공三公이라 한 것에서 비롯되었는데, 주에서는 궁정宮庭에 세 그루의 회화나무槐를 심고 삼공이 이를 향해 앉았다고 전해진다. 때문에 삼공을 달리 삼괴三槐, 태괴台槐, 괴정槐鼎 등으로 부르고, 삼공의 자리를 공괴公槐, 괴위槐位 등으로 나타내기도 한다.

  춘추전국시대春秋戰國時代 이후 진秦이나 전한前漢에서는 행정行政을 담당한 승상丞相, 군사軍事를 담당한 태위太尉, 감찰監察을 담당한 어사대부御史大夫를 삼공三公이라 하였고, 뒤에 그 명칭을 각각 대사도大司徒, 대사마大司馬, 대사공大司空 등으로 바꾸었다.

  후한後漢에서는 다시 명칭을 사도司徒, 태위太尉, 사공司空으로 바꾸어 이를 삼공三公이라고 했으며, 삼사三司라고도 불렀다.

  후한 이후 당唐, 송宋 시대까지는 사도司徒, 태위太尉, 사공司空의 직위를 삼공三公이라 불렀다. 하지만 수隋, 당唐 시대 이후 3성6부제三省六部制가 확립되자 정무政務가 각 부部의 장관인 상서尙書를 중심으로 이루어져 삼공三公은 실권을 잃고 명예직으로 바뀌어갔다.

  북위北魏에서는 태사太師, 태부太傅, 태보太保를 삼사三師라고 불렀는데, 당唐은 정1품관正一品官으로 삼사三師를 따로 두어 왕의 고문顧問을 맡겼다. 원元, 명明, 청清 시대에는 태사太師, 태부太傅, 태보太保를 삼공三公이라 부르며, 대신大臣의 최고 영예직으로 하였다.

한국에서는 고려高麗에서 태위太尉, 사도司徒, 사공司空의 벼슬을 두어 이를 삼공三公이라 하였으며, 태사太師, 태부太傅, 태보太保의 삼사三師를 따로 두었다. 이들은 모두 정일품으로 임금의 고문 구실을 하는 국가 최고의 명예직이었지만, 1362년 공민왕 때에 폐지되었다.

조선시대에는 의정부議政府의 영의정領議政, 좌의정左議政, 우의정右議政의 3의정三議政을 삼공三公이라고 불렀다. 3의정三議政은 초기 도평의사사都評議使司가 의정부議政府로 개편되었을 때는 실권이 없는 명예직이었으나, 1436년 세종이 3의정三議政을 국정國政에 참여케 하여 의정부 서사署事 제도를 실시하면서 그 권한이 강화되었다. 이로부터 3의정은 삼정승三政丞, 삼공三公 등으로 불리게 되었다.

일본日本에서는 702년 대보율령大寶律令의 시행으로 최고의 행정 기관으로 태정관太政官이 설치되자, 태정관太政官의 수장首長인 태정대신太政大臣, 좌대신左大臣, 우대신右大臣을 삼공三公이라 하였다. 태정대신太政大臣이 상임직常任職이 아니므로 좌대신左大臣, 우대신右大臣, 내대신內大臣을 삼공三公이라고 한 경우도 있다.

- 사공司空=어사대부御史大夫, 대사공大司公: 삼공의 하나. 태위太尉, 사도司徒와 함께 국가의 대사를 관장하는 국가 최고의 관직으로 주로 수리와 토목 사업을 관장했다. 녹봉은 4천2백 석이었으며, 어사대부御史大夫, 대사공大司公 등으로 명칭이 바뀌었다.

- 사도司徒=승상丞相=대사도大司徒: 삼공의 하나. 국가의 대사를 관장하는 국가 최고의 관직으로 민정 일반과 교육을 관장했다. 녹봉 1만 석. 사마司馬, 사공司空과 함께 국가의 대사를 결정하는 최고의 관직으로 주로 민정 부문을 담당했다. 녹봉은 4천2백 석으로 지관地官, 대사도

大司徒, 승상丞相 등으로 명칭이 바뀌었다. 동탁이 상국이었을 때 왕윤이 맡고 있었다.

- 태위太尉=사마司馬=대사마大司馬: 삼공의 하나. 사도司徒, 사공司空과 함께 국가의 대사를 결정하는 최고 관직으로 주로 군사 방면을 담당했다. 각 부문에 설치했다(차관급). 후한 시대에 태위太尉로 명칭이 바뀌었다.

  처음엔 사마라 불렀다. 동한의 태위는 실질적인 승상丞相이었다. 한때 대사마大司馬라고 이름을 바꾸었으나, 동한 영제靈帝 말년에 다시 태위를 대사마와 함께 두었다. 제1품이었으며, 녹봉은 1만 석이었다.

■ 구경九卿: 삼공三公에 버금가는 아홉명의 고관高官이나 그 직위를 나타냈던 말로, 중국 주周의 관제官制에서 비롯되었다. 예기禮記에 주나라가 3공三公, 9경九卿 27대부大夫, 81원사元士의 관제官制를 둔 것으로 기록되었다.

  주周 시대의 공公, 경卿, 대부大夫 등은 특정한 관직官職을 뜻하기보다는 작위爵位의 등급을 나타냈는데, 일반적으로 주대周代에는 6관六官의 우두머리인 총재冢宰, 사도司徒, 종백宗伯, 사마司馬, 사구司寇, 사공司空 등의 6경六卿에 삼소三少나 삼고三孤라 불리며 삼공三公의 직무를 보좌했던 소사少師, 소부少傅, 소보少保 등을 합해 9경九卿이라 불렀다.

  구경은 진秦과 한漢 시대에 이르러 황제皇帝 직속의 중앙 관서官署 수장首長들을 나타내는 말로 쓰였다. 진秦에서는 봉상奉常, 낭중령郎中令, 위위衛尉, 태복太僕, 정위廷尉, 전객典客, 종정宗正, 치속내사治粟內史, 소부少府 등을 9경이라 하였다.

  봉상奉常은 국가의 예법禮法과 제사祭祀를 담당했는데, 한漢 경제景帝

때에 태상太常으로 명칭을 바꾸었다. 낭중령郎中令은 궁중宮中의 경비警備를 책임지는 직위였는데, 한漢 무제武帝 때 광록훈光祿勳으로 명칭을 바꾸었다가 후한後漢에서는 다시 낭중령郎中令이라 하였다. 위위衛尉는 궁문宮門의 경비警備를, 태복太僕은 거마車馬의 관리를, 정위廷尉는 사법司法을 책임지는 직위였다. 전객典客은 각국 사절의 접대接對와 외교外交를 맡았는데, 한漢 시대에는 대행령大行令이라 하였다가 무제武帝 때 다시 대홍려大鴻臚로 명칭을 바꾸었다. 종정宗正은 황족皇族의 관리를 맡았으며, 소부少府는 궁중宮中의 재정財政을 담당하였다. 치속내사治粟內史는 국가의 재정을 담당하는 직위였는데, 후한後漢 시대에 대사농大司農으로 명칭을 바꾸었다.

그러나 위진남북조魏晉南北朝 시대 이후 9경九卿의 역할은 약화되었다. 수隋와 당唐 시대에 3성 6부제三省六部制가 확립되면서 9경九卿은 6부六部 상서尚書와 중앙 핵심 관부의 고관高官을 이르는 말로 쓰이게 되었다.

명明에서는 6부六部 상서尚書와 도찰원都察院 도어사都御史, 대리시경大理寺卿, 통정사사通政使司를 대9경大九卿이라 하였으며, 태상시경太常寺卿, 태복시경太僕寺卿, 광록시경光祿寺卿, 첨사詹事, 한림학사翰林學士, 홍려시경鴻臚寺卿, 국자감제주國子監祭酒, 원마시경苑馬寺卿, 상보사경尚寶司卿 등을 소9경小九卿이라 하였다.

청淸에서도 6부六部 상서尚書와 도찰원都察院 도어사都御史, 대리시경大理寺卿, 통정사사通政使司를 대9경大九卿이라 하였으며, 종인부부승宗人府府丞, 첨사詹事, 태상시경太常寺卿, 태복시경太僕寺卿, 광록시경光祿寺卿, 홍려시경鴻臚寺卿, 국자감제주國子監祭酒, 순천부부윤順天府府尹, 좌우춘방서자左右春坊庶子 등을 소9경小九卿이라 하였다.

한국에서는 조선朝鮮 시대에 육조六曹의 판서判書와 의정부議政府의 좌찬성左贊成과 우찬성右贊成, 그리고 한성부漢城府의 판윤判尹을 9경九卿이라 하였다. 이들은 의정부議政府 3정승三政丞에 버금가는 고관高官으로 꼽혔다. 의정부議政府의 좌우찬성左右贊成은 종1품, 그 밖의 직위는 정2품이었다.

■ **구경九卿**: 황실과 중앙 정부의 정사를 처리하던 관직으로서 삼공 바로 아래 최고위직 이었다.

• **봉상奉常=태상太常** : 구경 가운데 하나. 황실의 종묘와 제사에 관한 일을 총괄하던 관직이다. 태사령太史令과 태의령太醫令으로 나뉘는데 태사령太史令은 점복과 황제에 대한 기록을 담당하고, 태의령太醫令은 황실 의사이다. 이조의 예조 판서와 같은 것이다. 녹봉 중 2천 석이다.

• **낭중령郎中令=광록훈光祿勳**: 궁중宮中의 경비警備를 책임지는 직위이다. 한漢 무제武帝 때 광록훈光祿勳으로 명칭을 바꾸었다가 후한後漢에서는 다시 낭중령郎中令이라 하였다.

• **광록훈光祿勳**: 원로회의 장으로 구경 가운데 하나. 황실과 궁중 제관의 감시와 통솔을 담당한다. 태중대부太中大夫, 광록대부光祿大夫, 간대부諫大夫(후한:간의대부諫議大夫) 등이 이에 속한다.

• **위위衛尉**: 황실과 궁성 경비警備를 담당하는 사무직이다.

• **태복太僕=치중治中**: 각주 자사의 보좌관으로 천자의 어가御駕와 어마御馬를 맡아 관리하며, 천자의 행렬을 지휘한다. 왕명의 전달과 시종직을 주무로 하던 관직이다. 녹봉은 2천 석이다.

• **정위廷尉**: 사법司法을 책임지는 직위였다.

• **전객典客=대행령大行令=대홍려大鴻臚**: 제후왕과 열후 및 주변 이족 군장들의 입조와 조공에 대한 출영과 접대를 맡던 관직으로 진나라 때는

전객典客이라 한 것을 한무제 때 대홍려로 고쳤다. 장관을 대홍려경이라 한다.

- **종정**宗正: 구경의 하나이며 황실에 관한 제반 사무를 통할하던 관직으로 원칙적으로 황족만을 임명했다. 녹봉 중 2천 석이다.

- **치속내사**治粟內史=**대사농**大司農: 중앙 관직 구경 중의 하나. 지방에서 중앙에 바치는 세금이나 양곡을 관리한다. 1등관으로 녹봉 2천 석이다. 현재의 재무장관에 해당한다.

- **소부**少府: 천자의 어의, 어물, 경비, 식사 따위를 맡아보는 관직으로 구경의 하나이며 출납 관련 장관이다.

- **간의대부**諫議大夫: 황제의 고문관으로 황제의 잘못을 간하며 고문과 응대를 맡은 관직이다. 의랑과 함께 광록훈에 속한다. 6등관이다.

- **공부시랑**工部侍郞: 공부工部는 영조, 공작에 관한 일을 맡아보던 관청이며, 시랑侍郞은 성의 차관에 해당하는 관직으로 공부의 장관長官 상서尙書의 부직副職이었다. 동한東漢 삼국시대三國時代에는 이런 관직명이 없었다. 삼국지연의에서는 왕자복王子服이 이 관직을 지냈다고 했다.

- **광록대부**光祿大夫: 조정의 고문관. 진나라 때의 낭중령의 속관이던 중대부를 한무제 때 광록대부라고 고쳐 불렀다. 삼공 다음가는 높은 벼슬이었으나 실권은 없고 다만 명예직이다. 3등관으로 녹봉은 2천 석이다.

- **교위**校尉: 둔병屯兵을 맡아보는 관직이다. 한 무제 때 성문교위城門校尉와 사례교위司隷校尉의 두 교위가 처음 생겼으며, 그 후 차차 무관직으로 변하여 한직閑職이 되었다.
   (1) 월기, 중루, 사성, 둔기, 보병, 장수 등 팔교위가 있으며, 도성 밖에 주둔하는 군대를 거느린다. 녹봉은 2천 석이다.

(2) 지방관으로 성문교위와 사예교위의 두 교위가 있다. 녹봉은 2천
  석이다.

- 국구國舅: 왕의 장인 또는 처남을 말한다.

- 기도위騎都尉: 중랑장과 같이 황제를 호위하는 관직으로서 기병 담당
  으로 근위 기병대장近衛騎兵隊長쯤 된다. 광록훈 아래에 속한 관직으
  로 녹봉은 2천 석이다.

- 귀인貴人: 황제 비妃의 관명官名으로 첫째가 황후后이고, 둘째가 귀인,
  셋째가 미인美人이었다.

- 낭관郎官: 중앙 각 관청의 상서령 밑에서 문서의 기초를 맡던 관직으
  로 상서낭중, 상서랑, 상서시랑도 같은 직책이다. 8등관이며 녹봉
  은 400석 이다. 소부少府에 속해 있는 관리로서 첫 임용된 낭관은 상
  서중랑尚書中郎으로 1년간 근무한 뒤 상서랑尚書郎이 되고, 3년 뒤에는
  시랑侍郎이 된다. 상서尚書는 조서詔書나 칙서勅書 등의 초안을 작성하
  는데 뒤에 큰 권력을 쥐는 경우가 흔하다. 한나라 때에는 시랑侍郎과
  낭중郎中을 낭관이라 했으나 당나라 이후 낭중과 원외랑員外郎을 낭
  관이라 칭했다. 한나라 때에는 상서尚書(장관)의 보좌를 겸했고, 후에
  각 사司의 직무를 주관했다.

- 낭중郎中 종사중랑: 군대에 파견된 문관으로 소부少府에 소속된 상서랑
  중尚書郎中의 약칭이다.

- 내조內朝: 황제의 비서직은 내조라 불리었고 이 내조의 업무는 상서와
  시중으로 나뉘어 처리하였다.

- 녹상서사錄尚書事: 녹은 거느린다는 뜻이다. 상서령尚書令은 정치의 기
  밀에 참여하는 중요한 지위에 있었기 때문에 이를 거느린다는 것은
  바로 행정권을 거머쥐는 것이다. 궁정의 문서를 맡던 관직으로 후

한 장제章帝 때 태부太傅와 태위太尉에게 이 직무를 겸하게 하여 시작된 관직이다. 화제和帝 이후 상설 기관이 되고, 그 관위官位는 삼공三公 위에 있었다. 즉 어린 황제가 즉위할 때마다 그를 대신하여 집정하고 재상직을 겸하였다. 현재의 내각총리內閣總理와 같은 직책이다. 중상시 건석을 제거하고 하태후가 하진에게 내린 벼슬이다.

■ 대사마大司馬: 원래 대장군과 표기장군에 주던 칭호로 삼공보다 위였다.

■ 대사공大司空: 국가최고의 관직으로 삼공의 하나로서 사공과 같다.

■ 대리大理: 형벌과 감옥 등 법을 집행하는 기관이다.

■ 대장추大長秋: 황후의 시종관이다. 황후의 뜻을 전달하는 일을 맡고 궁중의 사무를 관리한다. 주로 환관들이 맡았다.

■ 도독都督: 각 주의 군사와 자사의 관원을 통괄 담당한다. 한 부대를 감독하는 대장의 호칭이며 도독 총지휘는 대도관직이다. 도위都尉 군郡에 배치되어 있던 무관이다. 태수와 동격이었다. 군내의 치안을 담당했다.

■ 독우督郵: 군의 태수의 보좌관으로 각 현의 행정감독을 주임무로 한다. 군태수에 속해 있는 오부五部 독우督郵의 하나인데, 동 · 서 · 남 · 북 · 중 5부로 나누어 소속 현을 보살피며 순찰하게 하였다. 군태수의 시찰관. 현 관리의 치적, 법규 등을 감찰 · 평정했다.

■ 목牧: 13주의 장관인 자사를 '목'이라고 부르기도 한다. 전한 때는 주州장관의 명칭을 목이라고 했으나 후한 때는 자사刺史로 바꾸었는데 황건적의 반란이 일어난 중평重平 5년 자사라는 명칭을 다시 목으로 환원하였다. 자사는 원래 군사권이 없었고 비상시에 한해 칙령勅令에 의해서 군을 움직일 수 있었으나 목은 처음부터 군사권을 쥐게 되어 권한이 크게 강화되었다. 유언劉焉의 건의에 의한 것이었다.

- **미인美人**: 궁중 여관의 계급으로 2등관이다. 녹봉은 2천 석이다.

- **별가別駕**: 주의 자사의 보좌관. 자사가 관내의 군을 순회할 때마다 언제나 다른 수레를 타고 따라다니기 때문에 이 명칭이 생겼다. 정식 명칭은 별가종사다.

- **별군사마別郡司馬**: 이런 관직 이름은 없었다. 대장군에 속하지 않는 별부사마別部司馬의 오기誤記인 듯하다.

- **별부사마別府司馬**: 대장군 휘하에 직속되지 않은 독립부대의 장이다. 복야 관청의 주임급으로 상서령 밑에서 사무를 관할하며, 상서령이 없을 때 상서령을 대리한다. 정식명칭은 상서복야이며 6등관 이다.

- **복야**: 관청의 주인 또는 장長의 직위이다. 진나라 때 시작되어 한나라로 계승되어 군인, 궁인宮人상서尙書, 박사博士 등에 모두 복야가 있었으나, 그 후 상서복야 외에는 모두 폐지되고 이것만이 전문직이 되었다. 6등관이다.

- **봉군도위奉軍都尉**: 천자를 호위하여 천자의 수레에 배승하는 근위 기병의 장이다. 녹봉은 2천 석이다.

- **부마駙馬**: 원래는 천자의 부마副馬를 다스리는 관직이었으나 공주의 남편이 계속 이 벼슬에 임명되었기 때문에 임금의 사위라는 뜻으로 쓰인다. 정식 명칭은 부마도위 이다.

- **부자사部刺史**: 지방행정관 관리에 대한 감찰감독으로 군수의 일반 행정과 호적을 감사하였다.

- **북도위北都尉**: 각 군의 방비와 치안을 맡아보는 무관직으로 녹봉은 2천 석이다.

- **비서랑秘書郎**: 궁중의 도서 및 문서를 담당하던 관직으로 비서는 원래 천자가 비장하는 서적이라는 뜻이다.

비서 낭중도 같은 관직이었으며, 명문자제를 임용하였는데, 보통 관리의 첫출발은 비서랑으로 들어가는 것이 통례였다.

■ **번비藩妃**: 지방을 다스리던 제후의 아내를 이른다.

■ **사예교위司隸校尉**: 치안을 담당하던 관직이다. 한나라 때는 13개 주 가운데 낙양이 있는 한 주만은 특별히 자사刺史를 두지 않고 사예교위를 두었다. 따라서 수도와 그 주변의 모든 범죄자를 검거할 수 있는 막강한 권한을 가졌으며, 군사권과 행정권을 모두 쥐고 있었기 때문에 그 권력은 삼공을 제외한 모든 대신과 맞먹었다. 지방 관청에 대한 감독권도 갖게 되었다.

■ **산기상시散騎尙侍**: 천자의 수레에 배승하는 근위관이다. 정한 예식에 맞지 않을 때 간언하는 것을 임무로 했으며, 주로 사인士人 중에서 임용했다.

■ **상相**: 삼국시대에는 지방행정제도가 군국으로 나뉘어져 있었는데 군에는 태수를, 국에는 상을 두었다. 즉, 황족에게 영지를 내려 왕으로 봉하면 관리도 함께 보내 행정을 보게 했다. 이 관리를 상이라고 한다. 그런데, 황족의 왕은 명분만 있었고, 실제로는 중앙에서 파견된 집정관인 상이 모든 실권을 쥐고 행정을 관할하였다고 한다. 황족의 영지는 군과 동격이므로 상의 지위는 태수와 비슷했다.

■ **상국相國**: 재상을 말하는 것이나 승상보다는 지위가 위이며 특별할 경우에만 주어진다. 부통령급 원로이다. 사실 소하와 조참 등 몇몇 사람들(5명 이내)이 돌아가면서 임명되더니 그 이후부터는 계속 공석으로 남아 있다가 동탁이 임명된 관직이다.

■ **상서령尙書令**: 상서대의 장관이다.

■ **상서尙書**: 천자와 조신 사이에 왕래하는 문서를 맡아보던 관직으로 상

서령 밑에서 정무를 분장하였다. 원래 일종의 비서관격이던 것이 후한 때부터 점점 중요한 지위로 되어 육조로 갈리어 각각 직무를 달리하였다. 정원 6명이다.

- **상시常侍**: 정확하게는 중상시中常侍다. 궁중의 일을 관장하는 황제의 사부私府인 소부少府에 속해 있는 관리다. 환관 직종 중 최고위직 이다. 시종장侍從長과 비슷하다. 십상시十常侍는 10명의 상시를 말한다.

- **서원팔교위西園八校尉**: 후한 말에 십상시들이 세운 황실 경비병들을 이끈 여덟 교위를 의미한다. 우두머리는 십상시 중 한 명이었던 상군교위 건석이었다. 중군교위 원소, 하군교위 포홍, 전군교위 조조, 조군좌교위 조융, 조군우교위 풍방, 좌교위 하모, 우교위 순우경이 속했다.

- **성문교위城門校尉**: 낙양의 열두 성문을 지키는 교위로 사마 1명이 문후 12명을 거느린다. 녹봉은 2천 석이다.

- **소교少校**: 장교 다음의 계급이다.

- **수재秀才**: 과거의 1차 시험에 합격한 사람. 우리나라 조선시대의 진사에 해당한다. 다시 제2단계인 과거에 통과하면 거인舉人이라 했다. 전한前漢 때부터 각 지방에서 재능이 뛰어난 사람을 군태수郡太守가 관리후보로 조정에 추천하는 제도가 생겼는데, 이 제도에 따라 추천된 사람을 수재라고 했다. 후한後漢 때에는 광무제의 이름이 수秀였기 때문에 이 글자를 피해 무재茂才라고 했다. 문관 임용제도가 확립된 명나라 이후부터 첫 단계의 과거에 합격하면 부府나 주州, 현縣의 학생원學生員이 될 자격과 함께 다음 단계의 과거에 응시할 수 있는 자격을 주었는데 이들을 수재라고 했다. 그러나 후한 당시에는 뒤에 나오는 효렴孝廉에 중점을 두었기 때문에 수재는 빛을 잃고 있었다.

- 승丞: 현縣에 소속된 관리로 문서와 창고 및 감옥 일을 맡았다. 관청의 차관이다.

- 승상丞相: 천자를 보좌하여 천하를 다스리는 요직이다. 진나라 때 설치하여 상국相國이라 불러 존칭했다. 한나라 초에는 조정과 왕국에 각각 승상을 두었는데 왕국의 경우에는 단순히 상相이라고만 칭했다. 후한 말기부터는 승상제도가 폐지되었으나 필요에 따라 임시로 두었다. 중앙정부의 최고행정장관이다. 위에서는 사도, 상국으로 개칭 했다. 오와 촉 모두 설치했다. 삼국지에서 승상 벼슬을 받은 사람은 조조, 제갈량, 육손 등이 있다.

- 시강侍講: 천자 또는 황태자의 학문을 지도하던 관직이다.

- 시어사侍御史: 감찰을 맡아보던 관직으로서 법에 어긋난 자를 적발·탄핵하였다. 어사중승이 아래 관직이며 녹봉은 700석 이다.

- 시중侍中: 소부의 아래 관직으로 시중부에 속하며 황제의 비서역이다. 어사중승(비서실장)은 항상 천자를 수행하면서 고문에 응하고, 거동시는 가교 뒤를 기마로 따른다. 녹봉은 2천 석이다. 중상시中常侍는 시중부에 속하며 천자의 측근을 받들고 조령을 전달했다. 동한 시대에는 환관이 맡았다.

- 아장牙將: 원수의 직할부대를 지휘하는 부대장이다.

- 왕, 상: 국을 관리했다.

- 양료관糧料官: 식량, 마량 따위를 감독하는 관직이다.

- 어사중승御史中丞: 감찰의 임무를 맡아보던 관직으로 소부에 속했고 그 아래에 시어사가 있었다. 녹봉은 1천 석이다.

- 오정후烏亭侯: 오정현의 제후提侯이다. 공이 있는 신하를 제후로 봉할 때 공적이 큰 사람은 현縣에 공적이 작은 사람은 향정鄉亭에 봉하여

그곳 지명을 덧붙여 부르게 했다.

- **월기교위**越騎校尉: 팔교위의 하나로 도성 밖에 주둔하는 군대를 통솔한다.

- **의랑**議郞: 황제의 호위를 담당하는 부서인 광록훈光祿勳 아래의 관직으로 천자의 고문에 응하고 접대를 담당하는 것이 임무다. 일반적으로는 승상, 삼공, 장군부에 설치되고, 승상부에는 중.좌.우.전.후 군사가 설치된다. 간의대부와 동격으로 6등관이며 녹봉은 600석 이다.

- **위**尉: 조정에 태위, 군에 도위, 현에 현위가 있으며 각 단위에서 군사를 관장한다. 또한 군사, 경찰, 형벌 등을 취급하는 무관계의 관명이다.

- **자사**刺史: 한 시대에는 중국 전토를 13주로 나누고 주의 장관을 자사라 했다. 전국을 다시 98군으로 나누고, 군에 태수를 두었으므로 자사는 5군 내지 12군을 통솔했다. 때에 따라 목이라고도 불렀다. 자사는 치중, 별가 등을 두었다. 2등관이며 녹봉은 2천 석이다.

- **장사**長史:
  (1) 지방관. 태수급 황실 문관으로 멀리 변경에 있는 군사적으로 중요한 군에는 군승(부군수 격) 대신 장사를 두었다. 녹봉은 1천 석이다.
  (2) 승상 및 태위의 속관으로 녹봉은 1천 석이다.

- **장수교위**長水校尉: 팔교위 가운데 하나로 상비군의 부대장 이다. 녹봉은 2천 석이다.

- **전군교위**典軍校尉: 태수의 부하로 서원 팔교의 하나이다. 조조는 건석과 동시에 임명되었다.

- **전농**典農: 식량의 징수와 감독을 담당했던 관직으로 중원 각지에 두었

으며 대사농에 속했다. 낙양에는 2등관(녹봉 2천석)의 전농 중랑장이
전농 도위와 함께 배치되어 있었다.

- **절충교위**折衝校尉: 징발한 군사를 맡아보던 무관직이다. 적벽대전 대
  조조의 부하 악진이 '절충장군'이었던 데서 비롯한다.

- **점군사마**點軍司馬: 팔교위 아래 계급으로 중규모 부대의 장이다.

- **정위**廷尉: 형법과 사법 업무를 주관 한다.

- **종사**從事: 보좌관에 대한 총칭으로 주의 자사나 목이 채용한 속관의
  부류이다. 직책에 의해 별가종사, 치중종사, 공조종사 등이 있고 삼
  국에 설치했다. 별가別駕, 치중治中, 공조功曹 등이 모두 종사였고, 또
  각 부部 군郡 국國에도 종사가 있었다.

- **주부**主簿: 삼공부三公府에서 군郡에 이르기까지 각 관청에 두었던 문서,
  장부, 인감을 담당 했던 관리이다. 대장군大將軍의 막하幕下에는 황각
  주부黃閣主簿, 사예교위司隸校尉 밑에는 주부가 있었다. 한, 위, 촉에
  서는 어사대와 군현에 설치했다. 령은 황실의 국장급, 주부, 간의대
  부, 시랑은 황실의 과장급, 좌우 복사, 의랑은 황실의 계장급이다.

- **중랑**中郎: 중랑장에게 속해 있는 근위 장교이다. 녹봉은 600석 이다.

- **중랑장**中郎將: 황제의 호위와 궁중의 경비를 맡은 광록훈光祿勳에 속하
  는 무관직으로 3등관이며 녹봉은 2천 석 이다. 근위近衛 여단장旅團長
  쯤 되었는데 밖으로 정벌을 나갈 때는 관구사령관管區司令官쯤 된다.
  당시 노식은 하북의 황건적을 토벌하기 위하여 새로 설치된 북중랑
  장北中郎將 직책을 받고 있었다. 황보숭은 좌중랑장左中郎長, 주전은
  우중랑장右中郎將 이었다. 중랑장에는 이밖에도 오관五官, 호분虎賁,
  우림羽林의 세 직책이 있었는데 모두가 동격이었다.

- **중부연리**中部掾吏: 하남윤의 속관으로 각 현을 순회하는 감독관인 독우

는 각 군마다 모두 동·서·남·북·중의 다섯 부로 갈라 관할을 달리 하였던 것 같다.

- **중상시**中常侍: 천자의 시종관으로 궁중에서 소용되는 비용, 의복, 식사 등에 관한 일을 맡아보는 소부에 속하며 환관이 임명되었다. 3등관이며 녹봉은 1천 석이다.

- **중서령**中書令: 궁중의 문서를 맡아보던 직책 이다. 한나라 무제 때부터는 일반인에서 임용했다. 위의 문제 때부터는 중서성의 장관으로 추밀에 관해서도 다루게 했다. 현재의 내무부장관에 해당 한다.

- **집금오**執金吾: 궁성의 주변을 순시하며 경위와 방화를 맡던 무관직이다.

- **태사**太師: 천자의 교육을 담당하던 최고의 관직으로 태부의 위에 있었으나 명예직에 가깝다. 주周 시대의 삼공三公의 하나로 설치되어 주로 지육智育을 담당했다. 진晉 시대 이후 삼공은 삼사三師로 개칭되어 명예직으로 전환했으나, 어느 왕조에서도 최고의 현직으로 예우했다. 삼국지연의에서는 동탁이 맡은 것으로 나오며 따라서 동태사라 자주 불린다.

- **태부**太府: 천자의 교육을 담당하던 관직이다. 최고의 현직으로 예우를 했으며 삼공보다 위였다. 주周 시대에 태사, 태부, 태보의 삼공三公 중 두 번째 고위직이었으나 진晉 시대 이후 삼사三師로 개칭되어 명예직으로 바뀌었다.

- **태보**太保: 천자의 교육을 담당하던 관직이다. 최고의 현직으로 예우를 했으며 역시 삼공보다 위였다. 주周 시대에 태사, 태부, 태보의 삼공三公 중 가장 낮은 고위직이었으나 진晉 시대 이후 삼사三師로 개칭되어 명예직으로 바뀌었다.

- **태수**太守: 삼국시대에는 지방행정제도가 군국으로 나뉘어져 있었는

데 군에는 태수를 두고, 국에는 상을 두었다. 태수와 상은 실질적인 동급의 지방장관이라 할 수 있다. 태수의 녹봉은 2천 석이다. 태수의 아래에는 태수를 보좌하는 부태수에 해당하는 관직이 승과 장사가 있었다. 태수는 독우나, 군위 등을 두었다. 현령, 현장, 기타 지방관을 임명했다.

- 태자사인太子舍人: 태자를 가까이 모시는 시관으로 후한에서는 태자소부에 속하여 궁중의 숙위에 임하였다. 양가의 자제 중에서 선발·임용하였다.

- 태중대부太中大夫: 천자의 고문관으로 광록훈에 속하며, 궁중의 의론議論을 맡아보던 관직이다. 녹봉은 1천 석이다. 진(晉)나라 때 비롯되었으나 수나라 이후부터 단순한 산관散官이 되고 말았다.

- 표기장군驃騎將軍: 대장군 아래의 일곱 장군 가운데 하나. 일곱 장군 중에서는 우두머리 이다. 녹봉은 1만 석이다.

- 하남윤河南尹: 서울시장 격이다. 하남은 낙양을 말하는데 낙양은 당시의 수도였으므로 수도를 다스리는 행정관를 가리킨다. 녹봉은 2천 석이다. 전한은 장안의 경조윤, 후한은 낙양의 하남윤이다.

- 행군사마行軍司馬: 장군의 보좌관으로 군사마라고도 한다. 녹봉은 1천 석이다.

- 현령縣令: 현의 장관이다. 현이란 군 다음 가는 행정구역으로서 대체로 한 군에 열 개 정도의 현이 소속되어 있었다. 만 호 이상의 큰 현의 장관은 현령縣令, 그 이하의 현의 장관은 현장縣長이라고 하였다. 녹봉은 1천 석이다.

- 현승縣丞: 현의 장관인 현령의 보좌관으로 현승은 문서와 창, 옥을 다스렸다.

- **현위**懸尉: 현승과 함께 현령 또는 현장 밑에서 현의 치안을 맡아보았다.

- **호분중랑장**虎賁中郎將: 황제의 호위를 맡은 5중랑장의 하나로 광록훈에 속한다. 5중랑장은 오관, 좌, 우, 호분, 우림이다. 녹봉 2천 석이다. 주周나라 때 궁중의 근위관近衛官으로 출발한 관직이다. 한나라 때 궁중의 근위관을 호분중랑장이라 일컬었다. 그러나 남북조시대 이후 이 칭호가 남용되어 무게를 잃어 가다가 당나라 때는 중급 장교 정도의 지위로 떨어졌다.

- **환관**宦官(내시): 궁궐에는 왕이나 왕자 이외의 남성은 있을 수 없었으므로 남성을 상실한 사람을 뽑아 궁 안의 모든 일을 돌보게 하였다. 보통 궁중의 여관들을 감독하는 데 임명되기도 하였다. 환관은 황제를 가까이에서 모시기 때문에 위의 총명을 가리고 권력을 부리는 수가 많았다. 때로는 권력에 눈이 어두워 어려서 부모나 형제의 손으로 또는 스스로 거세하여 궁중에 들여보내는 경우도 있었다 한다.
  환관은 황제의 최측근이라 큰 권력을 잡게 되었는데 이 때문에 웃지 못 할 부작용도 많이 생겼다. 혀 긴 환관이 출세를 한다고 하자 대통 속에 꿀을 넣어 어린 아들에게 빨아먹게 한다든가 멀쩡한 사람이 거세를 하고 환관시험에 응시하는가 하면 약삭빠른 장사치들은 어수룩한 거세 희망자에게 거세를 하여 주고 적출한 것을 말려 보관했다가 증거로 제출해야 할 상황이 되어 다시 찾아오면 엄청난 값을 받고 되팔았다는 것 등이다.

- **황문상시**黃門常侍: 환관을 가리키는 말이다. 상시는 중상시를 말하며, 황문은 본래 궁중의 문을 뜻했다. 중황문, 소황문, 황문시랑 등도 모두 환관이다.

- **효기교위**驍騎校尉: 근위 기병을 지휘하던 무관직 이다.

- **효렴孝廉**: 효행이 지극하고 청렴결백한 사람을 군의 태수가 조정에 관리후보로 추천하는 제도가 있었는데 이것을 효렴과孝廉科라 했다. 이곳을 통과한 사람을 효렴이라고 불렀는데 인구 20만 명의 군郡에서 1년에 1명씩 추천되었다. 한나라 때에는 무척 중요시되었다. 광무제 때부터 상서랑尙書郞의 결원이 생기면 효렴에서 보충했다.

▎삼국지 무관직

- 삼국시대 대장군에서 사방장군까지는 현대의 장군급, 중랑장과 사마는 영관급, 아장은 위관급, 소교 이하는 하사관급 정도 된다.
- 삼국시대의 군 편제: 군(장군)-부(교위)-곡(군후)-둔(둔장)의 순서.
- 대장군부 소속 서열: ① 대장군 ② 표기장군 ③ 거기장군 ④ 위장군
- 비대장군부 소속 서열: 정장군(4정), 진장군(4진), 안장군(4안), 평장군(4평)
- 잡호장군雜號將軍(그 밖의 장군): 한나라에서 대장군, 거기장군, 표기장군 외의 장군은 모두 잡호장군 이다. 그나마 3장군도 상설직이 아니었다. 촉한은 사방장군이나 사정, 사진장군도 잡호장군처럼 위아래가 불분명하고 상설직이 아니었다.
- 전후좌우장군-중앙군, 관우가 벼슬한 수정후 좌장군(현재 군단장급)
- 군사, 안국, 파로, 토역 장군(현재 사단장급)
- 편장군, 비장군, 호군, 아문 장군(현재 대대장급)
- 교위(장군 아래 계급 수없이 많았다. 지금의 중대장급 또는 영관급(조조와 원소의 경우 모두 황실 교위 출신)

▌삼국시대 장군의 직위

- **대장군**大將軍: 병마의 대권을 관장하는 총사령관으로 장군의 최고 지위이다. 군대의 대권을 장악하는 요직이다. 후한에서는 군사와 내정을 총괄하며 삼공의 관등과 대등 했고, 삼국시대에는 삼공보다 높은 지위였다. 후한에서 하진 필두로 외척이 많았다. 위나라의 조인, 하후돈, 사마사 등 이다.

- **표기장군**驃騎將軍(기마군 사령관): 중앙군을 지휘 한다. 지위는 승상 다음, 삼공과 같이 부(관청)의 개설, 관리 임용의 권한을 갖는다. 총사령관 격인 대장군 아래 표기, 거기, 위(衛), 전(前), 후(後), 좌(左), 우(右)의 일곱 장군이 있는데 일곱 장군 가운데 우두머리 이다. 촉의 마초, 위의 조홍 등이다.

- **거기장군**車騎將軍(공성군 사령관): 표기장군과 동등한 지위에 있으며 같은 권한을 가지고 전차를 담당 한다. 동한 삼국시대 때 상설常說되었던 고급 장군將軍의 명칭으로 중앙 상비군을 통솔하고 정벌전쟁을 관장하였고 기병을 통솔하는 무관직이다. 관위官位는 삼공의 아래였고, 삼국시대에는 제2품二品이었으며, 총사령관격인 대장군 아래 표기驃騎, 거기, 위衛, 전前, 후後, 좌左, 우右의 일곱 장군이 있었다. 대장군을 대원수大元帥로 친다면 7장군은 대장大將쯤 된다. 거기장군車騎將軍은 둘째로 높은 관직이다. 후한 동승, 위 조인, 촉한 장비, 하후패 등이 맡았다. 녹봉은 1만 석이다.

- **위장군**衛將軍(보병군 사령관): 표기장군과 동등한 지위에 있으며, 같은 권한으로 궁성 수비와 왕이나 황제를 호위 한다. 촉한의 강유가 맡았다.

- **도독**都督: 위 문제(魏文帝) 때 각 주(州)의 군사와 자사(刺史)의 관원을 통할하기 위해 만든 관직 이다.

- **대도독**大都督(해군사령관): 황제의 권위를 나타내는 황월을 받아 여러 장군을 통솔 한다. 오나라의 주유가 맡았다. 타국에서는 총사령관격 이다.

- **정장군**: 후한 말기에 설치된 4정장군四征將軍(현재 정벌군 사령관)

- **정동장군**征東將軍: 부의 개설, 관리임용의 권한, 동부 방면군의 총사령관적인 직무, 위에서는 양주 방면의 오에 대한 총사령관 이다. 위의 조휴가 맡았다.

- **정남장군**征南將軍: 정동장군과 동등한 권한. 남부방면군의 총사령관적인 직무, 위에서는 형주방면의 오와 촉에 대한 총사령관 이다. 위의 조인이 맡았다.

- **정서장군**征西將軍: 정동장군과 동등한 권한. 후한 말기에 마등이 임명되었고, 위에서는 옹이 맡았다. 양주 방면의 촉에 대한 총사령관 이다. 위 하후연이 정서대장군으로 한중을 지키다 전사 했다.

- **정북장군**征北將軍: 정동장군과 동등한 권한. 북부방면군의 총사령관적인 직무, 위에서는 북쪽의 이민족에 대한 총사령관 이다.

- **진장군**: 후한 말기에 설치된 4진장군四鎭將軍

- **진동장군**鎭東將軍: 지위는 4정 장군 다음. 부의 개설, 관리임용의 권한(5품관 이하)을 가졌다. 동부방면군의 부사령관으로 정동장군을 보좌한다.

- **진남장군**鎭南將軍: 정남장군을 보좌. 오두미도의 지도자 장로가 조조에게 항복한 후 진남장군에 임명 되었다.

- **진서장군**鎭西將軍: 정서장군을 보좌. 마등과 함께 이각 토벌을 위해 거

병한 한수가 임명 되었다.

- **진북장군**鎭北將軍: 정북장군을 보좌. 촉한에서는 위연이 임명되어 한 중 수비를 맡았다.

  * 사진장군과 사정장군은 병렬이 불가하다.

  * 정동장군이 있는데 진동장군을 임명하거나 하지 않는다.

- ■ **안장군**: 후한말기에 설치된 4안 장군(현재 지역군 사령관)

- **안동장군**: 지위로서는 4진 장군 다음. 관리 임용은 6품관 이하에 한 정 한다.

- **안남장군**: 정남, 진남장군 보좌. 촉한에서는 마충이 임명 되었다.

- **안서장군**: 정서, 진서장군 보좌. 위에서 220년 하후무, 255년 등애 가 임명 되었다.

  - **안북장군**: 정복, 진북장군 보좌 한다.

- ■ **평장군**: 후한 말기 설치된 4평 장군(현재 연대장급)

- **평동장군**: 지위는 4안 장군 다음. 6품 이하 관리임용. 4정, 진, 안, 평장군은 후한 중기까지 잡호장군으로 취급 했다.

- **평남장군**: 남부방면을 담당했다. 위에서는 262년 사마일족의 사마준 이 임명 되었다.

- **평서장군**: 서부방면을 담당했다. 유비의 한중왕 즉위 때 마초가 임명 되었다.

- **평북장군**: 북부방면을 담당했다. 오에서는 반장, 촉한에서는 마대가 임명 되었다.

- ■ **사방장군**四方將軍:

- **좌장군**左將軍: 대장군 아래 일곱 장군의 하나로 지위는 구경(광록훈, 집금오, 위위 등의 9관직) 다음이며 좌우전후장군의 필두로 수도방위와

벽지의 경비가 주된 임무이고 유비가 임명되었다. 위 우금, 오 제갈
근도 맡았다.

- **우장군**右將軍: 지위는 좌장군 다음 이다. 조조가 위왕 즉위 후 악진을
  임명 했다. 악진 사후 서황, 촉의 장비가 맡았다.
- **전장군**前將軍: 지위는 우장군 다음으로 대장군 아래 일곱 장군 가운데
  하나이며 선봉을 맡은 부대의 장군이다. 유비가 한중왕 즉위 후 황
  충을 임명 했다. 마초가 좌장군, 장비가 우장군에 임명 되었다. 촉
  의 관우도 맡았다. 녹봉은 2천 석이다.
- **후장군**後將軍: 지위는 전장군 다음으로 유비가 한중왕으로 즉위 후 관
  우를 임명 했다. 또 위에서는 하후돈이 임명 되었다. 촉의 황충도 맡
  았다.
- **정로장군**: 지위는 후장군 다음으로 위에서는 정촉장군이 있기 때문에
  그 다음 지위이다. 장비가 임명된 최초의 장군직 이다.
- **진군장군**: 정로장군 다음으로 진동장군 이었던 조운은 제1차 북벌실
  패의 책임을 지고 이 지위로 강등 되었다.
- **안원장군**: 지위는 진군장군 다음으로 관우와의 싸움에서 포로가 된
  좌장군 우금이 귀국 후 조비로부터 이 지위로 임명 되었다.
- **보국장군**: 지위는 안원장군 다음으로 국가를 돕는다는 뜻이다. 촉한
  에서는 보한장군, 오에서는 보오장군으로 칭했다.
- **건위장군**: 삼국시대에는 위와 오에만 설치되었다. 위에서는 석정전
  투 때 가규가 임명 되었다.
- **건무장군**: 삼국시대에는 위와 오에만 설치되었다. 맹달이 위에 투항
  후 조비로부터 임명 되었다.
- **진위장군**: 후한에서는 유장이 임명 되었다. 위에서는 조비가 황제로

즉위 후 오질을 임명 했다.

- 진무장군: 삼국시대에는 위에서만 설치했다. 후한에서 유요가 위에서는 손예가 임명 되었다.
- 분위장군: 후한에서는 저수, 위에서는 진태와 만총, 촉한에서는 마충, 오에는 손유, 주태, 육항이 임명 되었다.
- 분무장군: 삼국시대에는 위와 오에만 설치되었다. 반동탁동맹이 결성될 시 동탁이 자칭한 장군직 이다.
- 양위장군: 위에는 장패, 오에는 손소가 임명 되었다.
- 양무장군: 조조에게 항복한 장수가 임명 되었고, 촉한에서는 제1차 북벌 때 등지가 임명 되었다.
- 탕구장군: 유비가 촉에 입성한 후 관우가 임명 되었다. 위에서는 장합, 오에서는 장요, 정보, 장흠 등이 임명 되었다.
- 소무장군: 삼국시대에는 위와 오에서만 설치했다. 위에서는 243년에 제갈탄이 양주자사로 취임과 동시에 임명 되었다.
- 소문장군: 삼국시대에는 촉한에만 설치되었고, 유비가 한중왕으로 즉위 때 이적이 임명 되었다.
- 토역장군: 후한 말기 손책이 임명 되었다. 그 때문에 손책 사후 오에서는 이 지위가 공석이었다.
- 파로장군: 후한 말기 손견이 임명 되었다. 그 때문에 손견 사후 오에서는 이 지위가 공석이었다.
- 횡강장군: 수군을 지휘하는데 오에서는 노숙이 임명 되었다. 위에서는 횡해장군이라 불렀다. 촉한에는 없었다.
- 안국장군: 국가를 걱정한다는 뜻이다. 촉한에서는 안한장군이라고 불렀고, 위에는 없었다. 오에는 주치가 임명 되었다.

- **군사장군**: 작전 입안을 하는 군사와 작전을 실시하는 장군 양쪽을 겸임 했다. 제갈량이 임명 되었다.
- **위장군**: 삼국시대에 설치된 장군직으로 오에만 설치되었다.
- **무위장군武衛將軍**: 궁정의 경비를 주임무로 하는 무관직으로 한말의 승상 조조가 무위영을 두고, 위의 문제는 무위장군을 두어 근위병을 관장하게 했다. 무위는 금군, 곧 근위병이란 뜻이다.
- **편장군**: 후한, 삼국시대에 설치된 잡호장군의 하나. 관우가 일시 조조에 항복했을 때 헌제가 그를 이 지위에 임명 했다.
- **비장군**: 후한, 삼국시대에 설치된 잡호장군의 하나로 지위는 편장군 다음이다.
- **군사軍師**: 군사를 총괄하는 장관으로 나중에 참모나 책사의 대명사가 되었다.
- **군사중랑장軍師中郎將**: 장군 아래의 직위로 광록훈부에 속한다.
- **행군사마行軍司馬**: 장군의 보좌관이다.
- **아장牙將**: 원수의 직할부대를 지휘하는 부대장이다.
- **소교少校**: 장교 다음의 계급이다.
- **교위校尉**: 군대의 편성 단위(700~1,200)였던 교의 지휘관이다.
- **사례교위司隸校尉**: 수도 치안을 강화하기 위해 설치했다. 현재의 경찰청격이다.
- **마궁수馬弓手**: 활을 담당한 일반 병사.
- **보궁수步弓手**: 활을 담당한 일반 병사.
- **영군領軍**: 호군護軍과 함께 근위병을 지휘하던 무관직으로 위나라 조조가 처음으로 이 관직을 설치했다.
- **영군도위領軍都尉**: 호군과 함께 근위병을 지휘하던 무관이다.

- **오관중랑장**: 오관중랑장은 궁중의 여러 대문을 지키고 숙직을 담당하며 밖으로 나갈 때는 전쟁용 수레나 기마부대로 들어가는 자를 관리한다. 조비가 태자로 책봉되기 이전의 직책인데 부승상과는 다르다.
- **오교위五校尉**: 동한말東漢末에 설치된 관직으로 도성을 지키고 치안을 유지하는 북군의 휘하이다. 북군중후 아래에 둔기, 월기, 보병, 장수, 사성의 오교위가 설치되어 각기 영을 거느렸다. 녹봉은 2000石 석이고 4품四品이다.

AD 155년	후한 패군 초군에서 조조 출생
156년	후한 오군 부춘현에서 손견 출생
161년	후한 탁군 탁현에서 유비 출생
172년	손견이 해적 소탕과 허창의 난 진압으로 교위에 천거
174년	조조가 낙양 북부위로 임명
175년	손견의 장남 손책 출생
182년	손견의 차남 손권 출생
184년	황건적의 난 발생 ▷ 매관매직과 가혹한 수탈 그리고 십상시의 횡포로 피폐한 백성들의 심리를 이용한 종교결사 태평도의 교주 장각이 일으킨 난으로 후한 최대의 농민 봉기, 참가자 수는 약 50만 명에 달했고 세력범위도 6개주에 달해 지방의 군 세력으로는 감당할 수 없는 정도였다. 황건의 난이 일어남으로서 중국 대륙에서 은거하고 있던 영웅들이 일제히 일어났고 노식, 주준, 황보숭, 조조, 유비, 손견 등이 진압하면서 삼국지의 역사가 시작되었다.
187년	손견의 장사에서 구성의 난 진압
189년	▷ 십상시에 의해 청류파 인사들과 대장군 하진 사망하고 조조와 원소, 원술 등이 진압 서량 자사 동탁 20만 대군 이끌고 낙양에 주둔 유비, 어양에서 유우와 함께 장거와 장순의 난 진압 후 평원 현령 임명
190년	동탁이 소제와 하태후 살해, 헌제 옹립 조조, 원소, 원술, 손견 등 반동탁연합군 결성 동탁 낙양 불태우고 장안으로 천도 강행
191년	반동탁연합군 해체 및 군중할거 시대 개막 조조가 동군, 연주에서 황건적과 흑산적 잔당과 흉노군들 격퇴
192년	왕윤 연환지계로 동탁의 양아들 여포 꾀여 동탁 피살 동탁의 부하 이각과 곽사가 여포와 동참했던 왕윤 살해 손견이 양양성에서 형주자사 유표와 전쟁 중 전사, 손책이 뒤를 이음 원소가 공손찬을 무찌르고 기주를 차지 조조가 산동에서 황건적 잔당 토벌 후 청주군 조직
193년	조조가 서주 태수 도겸 공격

194년	▷ 조조가 여포와 복양에서 전투를 벌이고 유비는 도겸 병사 후 서주목로 등극
195년	▷ 도적 무리 발흥에 유비가 물리치고 조조는 권력 장악을 이유로 역적으로 몰림
196년	조조가 이각과 곽사를 무찌르고 헌제는 허도로 천도, 조조는 대장군이 됨 손견의 아들 손책 강동지역을 평정 후 기반 구축
197년	▷ 원소의 동생 남양태수 원술 황제 자칭, 유비, 조조, 여포, 손책 등 원술 탄압
198년	조조와 유비 하비전투에서 부하 배반으로 잡힌 여포 처형 이각과 곽사가 처형 조조, 손책, 유비, 여포 등이 수춘에서 원술을 토벌
199년	▷ 원소가 공손찬 격퇴 공손찬 자살, 기주와 유주, 병주, 청주 등 4주 점령 후 기주목 등극 유비가 회남에서 원술 완전히 토벌하고 서주에 입성, 원술 자살
200년	▷ 조조 삼국지 최초의 대규모 전투인 관도전투에서 열세임에도 원소에게 대승 손책 사냥 도중 유표 장수에게 목숨 잃고 손견 후계로 등극 동승과 길평의 조조 암살 음모 발각되어 처형 유비가 조조에게 서주를 빼앗기고 원소에게 의탁
201년	유비 여남에서 잔군으로 조조와 싸워 패하고 유표에게 의탁
202년	▷ 하북 군벌 원소 울화병으로 사망 후 3남 원상이 후계 이었지만 형제난 발생 강유 출생
204년	조조가 원상 토벌 후 기주 평정
207년	유비 신야성에 머물며 삼고초려로 제갈량 초빙 조조가 원소의 장남 원담과 조카 고간을 토벌하고 청주와 병주를 평정
208년	형주자사 유표 사망, 후계 예정 유비 채모 반대로 수포 ▷ 적벽대전 발생 85만 병력의 조조 오촉동맹군의 동남풍과 화공에 의해 대패 손권이 유표의 부하 황조 토벌 후 강남 하구 평정 유비 박망파 전투에서 조조 격퇴 형주 자사 유표 사후 아들 유종 조조에게 항복 유비 강릉으로 가던 도중 장판파 전투에서 패배

209년	유비 부인 감부인 죽자 형주목으로서 손권의 여동생 손부인과 혼인 유비 형주의 계양, 무릉, 장사, 영릉을 평정 손권 합비에서 조조에게 대패
210년	대도독 주유 사망, 노숙이 대도독에 취임
211년	유비 봉추의 방통 초빙 유비와 방통 익주에 주둔 ▷ 조조 서량태수 마등과 마휴를 처형한 후 아들 마초와 한수를 동관에서 제거, 서량 평정
212년	유비 파초 공격 시작 조조 위공에 등극 손권 수도 건업으로 천도
213년	방통이 익주 공격 중 낙성전투에서 장임에게 전사 장비 파성전투에서 엄안 격퇴 유비 가맹관전투에서 마초 격퇴 후 익주 태수 유장의 투항으로 익주 평정
214년	마초 유비에게 투항, 성도 취득
215년	조조가 한중태수 장로 격퇴 후 한중 평정 조조 손권과 합비전투 무승부
216년	조조 헌제의 부인 복황후와 부친 복완 죽이고 위왕으로 등극
217년	노숙 사망 대도독 여몽 후계
218년	경기와 위황의 난 조조의 부하 하후돈이 평정
219년	▷ 유비 한중전투에서 조조의 부하 하후연 격퇴 후 한중 등 서촉 41주 취득하고 촉왕으로 등극, 관우, 장비, 조운, 황충, 마초를 오호대장군으로 임명 손권 맥성에서 관우와 관평 참수하고 형주 취득, 대도독 여몽 사망
220년	▷ 조조 낙양에서 65세로 사망 조비 후계, 조비 헌제 폐위 후 문제로 재위에 올라 400년 한나라 멸망 시키고 위나라 건국
221년	유비 촉한의 소열제로 즉위, 수도는 성도로 정하고 승상에 제갈량 임명 유비 손권 공격하고 장비는 부하 범강과 장달에게 살해 손권 오왕에 등득
222년	▷ 유비 75만의 병력으로 관우 복수 위해 손권 정벌 나선 이릉전투에서 초반 선전하지만 대도독 육손에 의해 대패 손권 오나라 건국

삼국지 여자들

223년	유비 백제성에서 63세로 병사, 유선이 후주로 즉위
234년	촉오동맹 유수구에서 조비 격퇴
225년	제갈량 남만의 맹획에게 투항받고 정벌에 성공
226년	조비 병사, 조예 명제로 즉위
227년	제갈량 출사표 내고 1차북벌, 남안과 천수, 안정 점령 강유 등 항복
228년	제갈량 가정전투 패배한 마속 참수 위나라 사마의 신성의 맹달의 난 평정 손권 석정에서 위나라 조휴 격퇴 촉한의 마지막 오호대장군 조운 사망 제갈량 2차북벌 진창 공격 실패
229년	제갈량 3차북벌로 무도와 음평 점령, 위나라 조예 사마의 재기용 손권 오나라 대재로 즉위로 삼국시대 정립
231년	제갈량 장합 꾀로 속여 참수 제갈량 4차북벌로 기산에 진출 식량 부족 등으로 후퇴
234년	▷ 제갈량 오장원에서 병사, 새승상은 장완, 강유에게 병법 24편 전수, 강유 이후 북벌 완성 위해 고군분투
238년	위나라 연왕이라 자칭한 공손연 반란 토벌
239년	▷ 도적 무리 발흥에 유비가 물리치고 조조는 권력 장악을 이유로 역적으로 몰림
245년	조조가 이각과 곽사를 무찌르고 헌제는 허도로 천도, 조조는 대장군이 됨 손견의 아들 손책 강동지역을 평정 후 기반 구축
249년	위나라 조예 명제 병사 8살 조방 소제로 즉위 후견인 사마의와 조상 제갈량의 사촌형제 제갈근 사망
251년	사마의 병사 승상직 사마사 후계
252년	오나라 손권 병사 어린 손량 폐제로 즉위
253년	강유 위나라와 전쟁 개시
254년	사마사, 사마소 위나라 소제 조방 폐위 후 조모 폐제 즉위
255년	사마사 전투 중 입은 부상으로 사망, 사마소 승상 취임 사마사, 사마소 관구검과 문흠의 난 토벌

256년	촉한 강유 위나라 옹주 침공에 실패
260년	사마소 조모 살해 후 조환 원제로 즉위
262년	등애 꾀로 하후패 참수
263년	사마소 종회와 등애에게 촉한 공격 후주 항복 촉한 멸망
264년	대도독 주유 사망, 노숙이 대도독에 취임
265년	사마염 조환 폐위 후 무제로 즉위 서진 건국
271년	오나라 충신 정봉 사망, 손휴 병사 후 손호 즉위 위나라에 송환된 촉한 황제 후주 사망
280년	서진 두예와 왕준의 공격에 오나라의 황제 손호 항복 사마염이 3국 통일